이충길·이동현
S+ 감정평가이론 각론

2차 | 기본서

이충길·이동현 편저

박문각

박문각 감정평가사

그동안 S+감정평가이론에 관심을 가져주신 수험생 여러분께 깊은 감사를 드립니다. 그동안 카페 Q&A 및 메일을 통한 수험생들과의 소통을 통해 개정판의 필요성을 느꼈습니다.

2020년 감정평가사 시험을 준비하던 시기와 2021년 감정평가이론 강의를 하던 시기 모두 감정평가이론은 저에게 쉽지 않은 과목이었습니다. 수험생이던 시기에는 시험범위가 명확하지 않았고, 아는 내용을 답안지에 적었다고 생각했는데도 점수가 나오지 않았으며, 강의를 시작한 때에는 많은 수험생분들이 내용적으로는 이해가 되지만, 새로운 문제를 접했을 경우 답안 작성에 있어서 많은 어려움을 겪는다고 말씀해주셨기 때문입니다.

감정평가이론은 법규와는 달리 단순히 암기로 인해서 해결이 될 수 있는 과목이 아닙니다. 그럼에도 불구하고, 많은 수험생분들이 이론을 암기과목처럼 생각하셔서 많은 자료를 힘들게 외우고 계시거나, 단순히 글재주가 좋은 사람들이 점수를 받아갈 수 있는 과목으로 생각하셔서 이론을 힘들어 하는 경우를 많이 보았습니다.

감정평가이론은 전형적인 암기과목이 아닌 기본서의 내용을 어떻게 활용할지 고민을 해야 하는 과목에 해당합니다. 따라서, 최대한 답안지에 활용이 가능한 내용들이 실려 있는 기본서가 필요하다고 생각하였습니다.

이번 개정판의 수정사항은 다음과 같습니다.

❶ 감정평가이론의 체계 순서대로 서술하였습니다.

감정평가이론은 각 내용이 서로 연관되어 있으며, 일정한 흐름 및 순서를 가지고 있습니다. 본서에서는 이에 따라 감정평가이론 총론에서는 개론 및 유형별·목적별에 따른 내용을 수록하였고, 감정평가이론 각론을 분리하여 배치하였습니다.

❷ 최신 법령과 기출문제를 반영하였습니다.

최근, 감정평가에 관한 규칙에 있어서 일정 부분 내용의 개정이 있었고, 마지막 개정판 이후로도 감정평가이론과 관련한 여러 기출문제가 출제되었습니다. 이번 개정판 에서는 이에 따라 개정된 '감정평가에 관한 규칙'의 내용 및 기출문제를 반영하였 습니다.

❸ 현행 제도와 관련하여 내용을 수정 및 추가하였습니다.

현행 시행되지 않고 있거나, 논의가 없는 부동산 정책과 관련한 내용은 일부 축소하였 습니다. 반면, DSR처럼 추가로 시행되는 내용과 같이 새로운 부동산제도 중 감정평가이론과 관련이 있는 내용들을 추가하였습니다.

시험을 준비하면서 가장 많이 들었던 말은 각 과목의 단권화였습니다. 해당 교재 역시 단기 합격을 위해 감정평가이론과 관련하여 답안지에 활용할 수 있는 내용들로 구성하였습니다. 본서가 수험생분들의 단기 합격에 도움이 되기를 바랍니다.

그동안 강의에 도움을 주신 서울법학원 관계자, 출간을 도와주신 (주)박문각출판 관계자 분들께 감사드립니다.

이충길 · 이동현 공편저

감정평가사란?

감정평가란 토지 등의 경제적 가치를 판정하여 그 결과를 가액으로 표시하는 것을 말한다. 감정평가사(Certified Appraiser)는 부동산·동산을 포함하여 토지, 건물 등의 유무형의 재산에 대한 경제적 가치를 판정하여 그 결과를 가액으로 표시하는 전문직업인으로 국토교통부에서 주관, 산업인력관리공단에서 시행하는 감정평가사시험에 합격한 사람으로 일정기간의 수습과정을 거친 후 공인되는 직업이다.

시험과목 및 시험시간

가. 시험과목(감정평가 및 감정평가사에 관한 법률 시행령 제9조)

시험구분	시험과목
제1차 시험	❶ 「민법」 중 총칙, 물권에 관한 규정 ❷ 경제학원론 ❸ 부동산학원론 ❹ 감정평가관계법규(「국토의 계획 및 이용에 관한 법률」, 「건축법」, 「공간정보의 구축 및 관리 등에 관한 법률」 중 지적에 관한 규정, 「국유재산법」, 「도시 및 주거환경정비법」, 「부동산등기법」, 「감정평가 및 감정평가사에 관한 법률」, 「부동산 가격공시에 관한 법률」 및 「동산·채권 등의 담보에 관한 법률」) ❺ 회계학 ❻ 영어(영어시험성적 제출로 대체)
제2차 시험	❶ 감정평가실무 ❷ 감정평가이론 ❸ 감정평가 및 보상법규(「감정평가 및 감정평가사에 관한 법률」, 「공익사업을 위한 토지 등의 취득 및 보상에 관한 법률」, 「부동산 가격공시에 관한 법률」)

나. 과목별 시험시간

시험구분	교시	시험과목	입실완료	시험시간	시험방법
제1차 시험	1교시	❶ 민법(총칙, 물권) ❷ 경제학원론 ❸ 부동산학원론	09:00	09:30~11:30(120분)	객관식 5지 택일형
	2교시	❹ 감정평가관계법규 ❺ 회계학	11:50	12:00~13:20(80분)	

제2차 시험	1교시	❶ 감정평가실무	09:00	09:30~11:10(100분)	과목별 4문항 (주관식)
	중식시간 11:10 ~ 12:10(60분)				
	2교시	❷ 감정평가이론	12:10	12:30~14:10(100분)	
	휴식시간 14:10 ~ 14:30(20분)				
	3교시	❸ 감정평가 및 보상법규	14:30	14:40~16:20(100분)	

※ 시험과 관련하여 법률·회계처리기준 등을 적용하여 정답을 구하여야 하는 문제는 시험시행일 현재
   시행 중인 법률·회계처리기준 등을 적용하여 그 정답을 구하여야 함

※ 회계학 과목의 경우 한국채택국제회계기준(K-IFRS)만 적용하여 출제

다. 출제영역 : 큐넷 감정평가사 홈페이지(www.Q-net.or.kr/site/value) 자료실 게재

🔠 응시자격 및 결격사유

가. 응시자격 : 없음

※ 단, 최종 합격자 발표일 기준, 감정평가 및 감정평가사에 관한 법률 제12조의 결격사유에 해당하는
   사람 또는 같은 법 제16조 제1항에 따른 처분을 받은 날부터 5년이 지나지 아니한 사람은 시험에
   응시할 수 없음

나. 결격사유(감정평가 및 감정평가사에 관한 법률 제12조, 2023.5.9. 개정)
   다음 각 호의 어느 하나에 해당하는 사람
   1. 파산선고를 받은 사람으로서 복권되지 아니한 사람
   2. 금고 이상의 실형을 선고받고 그 집행이 종료(집행이 종료된 것으로 보는 경우를
      포함한다)되거나 그 집행이 면제된 날부터 3년이 지나지 아니한 사람
   3. 금고 이상의 형의 집행유예를 받고 그 유예기간이 만료된 날부터 1년이 지나지 아
      니한 사람
   4. 금고 이상의 형의 선고유예를 받고 그 선고유예기간 중에 있는 사람
   5. 제13조에 따라 감정평가사 자격이 취소된 후 3년이 지나지 아니한 사람. 다만 제6
      호에 해당하는 사람은 제외한다.
   6. 제39조 제1항 제11호 및 제12호에 따라 자격이 취소된 후 5년이 지나지 아니한 사
      람

合 합격자 결정

가. 합격자 결정(감정평가 및 감정평가사에 관한 법률 시행령 제10조)

- 제1차 시험

  영어 과목을 제외한 나머지 시험과목에서 과목당 100점을 만점으로 하여 모든 과목 40점 이상이고, 전 과목 평균 60점 이상인 사람

- 제2차 시험

  - 과목당 100점을 만점으로 하여 모든 과목 40점 이상, 전 과목 평균 60점 이상을 득점한 사람

  - 최소합격인원에 미달하는 경우 최소합격인원의 범위에서 모든 과목 40점 이상을 득점한 사람 중에서 전 과목 평균점수가 높은 순으로 합격자를 결정

  ※ 동점자로 인하여 최소합격인원을 초과하는 경우에는 동점자 모두를 합격자로 결정. 이 경우 동점 자의 점수는 소수점 이하 둘째 자리까지만 계산하며, 반올림은 하지 아니함

나. 제2차 시험 최소합격인원 결정(감정평가 및 감정평가사에 관한 법률 시행령 제10조)

合 공인어학성적

가. 제1차 시험 영어 과목은 영어시험성적으로 대체

- 기준점수(감정평가 및 감정평가사에 관한 법률 시행령 별표 2)

시험명	토플		토익	텝스	지텔프	플렉스	토셀	아이엘츠
	PBT	IBT						
일반응시자	530	71	700	340	65 (level-2)	625	640 (Advanced)	4.5 (Overall Band Score)
청각장애인	352	–	350	204	43 (level-2)	375	145 (Advanced)	–

- 제1차 시험 응시원서 접수마감일부터 역산하여 2년이 되는 날 이후에 실시된 시험으로, 제1차 시험 원서 접수 마감일까지 성적발표 및 성적표가 교부된 경우에 한해 인정함

※ 이하 생략(공고문 참조)

CONTENTS
이 책의 차례

CONTENTS
이 책의 차례

PART

02

감정평가 각론

비교방식(거래사례비교법, 공시지가기준법)

01 절 거래사례의 수집 및 선택

I. 거래사례의 요건
1. 거래사례 선정의 중요성
2. 거래사례의 요건(= 사례수집기준)(위물시사)
   (1) 위치의 유사성(지역요인 비교가능성)
   (2) 물적 유사성(개별요인 비교가능성)
   (3) 시점수정의 가능성
   (4) 사정보정의 가능성
   (5) 배분법의 적용 가능성
II. 다수사례 수집의 필요성
1. 거래사례의 수집
2. 거래사례 자체의 신뢰도 향상
3. 평가과정의 객관성 부여
4. 통계적 기법의 활용

5. 유의사항
III. 대표성 없는 매매사례의 제거(정관편)
1. 정부에 의한 매매사례
2. 관련당사자 간 매매사례
3. 편의에 의한 매매사례
4. 검토(상기 사례가 제거되어야 하는 이유)
IV. 매매사례분석 시 유의사항
1. 개설
2. 매매사례분석 시 유의사항(자불대)
   (1) 자료의 확대해석의 금지
   (2) 불추종의 오류
   (3) 대표성 없는 자료
3. 유의사항

I 거래사례의 요건[1]

1. 거래사례 선정의 중요성

거래사례는 거래사례비교법에서 구체적이고 결정적으로 활용되는 기본자료가 되므로, 요건을 충족하는 사례를 선택하되, 신뢰할 수 있는 많은 거래사례를 수집하여 증거의 질과 양을 확보하는 것이 비준가액의 정확성과 신뢰성을 담보할 수 있을 것이다.

2. 거래사례의 요건(= 사례수집기준)[2] (위물시사)

> **〈감정평가 실무기준〉**
> **3.3.1.2 거래사례의 수집 및 선택**
> 거래사례비교법으로 감정평가할 때에는 거래사례를 수집하여 적정성 여부를 검토한 후 다음 각 호의 요건을 모두 갖춘 하나 또는 둘 이상의 적절한 사례를 선택하여야 한다.

---

1) 감정평가 실무기준 해설서(Ⅰ), 2014, p142, 143
2) (특강) 거래사례비교법에서 다수의 거래사례가 필요한 이유와 선택기준(노용호, 건대특강)

1. 거래사정이 정상이라고 인정되는 사례나 정상적인 것으로 보정이 가능한 사례
2. 기준시점으로 시점수정이 가능한 사례
3. 대상물건과 위치적 유사성이나 물적 유사성이 있어 지역요인 · 개별요인 등 가치형성요인의 비교가 가능한 사례

(1) 위치의 유사성(지역요인 비교가능성)

① 거래사례는 인근지역 또는 동일수급권 안의 유사지역에 존재하는 사례이어야 한다.

② 여기서 주의할 점은 단순한 지리적 위치의 접근성보다는 용도적 · 기능적 유사성을 중시해야 한다는 것이다.

(2) 물적 유사성(개별요인 비교가능성)

① 거래사례는 대상물건과 개별적인 물적 사항에 있어 동일성 또는 유사성이 있는 사례이어야 한다. 부동산은 개별성이 있는 물건으로서 세세한 부분까지 확인하고 이를 가치평가에 반영해야 한다.

② 여기서 물적 유사성이란 단순히 물리적인 측면만을 의미하는 것이 아님에 유의해야 한다. 사회적 · 경제적 · 행정적 측면을 비롯한 많은 요소가 포함될 수 있다.

(3) 시점수정의 가능성

① 기준시점으로 시점수정이 가능한 사례는 거래시점이 분명하여야 하며, 거래시점이 너무 오래되지 않아야 한다.

② 기준시점으로부터 거래시점까지의 가격변동이 있다면 그 차이를 보정할 수 있는 것이어야 한다.

(4) 사정보정의 가능성

① 경제의 활성화와 계약자유의 원칙에 따라 부동산거래에 있어 특수한 사정이나 개별적인 동기가 개재될 가능성이 많으므로 거래사정이 정상적으로 인정되는 거래사례를 최우선적으로 선택하여야 한다.

② 만일, 현실적인 필요에 따라 특수한 사정 등이 개입되어 있는 거래사례를 선택하더라도 그것이 정상적으로 보정될 수 있어야 한다.

(5) 배분법의 적용 가능성

① 토지 또는 건물만 평가해야 하는 상황에서 토지 또는 건물만의 거래사례가 존재하지 않는 경우 복합부동산의 거래사례를 선택할 수 밖에 없다.

② 이런 경우에는 배분법을 적용하여 복합부동산의 거래사례가격으로부터 토지 또는 건물만의 가격을 추출해야 하는 만큼 거래사례를 선택할 때는 배분법의 적용이 합리적으로 가능한 사례인지 여부를 확인해야 한다.

Ⅲ 다수사례 수집의 필요성

1. 거래사례의 수집

거래사례의 수가 몇 개 이상이어야 한다는 것에 대한 정해진 규칙은 존재하지 않는다. 그러나 거래사례의 비교가능성을 기준으로 판단할 때 대상 부동산과 거래사례의 비교가능성이 높을 경우에는 거래사례의 수는 적어질 것이고, 비교가능성이 낮을 경우에는 그 수가 많아질 것이다. 비교가능성이 낮아짐에 따른 질적인 문제를 양적인 보완으로 어느 정도는 상쇄시킬 수 있기 때문이다. 또한, 요구되는 거래사례의 수는 대상 부동산의 유형과 특성에 따라 달라질 수 있다. 예를 들어, 표준화되고 규격화되어 있는 아파트의 경우에는 3~4개 정도의 거래사례면 충분할 수 있다. 그러나 독자적인 시설물을 다양하게 갖추고 있는 공업용 부동산의 경우에는 수십 개의 거래사례를 수집하고 선택해서 분석해야 할 것이다.

2. 거래사례 자체의 신뢰도 향상

거래사례비교법의 적용에 바탕이 되는 거래사례자료가 많을수록 거래사례 간의 비교분석을 통해 거래사례 자체의 신뢰도를 향상시킬 수 있다. 즉, 질적인 문제를 완벽하게 극복할 수 없으나 양적인 보완을 통해 질적인 한계를 해결하는 데 큰 기여를 할 수 있다.

3. 평가과정의 객관성 부여

① 다수의 사례를 수집함으로써 각 평가과정에 개입될 수 있는 평가 주체의 주관성을 극복하고 객관성을 부여할 수 있다.

② 사정보정 시 다수거래사례를 수집하고 검토함으로써 거래당사자 간의 특별한 사정이나 개별적 동기 등에 대한 체크가 가능해진다.

③ 시점수정 시 다수거래사례를 시계열적으로 분석함으로써 가격 변동률의 측정에 있어 객관성을 보장받을 수 있다.

④ 지역 및 개별요인 비교 시 다수사례로부터 보다 객관적으로 지역 간 격차 및 가격수준을 판정할 수 있고 개별적 가격차이에 대한 실증적 분석을 할 수 있다.

4. 통계적 기법의 활용

감정평가의 객관화 방안 일환으로 다중회귀분석과 각종 통계적인 기법이 도입되어 활용되고 있는데 다수거래사례의 존재는 이러한 방법이 사용되기 위한 전제조건이 된다. 만약 다수거래사례가 존재하지 않는다면 회귀분석 등 통계적 분석기법은 적용 자체가 곤란해지게 된다.

5. 유의사항

거래사례비교법은 감정평가 3방식 중 중추적 역할을 수행함에도 불구하고 그 본질적인 한계, 즉 평가 주체의 주관개입 등 비과학성의 문제가 제기되는바, 이상과 같이 다수의 사례의 수집을 통하여 비준가격을 구한다면 이러한 한계극복에 많은 도움이 될 것이다. 다만 거래사례비교법의 정도는 수집한 사례에 따라 좌우되는바, 애초부터 비교성 없는 사례는 제거해야 하며, 무조건 많은 사례를 수집하는 것은 곤란하고 인근지역 등의 분류를 명확히 하는 등 사례수집 범위를 명확히 해야 한다.

Ⅲ 대표성 없는 매매사례의 제거[3](정관편)

1. 정부에 의한 매매사례

정부에 의한 매매사례는 거래의 쌍방 또는 일방이 정부기관인 경우를 말하며, 그 성격상 「강제성, 위협의 요소」가 가미되어 있는 경우가 많아서 우선적으로 제거되어야 한다. 그 예로는 세금체납으로 인한 매매사례, 법원의 공매처분, 수용에 의한 매매사례, 국공유 부동산의 불하, 부분권익의 매매사례(지역권, 임차권 등) 등이 있다.

2. 관련당사자 간 매매사례

매매사례로 선택하지 않음이 원칙이나, 대표성에 관한 충분한 근거가 있을 경우에는 비교매매사례로 채택될 수도 있다. 「가족구성원 간의」 매매사례, 상호 관련 있는 「기업 간」 매매사례, 「관련당사자 간의 부분권익」의 거래가 수반되는 매매사례 등이 있다.

3. 편의에 의한 매매사례

유저당 시 당사자에 의한 자발적 매매사례, 유언 집행자에 의한 매매사례, 자선단체가 당사자인 매매사례가 해당한다.

4. 검토(상기 사례가 제거되어야 하는 이유)

시장가치란 시장에 대해 합리적인 지식과 정보를 가지고 있는 매도자와 매수자 사이에서 자유롭고 공개된 협상을 통한 것으로서 대상 부동산에 대해 형성될 가장 가능성이 많은 가격이다. 따라서 평가사는 '진실하고 자유로운 시장거래'라고 할 수 없는 매매사례를 우선적으로 제거한다.

---

3) 안정근, 부동산평가이론(제9장 시장접근법), 양현사, 2013

Ⅳ 매매사례분석 시 유의사항[4][5]

1. 개설

거래사례비교법은 유사한 매매사례로부터 각종 분석을 통해 대상 부동산의 시장가치를 구하는 방법으로서 거래사례비교법의 신뢰도는 매매사례의 선택과 매매사례의 분석에 좌우된다. 매매사례의 분석은 주관적인 판단에 의해서는 아니 되고 객관적인 자료에 의해서 이루어져야 하는데 이때 유의할 사항으로 자료의 확대해석금지, 불추종의 오류, 대표성 없는 자료의 선택이 있다.

2. 매매사례분석 시 유의사항(자불대)

(1) 자료의 확대해석의 금지

① 자료의 확대해석은 적절한 시장자료가 부족하거나 철저한 시장연구가 부족했을 경우 평가사가 범하기 쉬운 오류 중 하나로, 평가사에 의한 매매사례분석이 주어진 매매사례로부터 보증할 수 없는 결론을 산출하였을 때 흔히들 자료가 확대해석되었다고 한다.

② 예를 들어 2억 5천만원, 2억 7천만원, 2억 8천만원인 비교매매사례를 분석하여 대상 부동산의 시장가격을 3억원으로 결론내렸을 경우 대상 부동산의 특성을 나타낼 수 있는 증거가 되지 못하므로 엄격한 수정과정을 거쳤다고 하더라도 논리상 문제가 있다.

③ 평가사는 대상 부동산보다 우수한 부동산과 열등한 부동산을 분석에 포함시켜 평가의 신뢰성과 합리성을 제고하여야 한다.

(2) 불추종의 오류

① 불추종의 오류란 어떤 명제의 진위가 불확실한데도 불구하고 그것을 확실한 것으로 간주하여 어떤 결론을 도출하였을 때 발생하는 오류를 의미한다.

② 예를 들어 어떤 부동산의 매매가격이 3억 5천만원이라 할 때 그것의 정당성 여부를 검토하지 않고 비교부동산의 진정한 가치도 3억 5천만원일 것이라고 생각해서 대상 부동산과 비교하는 것이다.

③ 비교사례의 거래가격이 사례의 정확한 시장가치를 반영하지 못한다면 이를 기초로 도출된 부동산가치도 진실을 추종하지 않는다. 따라서 평가사는 불추종의 오류를 피하기 위하여 사례의 모집합과 진상을 논리적 틀에 따라 철저히 확인 검증할 필요가 있다.

---

[4] (특강) 비교방식이 1) 다른 어떤 방식보다도 객관적이며 강한 설득력을 갖는 이유를 언급하고, 2) 비교매매사례의 수, 매매조건 및 금융조건의 차이, 과거가격의 문제와 관련하여 비교방식의 한계를 논하고, 3) 매매사례분석 시 유의사항을 설명하라(김상한).

[5] 안정근, 부동산평가이론(제9장 시장접근법), 양현사, 2013

(3) 대표성 없는 자료

① 대상 부동산과 비교부동산의 유사성이 부정되거나 비교부동산의 거래금액이 시장상황에 비추어 불합리하게 높을 경우 비교부동산의 대표성이 부정된다고 본다.

② 예를 들어 대상 부동산이 지은 지가 5년 된 벽돌로 된 단독주택이라고 한다면 25년 된 목조주택은 대표성이 없는 매매사례가 될 것이다. 또한 불충분한 정보로 인해 시장가치보다 높은 가격을 지불한 매매사례도 대표성이 없는 매매사례가 된다.

③ 대표성 없는 사례를 통한 분석을 행하였을 경우 아무리 철저한 분석과 수정을 한다 하더라도 도출된 시장가치의 신뢰성은 크게 손상을 입게 된다. 따라서 이를 회피하기 위해 철저한 매매사례 조사를 통해 자료를 보강하여야 한다.

3. 유의사항

대상시장에서 확인되지도 않는 비교요소를 사용하여 비교매매사례를 수정해서는 안 된다. 또한 평가사는 비교부동산이 대상 부동산보다 왜, 얼마만큼 우수한지 또는 열등한지에 대해 객관적이고 구체적인 이유를 제시하여야 한다.

02 절 사례의 정상화

Ⅰ 개설

사례의 정상화라 함은 수집 및 선택된 자료를 이용하여 대상물건 수준으로 정상화시켜 대상물건의 가격을 구하는 작업을 말한다.

Ⅱ 사정보정 ▶기출 12회

1. 의의

사정보정이란 거래사례에 특수한 사정이나 개별적 동기가 반영되어 있거나 거래당사자가 시장에 정통하지 않은 등 수집된 거래사례의 가격이 적절하지 못한 경우 그러한 사정이 없었을 경우의 적절한 가격수준으로 정상화하는 작업을 말한다.

2. 보정의 유형6)

(1) 보정 시 감액해야 할 특수한 사정

　① 영업상 장소적 한정 등 특수한 이용방법을 전제로 거래된 때

---

6) 이창석 외, 부동산감정평가론, 형설출판사, 2000

② 극단적인 공급부족, 장래에 대한 과도한 낙관적 견해 등 특이한 시장조건하에서 거래된 때

③ 업자 또는 계열회사 간의 중간이익 취득을 목적으로 거래된 때

④ 매수인이 부동산에 대한 명확한 지식과 정보가 부족한 상태에서 과다한 가격으로 거래한 때

⑤ 거래가격에 매매대금이 할부지불된 경우 그 금리상당액, 퇴거료 등 토지대가 이외의 것이 포함되어 거래된 때

(2) 보정 시 증액해야 할 특수한 사정

① 매도인이 부동산에 관해 명확한 지식과 정보가 부족한 상태에서 과소한 금액으로 거래한 때

② 상속, 전근 등으로 급매에 의해 거래된 때

(3) 보정 시 감액 또는 증액해야 할 특수한 사정

① 금융압박, 도산 시 법인 간의 은혜적 거래 또는 지인, 친족 간 등 인간관계에 의한 은혜적 거래

② 부당한 조성비, 수선비 등을 고려하여 거래된 때

③ 조정, 청산, 경매, 공매 등으로 가격이 성립된 때

3. 보정의 방법

사정보정의 작업은 일정한 법칙이나 기준이 없으므로, 일단 비전형적인 거래상황에 의한 사례는 제외하는 것이 원칙이다. 사정보정할 경우에는 다음 산식과 같이 사정개입이 거래사례가격에 미친 영향 정도를 분석해서 사정보정치를 산정하는데, 이 과정에서 평가 주체의 주관개입 소지 가능성이 있다.

> 대상물건(정상거래가격) / 사례물건(특수한 사정개입된 상태) = 정상거래가격(100) / 사정의 개입정도
> (100 ± α)

4. 유의사항 및 개선방안

① 계약자유의 원칙과 경제의 대형화로 인해 거래에는 특수한 사정이나 개별적 동기가 개입되기 쉬우므로 사례자료는 그 거래사정이 정상적으로 인정되는 것 또는 정상적으로 보정 가능한 사례이어야 한다.

② 사례선정 시 대표성 및 규준력 없는 사례를 일차적으로 배제시키고, 다수사례 수집을 통해서 비교·검토함으로써 거래당사자 간의 특별한 사정을 체크한다.

Ⅲ 시점수정

1. 의의

시점수정이란 거래사례의 거래시점과 대상물건의 기준시점이 불일치하여 가격수준의 변동이 있을 경우에는 거래사례의 가격을 기준시점의 가격수준으로 정상화하는 작업을 말한다. 시점의 불일치로 인한 차이를 보다 정확하게 수정하기 위해서는 거래사례의 거래시점이 분명해야 하고, 그 기간 가격변동에 관한 자료를 구할 수 있어야 하며, 거래시점이 너무 오래되지 않아야 한다. 시점수정의 가능 여부는 시간적 장·단뿐만 아니라 가치형성요인의 변동을 통하여 결정되어야 한다.

2. 시점수정방법

(1) 사례물건의 가격변동률

시점수정은 사례물건의 가격변동률로 한다. 다만, 사례물건의 가격변동률을 구할 수 없거나 사례물건의 가격변동률로 시점수정하는 것이 적절하지 않은 경우에는 지가변동률·건축비지수·임대료지수·생산자물가지수 등을 고려하여 가격변동률을 구할 수 있다.

(2) 유형별 적용

시점수정은 엄밀히 말하면 거래사례의 가격변동률을 알 수 있는 경우 해당 거래사례의 가격변동률을 적용하는 것이 가장 정확할 것이다. 그러나 개별물건의 가격변동률을 구하는 것은 현실적으로 불가능하며, 주관적일 수 있으므로 실무적으로는 공식적으로 발표되고 있는 각종 통계지수를 활용하고 있다. 토지의 경우 지가변동률을 활용하도록 하고 있으며, 건물의 거래사례를 시점수정할 때에는 건축비지수 등을 활용하여 시점수정을 할 수 있을 것이다.

3. 시점수정의 한계

사례의 거래시점이 기준시점과 일치하면 가장 바람직하나, ① 일치하는 경우가 매우 드물고, ② 개별성이 강한 부동산에 지역시장의 변동추세를 개별물건마다 일정하게 적용함은 타당성이 결여되고, ③ 변동률이 직선적으로 적용되므로 섬세한 변화를 반영하기 곤란하며, ④ 변동률 자체에 부동산시장뿐만 아니라 사회 전반적인 영향이 모두 포함되어 있는바, 적용에 일정한 한계가 있다.

4. 유의사항

① 지수나 변동률은 인근지역의 것을 사용함을 원칙으로 하되, 이의 파악이 곤란한 경우 인근지역과 유사한 가격변동과정을 거쳤다고 인정되는 동일수급권 내 유사지역의 것을 사용할 수도 있다.[7]

② 변동의 원칙에 의해 부동산가격은 항상 변화하는 것이므로 관련요인들을 시계열적·동태적으로 분석·검토할 필요가 있다.

③ 다수사례를 시계열적으로 검토함으로써 부동산 가격변동률 산정 시 객관성을 부여한다.

Ⅳ 가치형성요인의 비교(= 지역 및 개별요인 비교)

1. 의의

거래사례와 대상물건 간에 종별·유형별 특성에 따라 지역요인이나 개별요인 등 가치형성요인에 차이가 있는 경우에는 이를 각각 비교하여 대상물건의 가치를 개별화·구체화하는 작업을 말한다.

거래사례가 인근지역에 존재하는 경우 개별요인 비교만으로 가격을 비준하는 것이 가능하며, 사례가 동일수급권 내의 유사지역에 존재하는 경우 지역요인 및 개별요인의 비교가 필요하다. 이때 획지의 이용상태에 관해서는 최유효이용의 원칙, 적합의 원칙, 균형의 원칙, 기여의 원칙 등을 고려하여 비교한다.

2. 격차율 산정방법

(1) 개설

격차율을 산정하는 방법은 종합적 비교법과 평점법이 있으며, 평점법은 상승식과 총화식으로 구분된다. 우리나라는 주관 개입을 최대한 배제하기 위하여 평점법을 택하고 있으며, 세항목별 격차율은 총화식, 조건별 격차율은 상승식을 적용한다.

(2) 종합적 비교법

종합적 비교법은 거래사례의 지역요인과 개별요인에 대한 분석을 거쳐, 대상물건의 그것과 종합적으로 비교하여 얻은 비율을 거래사례가격에 곱하여 최종 평가액에 도달하는 방법을 말한다. 이 방법은 간편하다는 장점이 있는 반면에, 평가자의 주관에 따라 가액의 차이가 크게 발생할 수 있는 단점이 있다.

---

7) 거래사례와 대상물건이 인근지역에 함께 소재하는 경우를 상정한 표현이다. 거래사례나 대상물건이 속한 인근지역이 아닌 다른 지역에 소재하고 있는 경우에는 거래사례가 속한 지역을 기준으로 지수나 변동률을 적용해야 한다.

(3) 평점법

사례물건과 대상에 대한 획지조건, 환경조건, 가로조건, 접근조건, 행정조건, 기타 몇 가지 비교항목을 설정하여 각 항목별로 상호 비교를 통해 얻어진 비율을 거래가격에 곱하여 비준가격을 구하는 방법으로 항목별로 가중치를 부여하는 가중평점법과 하지 않는 단순평점법이 있다. 이 방법은 종합적 비교법에 비해서 주관 개입소지는 작지만, 평점 산정과정 등이 복잡한 단점이 있다.

3. 비교시점

(1) 지역요인의 비교

지역요인 비교는 거래사례가 있는 지역의 표준적인 획지의 최유효이용과 대상물건이 있는 지역의 표준적인 획지의 최유효이용을 판정·비교하여 산정한 격차율을 적용하되, 거래사례가 있는 지역과 대상물건이 있는 지역 모두 기준시점을 기준으로 한다.

(2) 개별요인의 비교

개별요인 비교는 거래사례의 최유효이용과 대상물건의 최유효이용을 판정·비교하여 산정한 격차율을 적용하되, 거래사례의 개별요인은 거래시점을 기준으로 하고, 대상물건의 개별요인은 기준시점을 기준으로 한다.

4. 요인 비교 시 한계 및 개선방안

① 지역 및 개별요인 비교 시 평가 주체의 주관개입의 소지가 많고, 가치형성요인이 항상 변동하는바 적절한 분석이 어렵고, 예측이 곤란하며, 정밀한 비교작업이 어렵다.

② 다수사례분석을 통해 지역격차 및 개별적 품등격차와 가격과의 상관관계를 명확히 한다.

03 절 비교요소

Ⅰ 비교요소의 의의

부동산의 가치는 여러 가지 다양하고 복합한 특성들이 어우러져 형성되기 때문에 대상물건과 완전하게 동일한 거래사례는 현실적으로 존재하기 어렵다. 따라서, 평가사는 거래사례와 대상 물건을 서로 비교할 때 어떠한 요소들이 있는지를 사전에 충분히 고려하여 이를 비교과정에서 정확하게 선택하고 적용해야 한다. 이처럼 비교기준이 되는 특성들을 거래사례의 비교요소라고 한다.[8]

Ⅱ 매매사례의 확정

평가사는 매매사례별로 면적, 연수, 건물의 상태 등 미시적인 특징들까지도 개별적으로 검토하여 가장 비교 가능성이 높은 매매사례를 확정짓는데 이 과정을 매매사례의 정치화라고 한다. 최종적인 매매사례가 선정되면 평가사는 매매사례에 관한 구체적인 사실을 평가보고서에 기재하는데 이를 매매사례의 제시라고 한다. 매매사례의 제시는 평가사가 대상 부동산과 시장을 개별적으로 조사했다는 증명이 된다.

---

8) 미국의 경우에는 비교요소를 체계화하지 않고 항목별로 나열하여 사용하고 있다. 그렇다고 해서 미국의 비교요소가 우리나라의 비교요소와 전혀 다른 것이 아님을 유의해야 한다. 즉, 표현하는 방식과 체계의 차이일 뿐 본질적인 측면에서는 결코 다르지 않다.

▥ 매매사례의 비교요소(element of comparison)(권금매 시위 물경 용비출)

개별부동산은 여러 가지 다양하고 복잡한 특성을 가지고 있으므로 완전한 매매사례는 현실적으로 존재하기 어렵다. 그러므로 평가사는 매매사례의 비교 가능성을 사전에 충분히 고려하여 비교 매매사례를 선택, 수정하고 있다. 비교기준이 되는 아래와 같은 요소들을 매매사례의 비교요소라 한다.

1. 거래조건의 보정

(1) 부동산의 권익(Adjustment for property right conveyed)(개별요인)

부동산을 사고판다는 것은 물리적 실체가 아니라 경제적 가치가 있는 부동산 권익을 사고 판다는 것을 의미한다. 따라서 이전되는 권익이 다를 때는 그 차이를 인정해야 한다. 이것을 이전되는 부동산 권익에 대한 수정이라고 한다.

(2) 금융조건(Adjustment for financing terms)(사정보정)

부동산의 거래가격은 비록 동일한 부동산이라 할지라도 금융조건이 달라짐에 따라 차이가 난다. 따라서 이 차이를 매매가격에 수정할 필요가 있는데 이를 금융조건에 대한 수정이라고 한다. 이 같은 차이를 수정하는 방법이 현금 등가분석(cash equivalence analysis)인데 이는 비교부동산이 비전형적인 금융조건으로 매도되었을 때 전형적인 시장조건을 반영할 수 있도록 수정하는 절차를 말한다.

(3) 거래(매매)상황(Adjustment for condition of sale)(사정보정)

매매상황에 대한 수정은 매도자와 매수자의 전형적인 매매 동기 여부를 반영하여 수정하는 것이다. 즉, 매매상황에 대한 수정이란 비전형적인 매매상황에 의한 비시장가격을 전형적인 시장가격으로 수정하는 것을 의미한다.

(4) 매수 직후의 지출(사정보정)

부동산 거래 시 매수자는 원하는 목적을 달성하기 위해 추가적인 비용을 부담해야 하는 경우가 발생한다. 즉 기존건물의 철거비용, 지목이나 용도변경에 대한 청원비용, 환경오염에 대한 치유비용 등이 그것이다. 이 같은 비용은 대상 부동산의 매매가격에 실제적으로 영향을 미치고 있으므로, 거래 직후 매수자가 지불해야 하는 지출액이 발생할 경우 그 비용에 대해서는 거래가격에 포함시켜 거래가격을 수정해야 한다. 한편, 추가적인 비용을 매수자가 아닌 매도자가 부담하는 경우에는 해당 비용에 대한 별도의 수정절차는 필요하지 않다.

(5) 시장상황(Adjustment for market condition)(시점수정)

시장상황의 변화는 인플레이션, 디플레이션, 수요 공급의 변화 등에 의해 야기된다. 그런데 거래가격은 과거의 특정한 날짜를 기준으로 매수자와 매도자가 합의한 가격으로서 현재의 시장상황을 제대로 반영하지 못한다. 따라서, 과거의 시장상황에 의한 거래가격은 평가의 기준이 되는 기준시점의 가격수준으로 수정되어야 한다.

2. 부동산 특성의 보정

(1) 매매사례의 위치(지역요인)

비교부동산의 위치도 대상 부동산과 크게 달라져서는 안 된다. 주거용, 상업용, 공업용 부동산 중 창고용 부동산은 위치의 차이에 민감하게 반응하고 있다. 또한 비교 매매사례의 위치적 유사성은 부동산의 종류와 성격에 따라 서로 다르게 나타나므로 사례 선택 시 유의해야 한다.

(2) 물리적 특성(개별요인)

비교부동산은 대상 부동산과 여러 가지 측면에서 유사점이 있어야 한다. 주거용 부동산은 물리적 특성이, 상업용 부동산은 수익 구조상의 특성이 유사한 것이 강조된다. 그러나 이 같은 특성이 다른 유형의 부동산에도 같은 정도로 요구되는 것은 아니다.

(3) 경제적 특성(economic characters)(개별요인)

경제적 특성이란 대상 부동산의 수익에 영향을 미치는 모든 특성을 나타낸다. 경제적 특성은 수익성 부동산을 매매사례비교법으로 평가할 때 특히 중요한 의의를 지닌다. 영업경비, 관리의 질, 임차자혼합 등이 한 예이며, 평가사는 평가 권익이나 시장상황의 차이를 경제적 특성의 차이로 혼동하지 않도록 유의해야 한다.

(4) 용도와 지역지구제(지역요인 또는 개별요인)

① 부동산은 용도에 따른 유용성의 크기에 따라 가치를 달리한다. 따라서, 같은 용도를 가진 거래사례를 선택하는 것이 최적이나, 그렇지 않은 경우도 발생한다. 거래사례의 현재 용도나 최유효이용이 대상 부동산과 다를 경우 평가사는 먼저 유사 부동산이 적절한 비교거래사례가 될 수 있는지 여부를 결정해야 한다. 또한, 거래사례가 어떤 용도를 위해 매수된 것인지도 확인할 필요가 있다. 용도의 차이에도 불구하고 거래사례로 선택한 경우에는 용도 차이에 대한 수정을 해야 한다.

② 한편, 지역지구제는 부동산의 가치에 지대한 영향을 미치는 중요한 특성이다. 해당 부동산이 어떤 용도지역에 포함되어 있는지에 따라 최유효이용의 상태가 달라지기 때문이다. 따라서, 거래사례와 대상 부동산의 지역지구제가 서로 다른 경우에는 이에 대한 차이도 수정해야 한다.

(5) 비부동산 가치구성요소(non-realty component of value)(개별요인)

비부동산 가치구성요소란 동산이나 기업가치 등과 같이 부동산의 일부는 아니지만 실제로
는 부동산의 매매가격을 구성하는 요소들을 말한다. 호텔이나 레스토랑의 가구, 실내 장
식, 거래 정착물 시설 등이 이 같은 동산의 예이며, 기업가치란 마케팅, 관리기술, 인력의
질, 거래 명성, 프랜차이즈, 상표명 등 무명의 재산권으로 인한 가치 증분을 말한다.

> ● 분류(거×사×시×지×개)
>
> 1. 사정보정 : 금융보정, 거래(매매)상황, 매수 후 지출
> 2. 시점수정 : 시장상황
> 3. 지역요인 비교 : 거래사례위치, 용도와 지역지구제
> 4. 개별요인 비교 : 부동산권익, 물리적·경제적 특성, 비부동산 가치구성요소
> * 용도와 지역지구제는 내용에 따라 개별요인 비교 항목에도 해당될 수 있다.

04 절 비교분석의 방법 및 수정방법[9]

Ⅰ 서

거래사례비교법은 거래사례를 기준으로 평가하므로 거래사례의 정확한 분석이 요구되고 또한 개별 거래사례와 대상 부동산의 특성을 비교, 수정하여 대상 부동산의 가치를 추계하여야 가치 결론의 정확성을 기할 수 있다.

Ⅱ 비교분석방법

1. 개요

비교분석이란 매매사례비교법에 있어 계량적 또는 정성적 기법을 적용하여 수정량을 결정하고 시산가치를 도출하는 과정을 의미한다. 이에는 계량분석법과 정성분석법이 개별적 또는 동시에 사용될 수 있다.

2. 계량분석법(대집감통그추비2임)

(1) 의의

수학적 과정을 통하여 수정이 요구되는 비교요소를 확인하고 수정량을 측정하여 비교분석을 행하는 방법으로 수정량은 비율이나 금액으로 표시한다.

---

9) 안정근, 부동산평가이론(제6판), 양현사, 2013

(2) 대쌍자료분석법과 집단자료분석법

1) 대쌍자료분석법(Paired data analysis)

특정의 비교요소를 가진 부동산과 그렇지 않은 부동산을 비교하여 해당요소에 의한 수정량을 분리하여 측정하는 방법이다. 비교매매사례 간 차이가 특정요소에 기인한다는 것이 시장증거에 의해 명백하게 지지되면 매우 효율적인 측정기준이 된다. 실제로 대상부동산과 동일한 대쌍자료세트를 가지고 있는 비교부동산은 흔하지 않고 매매가격 차이에 여러 변수가 동시에 작용하고 있을 때 개별분석에 의한 수정량 분리가 곤란하다.

2) 집단자료분석법

대쌍자료분석법의 연장으로 대쌍자료분석법의 정밀도를 향상시키기 위해 사용되는 분석방법이다. 이 방법은 거래사례를 비교요소에 따라 몇 개의 집단으로 분류하고, 분류한 집단을 대상으로 단위당 평균가격이나 거래시점의 평균날짜를 계산하고 각 집단자료를 대쌍으로 하여 비교분석하게 된다. 이 방법은 대쌍자료분석법과 비교할 때 많은 거래사례에 기초하고 있어 보다 객관적이고 신뢰할 수 있는 결과를 보여준다.

> **예** 유사거래사례가 2021년과 2022년에 발생한 것들이라면, 분류된 집단을 대상으로 하여 단위당 평균가격과 거래시점의 평균날짜를 계산하여, 비교단위당 가격이 그 동안 어떻게 변화했는지를 측정할 수 있다. 그리고 계산된 월간변동률이나 분기별 변동률을 근거로 거래사례가격을 수정할 수 있다.

(3) 감응도분석법과 통계적 분석법

1) 감응도분석법(= 민감도분석법)

투입변수의 양이 달라질 때 부동산의 최종가치가 얼마만큼 변화하는가를 분석하는 기법으로, 위험분석기법으로 흔히 사용된다. 대상 부동산의 순현가나 수익률이 임대료, 공실률, 보유기간, 세율, 가치상승률과 같은 여러 변수에 따라 어떻게 변화하는지를 다양하게 분석할 수 있다.

2) 통계적 분석법

통계적 추론이나 회귀분석 등의 방법을 통해 수정량을 도출하는 방법으로 풍부하고 적절한 데이터베이스가 확보될 경우에는 다른 어떤 도구보다 탁월한 분석효과를 발휘할 수 있다. 그러나 이 분석방법은 통계에 관한 기술적 지식과 많은 경험을 요구하며, 자료가 부적절하거나 통계적 분석법의 함정을 제대로 이해하지 못하는 경우에는 전혀 엉뚱한 결과가 도출될 수 있다.

(4) 그래프분석법과 추세분석법

1) 그래프분석법

자료를 그래프로 표시하고 이를 시각적으로 해석하거나 선형적합분석을 적용하여 어떤 결론을 획득할 때 사용되는 통계적 분석법의 일종이다. 선형적합분석이란 그래프분석으로 확인된 자료의 독립변수와 종속변수 간의 관계를 수식으로 나타낸 것이다.

2) 추세분석법

시장자료는 많으나 비교가능성이 크지 않을 때 적용되는 방법으로 추세분석에 의해 나타난 수치를 특정요소의 시장감응도로 생각하고 이를 근거로 수정량을 결정한다. 비교가능성은 크지 않더라도 시장자료가 많으면 그에 근거한 추세분석은 대상 부동산의 가치속성을 어느 정도 반영하고 있다는 데 근거한다. 이 또한 넓은 의미의 통계적 분석법의 일종이다.

(5) 기타 분석방법

1) 비용분석법

감가상각액, 건물비용, 치유비용, 인허가 수수료 등과 같은 비용지표를 수정근거로 사용한다. 평가사는 비용분석의 결과로 도출된 수정량이 합리적이며 시장기대를 충족시킬 수 있는지를 판단한다.

2) 2차 자료 분석법

대상 부동산이나 비교부동산과는 직접적인 관련이 없는 2차 자료를 사용하여 수정량을 결정하는 방법이다. 2차 자료는 지역이나 부동산시장의 일반적 상황을 설명하는 자료들로서, 정부나 연구기관 등에서 주로 제공되고 있다.

3) 임대료차이환원법

해당 부동산의 특정한 결함(장점)에 의해 발생한 임대료 손실(증분)을 근거로 하여 수정량을 도출하는 방법이다. 어떤 사무실이 엘리베이터가 없어 임대료가 떨어진다면, 임대료 차이를 환원하여 수정량을 구할 수 있다.

3. 정성분석법(상순개)

(1) 의의

정성적 분석법이란 비계량적 방법에 의해 시장자료의 관계를 규명하는 방법으로서 계량화가 어려운 특성에 사용되며 이는 비율이나 금액으로 그 차이를 표시하지 않는 방법이다.

(2) 상대비교분석법

비교요소들을 상대적으로 비교 분석하여 우월(+), 동등(0), 열등(-)한지를 결정하고 이를 종합함으로써 전체적으로 비교부동산과 대상 부동산과의 우월, 동등, 열등관계를 표시한다. 그 후 비교단위를 기준으로 우월한 것에서부터 열등한 것까지 순서대로 나열한 후 대상 부동산의 전후관계를 고려하여 적절한 수정량이나 가치범위를 정한다.

(3) 순위분석법

비교매매사례를 비교요소에 따라 우월, 동등, 열등으로 표시함은 상대비교분석법과 같으나 이것들을 합산하여 전체평가를 할 경우에 비교매매사례의 각 순위를 정하여 오름차순이나 내림차순으로 비교매매사례를 정리하고 대상 부동산의 상대적 위치를 결정한다.

(4) 개인면접법

부동산에 지식이 있는 사람을 개인적으로 면접한 후 의견을 참조하여 대상 부동산에 대한 수정량이나 가치범위를 조정한다.

예 상대비교분석법 및 순위비교법 예시[10]

구분	대상물건	사례A	사례B	사례C	사례D
거래가격	?	91,500	73,800	82,000	80,000
거래시점	현재	현재	1년 전	현재	현재
부엌	미개량	개량 (우월)	미개량	미개량	미개량
냉방설비	없음	없음	없음	있음 (우월)	있음 (우월)
경과연수	10년	10년	10년	12년 (열등)	14년 (열등)
건물상태	보통	보통	매우 좋음 (우월)	좋음 (우월)	보통
경관	좋음	보통 (열등)	좋음	보통 (열등)	좋음
비교검토 (상대비교분석법)		우월	열세	유사	유사
검토순위 (순위분석법)	3	1	5	2	4

---

10) 경응수, 감정평가론(제6판), 나무미디어, 2021

Ⅲ 거래사례의 비교수정방법[11] (비금연)

1. 개설

평가사는 개별거래사례와 대상 부동산의 특성을 항목별로 비교·수정하여 대상 부동산의 가치를 추계할 때, 주관을 배제하고 우열에 관한 객관적이고 구체적인 이유를 제시하여야 하며, 그 방법에는 비율수정법·금액수정법·연속수정법이 있다.

2. 비율수정법(Percentage adjustment method)

(1) 의의

① 대상 부동산과 비교부동산의 우월성과 열등성의 차이를 백분율로 치환하여 특성별 차이를 수정하는 방법이다.

② 각 특성별 비율을 모두 100으로 하는 평균비율수정법과 이의 약점을 보완하기 위한 대안으로서 중요도에 따라 비중을 상대적으로 달리하는 가중비율수정법로 나누어진다.

③ 또한 특성별 수정비율을 서로 곱하거나 나누어 전체수정계수를 구하는 방법인 비율승제법과 이를 서로 더하거나 빼서 전체수정계수를 구하는 방법인 비율가감법이 있다. 가중비율수정법이나 비율가감법은 평균비율승제법에 대한 대안적 방법으로 고안된 것이다.

(2) 장단점

장점으로는 이해가 쉽고, 각 특성이 전체에서 차지하는 비중을 쉽게 파악할 수 있다.

단점으로는 소수점자리까지 정확한 추계치가 나오나 이는 '수학적 조작'이며, 이러한 수학적 조작과정이 전문가적 능력과 지식을 갖춘 평가사의 합리적 추론과정을 대신할 수 없다는 비판이 있다. 평균비율수정법의 경우 개별적 특성에 비해 100이라는 동일한 비중을 두어 각 특성 간의 상대적 차이를 고려하지 못하고 있다. 대상 부동산의 가치 추계치를 하향 편의시키며, 비교요소가 많아질수록 더욱 심각해진다.

> 예 가로조건이 50% 우세, 접근조건이 50% 열세할 경우 비교치는 1이 아니고, 0.75(1.5 × 0.5)가 된다.
>
> 예 10,000,000원(거래가격) × 0.9(가로조건) × 1.00(접근조건) × 1.00(환경조건) × 1.05(획지조건) = 9,450,000원

---

11) 정영철, 서동기외, 감정평가론, 부연사, 2000

3. 금액수정법(Dollar adjustment method)

(1) 의의

대상 부동산과 비교부동산 간의 차이를 실제의 화폐가치로 수정하는 방법으로 비율수정법의 여러 가지 단점을 보완하고 있다.

(2) 장단점

장점으로는 비율수정법보다 더 직접적으로 평가사실과 관련된 경험적 사실을 토대로 수정되어 객관적이며, 비교·수정사항을 금액으로 표시함으로써 의뢰인 등이 쉽게 이해할 수 있다. 단점으로는 시장상황, 위치, 부동산특성 등 절대액으로 표시하기 어려운 것이 존재하여 각 특성이 가치에 미치는 상대적 영향파악이 어렵다.

> **예** 10,000,000원(거래가격) + 1,000,000(대지면적) + 500,000(건물상태) − 400,000(위치)
> = 11,100,000원

4. 연속수정법

(1) 의의

비율수정법과 금액수정법의 장점을 혼합한 것으로 비율과 절대금액을 모두 사용하여 비율수정량을 금액으로 환치시킨 후 수정액을 연속적으로 합산하는 방법이다.

(2) 장단점

장점으로 비율수정법과 금액수정법이 각각 가지고 있는 한계를 극복하고, 장점을 취한 것으로 이론적으로는 가장 합리적인 방법이다.

단점으로는 여전히 절대액으로 표시하지 못하는 비교항목이 존재한다는 문제점이 있으며, 비율과 금액으로 모두 환산하고 표시하므로 상대적으로 많은 시간과 노력이 소모되어 우리나라 실무에서 사용되는 비율수정법의 보완수단으로서 의미가 있다.

> **예** 10,000,000원(거래가격) + (+5%, +500,000원, 가로조건) = 10,500,000원
> (−2%, −210,000원, 획지조건) = 10,290,000원

> **▶ 가격비율과 가격직접조정법[12]**
>
> 이 방법은 부동산 거래사례의 보정을 가격비율에 의해서 수정하기도 하고 직접적으로 요소 가격으로 수정하기도 하는 방법이다. 이것은 가격비율조정법과 가격직접조정법이 모두 완전한 거래사례의 보정방법이 될 수 없으며 부동산시장 여건이 완전한 자료의 확보가 용이하지 않기 때문에 사용되는 방법이다. 이 조정법은 비율의 파악이 용이한 보정 요인들은 비율에 의하여 수정하며 직접적으로 금액이 대비되는 보정 요인들은 금액의 편차를 보정하는 방법을 사용하는 것이다. 복합부동산의 평가에서는 사실상 이 방법이 가장 많이 사용되고 있으며 특히 건물의 냉난방설비, 승강기설비, 전기 및 동력설비 등은 비율보정보다 금액보정이 더 많이 사용되며, 토지의 위치, 면적 보정 등은 금액보정보다 비율보정이 더 많이 사용되고 있다.

Ⅳ 결

거래사례비교법에 의해 대상 부동산 가치를 추계하는 경우 대상 부동산과 유사성을 갖는 다수의 거래사례를 수집하여야 한다. 비교분석 시 대상시장에서 확인되지도 않은 비교요소를 사용하여 비교매매사례를 수정해서는 안 되며 또한 평가사는 비교부동산이 대상 부동산과 비교하여 왜, 얼마만큼 우수한지 또는 열등한지에 대해 객관적이고 구체적인 이유를 제시하여야 한다. 우리나라 실무에서는 상승식에 의한 비율승제법을 사용하고 있어 상기의 비판이 제기될 수 있는바 이에 대한 대안으로 금액수정법과 병용할 필요가 있다. 비율의 파악이 용이한 보정 요인들은 비율에 의하여 수정하며, 직접적으로 금액이 대비되는 보정 요인들은 금액의 편차를 보정하는 방법을 사용하는 것이다. 또한 최근 실거래가 신고제도가 정착됨에 따라 실거래가 자료가 축적되어 감정평가 무용론이 제기되기도 한다. 그러나 신고된 실거래가격은 개별적인 동기 등에 의한 사정이 개입된 경우가 많은바, 그대로 차용할 것이 아니라, 다수의 사례들을 통해 적정성 여부를 충분히 검토한 후 거래사례로 채택해야 함에 유의해야 한다.

---

12) 나상수, 감정평가이론강의, 리북스, 2009

💯 심화논점

01 절 배분법[13]

Ⅰ 의의

배분법이란 거래사례비교법의 적용에 있어 거래사례가 대상물건과 동일한 유형을 포함한 복합 부동산으로 구성되어 있는 경우 복합부동산을 유형별로 배분 및 공제함으로써 대상물건과 동일한 유형의 부분만을 사례자료로 선택하는 방법을 말한다.

Ⅱ 이론적 근거

배분법은 시장성 및 대체의 논리하에 균형의 원칙과 기여의 원칙에 의해 토지·건물 사이에는 어떤 균형을 이루는 구성비율이 존재한다는 데에 기인한다.

Ⅲ 적용방법

1. 비율방식

복합부동산의 각 구성부분에 해당하는 가격비율을 알 수 있는 경우 대상물건과 같은 유형에 해당하는 가격비율을 곱하여 배분하는 방식이다. 이때 적용하는 가격비율은 사례의 가격비율이므로, 거래시점 당시의 가격비율을 적용하여야 한다.

2. 공제방식

복합부동산의 거래가격에서 대상물건과 다른 유형에 해당하는 부분의 가격을 알 수 있는 경우

---

13) (특강) 배분법과 토지잔여법.(노용호, 건대특강)

에 이를 전체 거래가격에서 공제하여 대상물건과 같은 유형의 가격을 산정하는 방식이다. 공제방식은 어떤 유형의 가격을 구하느냐에 따라 건물차감법과 토지차감법으로 구분할 수 있다.

(1) 건물차감법

건물차감법은 복합부동산의 거래가격에서 건물가격을 공제하여 토지가격을 구하는 방법으로 토지와 건물의 결합으로 인한 효용증가분이 모두 토지에 귀속될 가능성이 높다.

(2) 토지차감법

토지차감법은 복합부동산의 거래가격에서 토지가격을 공제하여 건물가격을 구하는 방법으로 토지와 건물의 결합으로 인한 효용증가분이 모두 건물에 귀속될 가능성이 높다.

Ⅳ 잔여법과의 비교

배분법과 잔여법은 모두 ① 사례자료가 복합부동산에 의하여 구성되었다는 점, ② 적용범위를 넓혀준다는 점에서 동일하지만, ③ 배분법은 거래사례비교법에서 대상 부동산과 동 유형의 거래사례가격을 구하는 방법이고, ④ 잔여법은 수익환원법에서 대상 부동산과 동 유형의 부분에 대한 순수익을 구하는 방법이라는 점에서 차이가 있다.

Ⅴ 유용성 및 적용례

① 거래사례 채택범위가 넓어지므로 비교방식의 적용 폭이 넓어진다.
② 나지만의 평가 시 최근 대도시와 그 주변부에서 나지만의 사례를 구하기 어렵고, 산림 중 임지만의 평가 시 그 사례를 구하기 어려우므로 배분법에 의한 비교방식을 적용할 필요가 있다.

Ⅵ 적용 시 유의사항

① 거래사례는 인근지역 또는 동일수급권 안 유사지역에 소재하고 있어야 한다. 이때 세분화된 지역에 따라 복합부동산의 유형별 구성비율의 차이가 발생할 수 있음에 유의해야 한다.
② 대상 부동산과 이용상태가 유사한 사례를 선택해야 한다.
③ 원칙적으로 최유효이용 상태에 있는 사례를 선택해야 한다.
④ 복합부동산의 규모, 형태, 보수 여부 등에 따라 가격구성비율에 차이가 있을 수 있다.
⑤ 공제방식의 적용에 있어 대상 부동산과 다른 유형의 정확한 가격산정이 중요하다.
⑥ 다수거래사례를 수집하고 분석하여 대상 부동산과 다른 유형의 가격산정의 타당성을 검증해야 한다.

02 절 공시지가기준법 ▶기출 3회, 16회, 24회, 27회

감정평가에 관한 규칙 제14조(토지의 감정평가)

① 감정평가법인등은 법 제3조 제1항 본문에 따라 토지를 감정평가할 때에는 공시지가기준법을 적용해야 한다.

② 감정평가법인등은 공시지가기준법에 따라 토지를 감정평가할 때에 다음 각 호의 순서에 따라야 한다.

  1. 비교표준지 선정 : 인근지역에 있는 표준지 중에서 대상토지와 용도지역·이용상황·주변환경 등이 같거나 비슷한 표준지를 선정할 것. 다만, 인근지역에 적절한 표준지가 없는 경우에는 인근지역과 유사한 지역적 특성을 갖는 동일수급권 안의 유사지역에 있는 표준지를 선정할 수 있다.

  2. 시점수정 : 「부동산 거래신고 등에 관한 법률」 제19조에 따라 국토교통부장관이 조사·발표하는 비교표준지가 있는 시·군·구의 같은 용도지역 지가변동률을 적용할 것. 다만, 다음 각 목의 경우에는 그러하지 아니하다.

    가. 같은 용도지역의 지가변동률을 적용하는 것이 불가능하거나 적절하지 아니하다고 판단되는 경우에는 공법상 제한이 같거나 비슷한 용도지역의 지가변동률, 이용상황별 지가변동률 또는 해당 시·군·구의 평균지가변동률을 적용할 것

나. 지가변동률을 적용하는 것이 불가능하거나 적절하지 아니한 경우에는 「한국은행법」 제86조에 따라 한국은행이 조사·발표하는 생산자물가지수에 따라 산정된 생산자물가상승률을 적용할 것

3. 지역요인 비교
4. 개별요인 비교
5. 그 밖의 요인 보정 : 대상토지의 인근지역 또는 동일수급권 내 유사지역의 가치형성요인이 유사한 정상적인 거래사례 또는 평가사례 등을 고려할 것

③ 감정평가법인등은 법 제3조 제1항 단서에 따라 적정한 실거래가를 기준으로 토지를 감정평가할 때에는 거래사례비교법을 적용해야 한다.

④ 감정평가법인등은 법 제3조 제2항에 따라 토지를 감정평가할 때에는 제1항부터 제3항까지의 규정을 적용하되, 해당 토지의 임대료, 조성비용 등을 고려하여 감정평가할 수 있다.

▌ 서

「감정평가에 관한 규칙」 제14조에 의거 토지평가는 공시지가를 기준으로 평가하도록 규정하고 있어 공시지가기준법은 토지평가의 주된 평가방법이다. 공시지가기준법이란 대상토지와 가치형성요인이 같거나 비슷하여 유사한 이용가치를 지닌다고 인정되는 표준지의 공시지가를 기준으로 대상토지의 현황에 맞게 시점수정, 지역요인 및 개별요인 비교, 그 밖의 요인의 보정을 거쳐 대상토지의 가액을 산정하는 감정평가방법을 말한다. 이 방법은 거래사례를 평가대상토지와 비교하여 토지가격을 산정하는 거래사례비교법의 개념과 유사하며, 감정평가에 관한 규칙에서도 비교방식의 하나로 규정하고 있는바, 이 방법에 의한 시산가치도 비준가액이라 할 수 있다.

이러한 공시지가기준법은 기본적으로 비교방식의 원리에 근거하고 있다. 따라서, 공시지가기준법을 비교방식의 범주에 포함하기도 한다. 다만, 비교방식이 시장의 거래사례자료를 기초로 하여 대상물건의 가치를 산정하는 것과 달리 공시지가기준법은 표준지공시지가를 기초로 하여 가치를 산정한다는 점에서 그 적용상에 차이가 있을 뿐이다.

> ● 표준지공시지가의 효력(지표업개)
> ① 토지시장의 지가정보를 제공
> ② 일반적인 토지거래의 지표
> ③ 국가·지방자치단체 등의 기관이 그 업무와 관련하여 지가를 산정하는 경우 기준
> ④ 감정평가업자가 개별적으로 토지를 평가하는 경우 기준

Ⅲ 표준지공시지가의 성격

1. 개설

표준지공시지가란, 부동산공시법의 규정에 의한 절차에 따라 국토교통부장관이 조사·평가하여 공시한 표준지의 단위면적당 가격을 말한다. 표준지공시지가는 적정가격으로 조사·평가하며, 적정가격이란, 해당 토지 및 주택에 대하여 통상적인 시장에서 정상적인 거래가 이루어지는 경우 성립될 가능성이 가장 높다고 인정되는 가격을 말한다. 표준지공시지가의 성격은 시가설 및 정책가격설로 나뉜다.

2. 시가설

표준지의 공시지가는 적정가격을 조사·평가하여 공시하도록 규정하고 있으며, 적정가격의 정의는 시장가치와 부합하고 적정가격을 조사·평가하는 경우에는 인근유사토지의 거래가격·임대료 및 해당 토지와 유사한 이용가치를 지닌다고 인정되는 토지의 조성에 필요한 비용추정액 등을 참작하도록 규정하고 있는 점 등을 고려할 때, 시가가 타당하다는 견해이다.

3. 정책가격설

공시지가는 과세의 기준이 되고, 과세와 직접 또는 간접적으로 관련이 있는 시장·군수·구청장 및 표준지 소유자의 의견을 들어야 하는 등 조세저항, 표준지 평가 절차 및 평가기준 등에 의해 시가와 괴리가 발생하고, 적정한 가격형성에 기여한다는 기능을 고려할 때 정책가격이 타당하다는 견해이다.

4. 검토

표준지공시지가는 적정가격으로 조사·평가하도록 규정되어 있고, 적정가격은 시장가치를 기초로 하고 있는바, 시가설로 보는 것이 이론적으로 타당하다. 그러나 현실적으로 시가와 괴리되어 있고, 조세부과의 목표가 있으며, 가격공시절차과정에서 소유자 및 지자체의 요구 등으로 지역별, 유형별 현실화율이 달라지는 등 정책가격의 성격을 가진다. 다만, 시가를 기준으로 평가하도록 한 규정에 부합하지 못한다는 지적이 야기되는바, 이에 대한 제도적 노력이 요구된다.

> ● 표준지공시지가를 정책가격으로 보는 논거
>
> (1) 당위(SOLLEN) 성격 : 적정가격이 시장상황을 완전히 무시할 수 없다는 측면에서 sein 가격으로 보는 견해도 일면 타당하다. 그러나 적정가격은 시장가격과 괴리될 개연성이 있는 법정가격일 뿐이며, 시장에서 자유로운 거래동기에 따라 시장의 경기상황이 그대로 반영된 가격이 아님에 유의해야 한다. 실제로 적정가격의 평가방법은 3방식 적용과 시산가액의 조정을 거쳐 가격을 구하도록 법정

하고 있을 뿐만 아니라 경제상황, 물가상승 등의 요인을 참작하여 해당 부동산이 "그래야 하는 당연한 가치(sollen)를 창조"하는 작업이라는 것을 시사한다. 그러므로 부동산시장이 불안정한 우리나라에서는 적정가격은 sein과 괴리될 가능성이 높은바, 반드시 이와 일치할 필요는 없으며, sollen의 성격이 강하다고 판단된다.

(2) 공동체 유지 및 공동선을 위한 가격(방경식) : 적정가격이 갖고 있는 함의는 한민족 공동체의 공존을 위해 시장의 일부 거래 당사자만에 의한 거래가격에 구애되지 않고 공동체 유지와 공동선을 위해 구해야 하는 가격으로서, 투기가격이나 개발이익이 배제된 가격이고, 해당 지역주민의 가치관 및 가격형성 제 요인을 감안한 가격으로서, 해당 지역구성원의 공평한 분배와 토지이용에 기여하자는 뜻이 내포되어 있다.

(3) 시장가격과의 괴리가능성(방경식) : 적정가격은 거래당사자 사이에서 독립적으로 개별적으로 시장에서 형성되는 시장가격과 달리, 평가사가 해당 지역에서 그 지역의 사정을 고려한 가치형성요인의 분석은 물론, 인근의 타 필지와 비교하여 균형을 맞춘 의도적인 가격임을 알 수 있으며, 이 시장가격과 적정가격은 양자의 평가접근 자체가 다른 것이다.

(4) 법정가격으로서의 적정가격(방경식) : 법정가격으로서 적정가격은 시가와 괴리되므로 지가상승의 하향 견인작용을 하여 지가안정에 기여하고 있을 뿐만 아니라, 이로써 적정한 가격형성에도 기여하는 큰 기능을 하고 있음을 간과해서는 안 된다.

(5) 정책적·통제적 가격(협회) : 감정평가제도는 지역성·거래의 비공개성·상품의 비표준화성 및 비조직성 등으로 특징 지워지는 현실의 부동산 시장에서 형성되는 부동산가격에 대하여 합리적 시장을 전제로 하여 적정하게 형성되는 적정가격을 찾아내는 가격 평정작업이 사회·경제적으로 필요하기 때문에 채택된 제도로 표준지공시지가는 조세우선의 목표가 존재할 뿐만 아니라 가격공시절차과정에서 지자체(부평위)의 적극적 요구 등으로 인해 소지역별, 이용상황별로 현실화율이 달라지는 등 정책적, 통제적 가격의 성격을 지닐 수밖에 없다.

III 표준지공시지가의 평가기준(적실나공개일평)

1. 적정가격 기준평가(제15조)

표준지의 평가가격은 일반적으로 해당 토지에 대하여 통상적인 시장에서 정상적인 거래가 이루어지는 경우 성립될 가능성이 가장 높다고 인정되는 가격(이를 "적정가격"이라 한다)으로 결정하되, 시장에서 형성되는 가격자료를 충분히 조사하여 표준지의 객관적인 시장가치를 평가한다.

2. 실제용도 기준평가(제16조)

표준지의 평가는 공부상의 지목에도 불구하고 공시기준일 현재의 이용상황을 기준으로 평가하되, 일시적인 이용상황은 이를 고려하지 아니한다.

3. 나지상정 평가(제17조)

표준지의 평가에 있어서 그 토지에 건물이나 그 밖의 정착물이 있거나 지상권 등 토지의 사용

· 수익을 제한하는 사법상의 권리가 설정되어 있는 경우에는 그 정착물 등이 없는 토지의 나지상태를 상정하여 평가한다.

4. 공법상 제한상태 기준평가(제18조)

표준지의 평가에 있어서 공법상 용도지역·지구·구역 등 일반적인 계획제한사항뿐만 아니라 도시계획시설 결정 등 공익사업의 시행을 직접목적으로 하는 개별적인 계획제한사항이 있는 경우에는 그 공법상 제한을 받는 상태를 기준으로 평가한다.

5. 개발이익 반영평가(제19조)

표준지의 평가에 있어서 공익사업의 절차로 인한 개발이익은 이를 반영하여 평가한다. 다만, 그 개발이익이 주위환경 등의 사정으로 보아 공시기준일 현재 현실화·구체화되지 아니하였다고 인정되는 경우에는 그러하지 아니하다.

6. 일단지의 평가(제20조)

용도상 불가분의 관계에 있는 2필지 이상의 일단의 토지 중에서 대표성이 있는 1필지가 표준지로 선정된 때에는 그 일단지를 1필지의 토지로 보고 평가한다.

7. 평가방식의 적용(제21조)

표준지의 평가는 거래사례비교법, 원가법 또는 수익환원법의 3방식 중에서 해당 표준지의 특성에 가장 적합한 평가방식 하나를 선택하여 행하되, 다른 평가방식에 따라 산정한 가격과 비교하여 그 적정여부를 검토한 후 평가가격을 결정한다.

Ⅳ 그 밖의 요인 보정 ▸기출 16회, 27회

1. 의의

그 밖의 요인이란 시점수정, 지역요인 및 개별요인의 비교 외에 대상토지의 가치에 영향을 미치는 요인이다. 공시지가기준법에 의한 감정평가액이 시점수정, 개별요인 및 지역요인 비교를 거쳤음에도 불구하고 기준가치에 도달하지 못하는 경우가 발생할 수 있다. 그 밖의 요인의 보정은 일반적으로 이러한 격차를 보완하기 위하여 실무적으로 행하는 절차이다.

2. 그 밖의 요인 보정방법

(1) 대상토지 기준 산정방식

표준지공시지가는 감정평가법인등이 평가한 가격에 대해 지역단위 및 전국단위의 가격균형협의와 지방자치단체장 및 소유자의 의견청취, 중앙부동산평가위원회의 심의 등 「부동산공시법」에서 규정한 절차를 거쳐 국토교통부장관이 직접 공시하는 가격이라는 점에서 직접 보정의 방법은 타당하지 않다. 그러므로 그 밖의 요인 보정은 비교표준지를 기준으로 산정된 대상토지의 감정평가액과 거래사례 등을 기준으로 산정된 대상토지의 감정평가액을 비교하여 보정하는 방법(대상토지 기준 산정방식)을 원칙으로 한다.

> (사례기준 대상토지 평가) 사례가격 × 시점수정 × 지역요인 × 개별요인
> (공시지가기준 대상토지 평가) 공시지가 × 시점수정 × 지역요인 × 개별요인

(2) 표준지 기준 산정방식

그러나 현행 「감정평가에 관한 규칙」 및 「토지보상법」은 대상토지가 소재하는 지역이 아닌 비교표준지가 소재하는 지역의 지가변동률을 적용하여 시점수정하도록 개정되어 표준지공시지가 자체를 수정하는 것으로 변경되었으므로, 거래사례 등을 적용하여 비교표준지 공시지가를 직접 보정한 후 이를 기준으로 대상토지를 감정평가하는 직접 보정방법(표준지 기준 산정방식)도 가능한 것으로 볼 수 있다.

> (사례기준 표준지 평가) 사례가격 × 시점수정 × 지역요인 × 개별요인
> (표준지공시지가 시점수정) 공시지가 × 시점수정

3. 관련법규

(1) 감정평가에 관한 규칙(제14조)

「감정평가에 관한 규칙」 제14조 제1항에서는 토지를 감정평가할 때, 공시지가기준법을 적용하도록 하고 있다. 제2항에서는 감정평가 순서로서 비교표준지 선정, 시점수정, 지역요인 비교, 개별요인 비교, 그 밖의 요인 보정을 두고 있다.

(2) 감정평가 실무기준(610.1.5.2.5/ 810.5.6.6)

감정평가 실무기준에서는 시점수정, 지역요인 및 개별요인의 비교 외에 대상토지의 가치에 영향을 미치는 사항이 있는 경우에는 그 밖의 요인 보정을 할 수 있다고 규정하고 있다.

(3) 토지보상법(제70조 제1항)

토지보상법에서는 지가변동률, 생산자물가상승률과 그 밖에 그 토지의 위치, 형상, 환경, 이용상황 등을 고려하여 평가한 적정가격으로 보상하여야 한다고 규정하고 있어 그 밖의 요인이 명시적으로 표현되어 있지 않아 의견의 대립이 있었으나, 감정평가 실무기준상 그 밖의 요인 보정을 인정한 것으로 해석된다.

4. 판례

대법원은 "공시지가가 공시기준일의 적정가격을 반영하지 못하고 있다면, 그것은 잘못된 제도의 운영으로 보아야 할 것이고, 그와 같이 제도가 잘못 운영되는 경우에는 이의신청절차에 의하여 시정할 수 있는가 하면, 수용보상액을 평가함에 있어 인근유사토지의 정상거래가격 참작 등 기타사항 참작에 의한 보정방법으로 조정할 수도 있는 것이므로, 그로 인하여 공시지가를 기준으로 보상액을 산정하도록 한 (구)토지수용법 제46조 제2항 제1호의 규정이 헌법 제23조 제3항에 위배되는 것이라고 할 수 없다."고 판결하였다(대판 1993.7.13, 93누2131). 즉, 공시지가를 기준으로 보상액을 산정하는 방법은 정당한 보상의 범위를 초과하는 개발이익을 배제하기 위한 것으로서 타당하나, 제도의 운영상의 잘못으로 인하여 공시지가가 시가에 미치지 못할 경우에는 인근유사토지의 정상거래가격 참작 등 그 밖의 요인을 보정하는 방법으로 정당한 보상으로 조정할 수도 있다는 것이다.

5. 타당성 검토

감정평가의 본질은 시장가치 및 적정가격 판정에 있다고 할 것이므로 표준지공시지가가 적정 거래가격과 괴리가 있는 경우 그 밖의 요인 보정을 통해 시장가치 및 적정가격을 산정할 수 있다면 그 밖의 요인 보정을 하는 것이 감정평가의 본질에 부합한다. 판례도 그 밖의 요인 보정을 인정하고 있으며, 감정평가 실무기준에서는 그동안 의견대립이 있었던 그 밖의 요인 보정의 타당성 문제를 명시적으로 인정하고 있다.

Ⅴ 거래사례비교법과의 공통점과 차이점

1. 거래사례비교법의 의의

거래사례비교법이란 대상물건과 가치형성요인이 같거나 비슷한 물건의 거래사례와 비교하여 대상물건의 현황에 맞게 사정보정, 시점수정, 가치형성요인 비교 등의 과정을 거쳐 대상물건의 가액을 산정하는 감정평가방법을 말한다.

2. 거래사례비교법과의 공통점

(1) 비교방식 논리

감정평가이론상 비교방식, 원가방식, 수익방식으로 구분될 수 있으며, 공히 비교방식의 논리에 의한 평가방법이다. 거래사례비교법은 거래사례를, 공시지가기준법은 대상과 가격형성요인 등이 유사한 비교표준지를 비교대상으로 한다.

(2) 대체의 원칙

대체의 원칙이란, 부동산의 가격은 대체·경쟁관계에 있는 유사한 부동산 또는 다른 재화의 영향을 받아 형성된다는 원칙이다. 대체의 조건은 용도, 유용성, 가격이 유사하여야 한다. 공히 대체의 원칙에 근거한 평가방법이다.

(3) 개별요인 절차 필요

대체성 있는 비교대상을 기준으로 가격산정을 요하는 방법으로 공히 지역요인, 개별요인 등의 보정절차를 통하여 대상가격을 산정한다.

3. 차이점

(1) 사정보정 및 그 밖의 요인 보정

거래사례비교법은 비정상적인 요소가 개입되었다고 판단되는 경우 보정해야 하는 반면, 공시지가기준법은 비정상적 요소가 배제된 가격으로 별도의 보정절차를 요하지 않으나, 비교표준지만으로 시장가치를 산정할 수 없는 경우 그 밖의 요인 보정이 요구된다.

(2) 단가 및 총액

거래사례비교법은 단가 및 총액으로 비교가능하나, 공시지가기준법은 표준지공시지가가 단가로 결정되어 있는바, 단가로 비교한다.

(3) 토지평가 방법 및 건부감가 여부

거래사례비교법은 토지, 건물 모두에 활용될 수 있으나, 복합부동산의 경우 건부감가 문제가 발생하나, 공시지가기준법은 토지에 대한 평가방법으로 토지 외 건물에는 적용하기 어렵고, 건부감가 문제가 발생하지 않는다.

Ⅵ 표준지공시지가와 표준주택가격의 비교 ▶기출 18회

구분	표준지공시지가	표준주택가격
평가대상	토지	주택(토지+건물)
효력	거래지표, 지가산정, 평가기준 등	가격정보, 과세기준으로 한정
가격개념	적정가격	적정가격
상정조건	나지상정(정착물이 없는 상태)	현황평가(정착물이 있는 상태)
건부감가여부	최유효이용 상정	건부감가 반영
가격수준파악	정착물과 분리된 지가수준	토지, 건물 일체의 거래가격 수준
평가방식	토지만의 거래사례비교법이 주방식	토지와 건물을 일체로 한 방식(거래유형 다양)

원가방식(원가법)

> **감정평가에 관한 규칙 제15조(건물의 감정평가)**
> ① 감정평가법인등은 건물을 감정평가할 때에 원가법을 적용해야 한다.
> ② 삭제 〈2016.8.31.〉

01 절 재조달원가

Ⅰ 서

원가법이란, 고전학파의 생산비이론을 바탕으로 하여 비용성과 대체의 원칙에 근거하여 대상 물건의 재조달원가에 감가수정을 하여 대상물건의 가액을 산정하는 감정평가방법을 말한다. 원가법은 건물 등 재생산가능한 물건의 평가 등에 일반적으로 이용되는 건물 등 감가자산 평가에 현실적 유용성이 높고 신축건물의 경우 정확한 평가액 도출이 가능하다. 특히 우리나라의 경우 건물은 「감정평가에 관한 규칙」 제15조에 의거 원가법을 주된 평가방식으로 활용하고 있는바, 이에 대한 이해가 중요하다.

Ⅱ 재조달원가의 의의 및 종류[1)]

1. 의의

재조달원가란 대상물건을 기준시점에 재생산하거나 재취득하는 데 필요한 적정원가의 총액을 말한다. 즉, 재조달원가는 생산 개념에 입각한 재생산원가와 취득 개념에 근거한 재취득원가로 구분할 수 있으며, 재생산원가는 다시 복제원가와 대체원가로 구분할 수 있다.

재생산원가는 건축물과 같이 생산이 가능한 경우에 적용하는 반면, 재취득원가는 도입기계 등과 같이 재생산이 불가능하거나 현실적으로 어려운 경우에 구매하여 취득하는 경우에 적용한다.

2. 성격

① 재조달원가는 최유효이용의 원칙에 근거하고 있으며 대상물건의 가치 상한선을 의미한다. 즉, 새로운 건물을 건축하는 데 소요되는 신축비를 말하는 것으로 중고상태를 그대로 재현하는 원가를 뜻하는 것이 아니다.

② 재조달원가는 단순한 사실로서 존재하는 비용원가의 적산이어서는 안 되고, 효용 및 최유효이용의 원칙에 입각한 시장원리에 합치된 것이어야 한다.

3. 종류[2)]

(1) **복제원가**(재생산비용)(Reproduction Cost)

1) 의의

복제원가란 대상물건과 동일한 모양·구조·원자재 및 노동의 질 등을 갖는 복제품을 기준시점 현재 새로 재조달하는 데 소요되는 비용으로서 물리적 측면에서의 동질성에 착안한 것이다.

2) 적용

특수한 공법과 자재가 건물의 가치를 나타내는 교회나 절 같은 건물 및 보험목적 평가 및 계획 중인 건물의 평가 등에 적용된다.

3) 장점

복제원가는 대상물건의 현재 상태를 가장 잘 반영하므로 정확하고 신뢰도가 높다는 장점이 있다.

---

1) (특강) 복제원가와 대치원가(노용호, 건대특강)
2) 안정근, 부동산평가이론(제10장 비용접근법), 양현사, 2013

4) 단점

건축시점과 기준시점 간에 차이가 많은 경우 자재 및 건축기법의 변화와 관련 자료의 부재 및 시점 간의 과다한 차이 등으로 인한 신뢰성 문제가 발생할 수 있는 한계를 지닌다는 단점이 있다.

(2) 대체원가(대치원가)(Replacement Cost)

1) 의의

대체원가는 대상물건과 동일한 효용을 갖는 현대적 감각의 건물을 기준시점 현재 새로 재조달하는 데 소요되는 비용으로서 기능적 측면에서의 효용의 동질성에 착안한 것이다.

2) 적용

건축자재, 공법, 기술 등의 변천으로 대상의 복제원가를 구할 수 없을 때 예전에 설계된 공장건물로 현재에도 효용이 있는 경우에 적용된다.

3) 장점

① 대체원가는 기존 구조물이 대상물건의 가치에 얼마만큼 기여하는지를 파악하는 데 적절하게 활용할 수 있다는 장점이 있다.

② 대체원가라는 개념 자체가 현대적 감각의 건물을 가정함으로써 이미 기능적 변화 (퇴화)에 따른 가치의 손실을 고려하고 있으므로, 재조달원가로 대체원가를 사용하는 경우에는 기능적 감가를 할 필요가 없다는 장점이 있다.

4) 단점

현실적으로 동일한 효용에 대한 판단이 곤란하고, 그러한 판단에 있어 주관이 개입될 소지가 많다는 단점이 있다.

(3) 복제원가와 대체원가의 차이점[3]

1) 원가의 크기

복제원가와 비교할 때 대체원가의 크기가 일반적으로 작다. 이는 대체물건의 구성요소들이 복제물건의 구성요소들과는 달리 현재 시장에서 상대적으로 쉽고 싸게 구할 수 있기 때문이며, 대체원가는 이미 기능적 감가가 반영되어 있기 때문이라고도 볼 수 있다.

2) 감가수정방법

복제원가로 재조달원가를 산정한 경우에는 물리적·기능적·경제적 감가를 모두 고려하여 감가수정을 행해야 한다. 대치원가는 개념 자체에 이미 기능적 감가를 반영하고

---

3) 최태규, 감정평가이론연습, 부연사

있으므로, 별도의 기능적 감가상각은 할 필요가 없다. 이는 대상 부동산과 동일한 효용을 기준으로 하기 때문에 기능적 감가를 행하는 경우 이중감가가 된다. 다만, 기능적 결함에 따른 사실적 비용(소유자 비용 등)은 포함된다. 물론 이 경우에도 물리적·경제적 감가상각은 필요하다.

3) 대체원가의 유용성(이론적 우수성)

물리적 측면의 동질성보다는 동질적인 효용을 제공하는 현대적 감각의 건물을 선호하는 시장참가자들의 특성을 고려할 때 대체원가가 복제원가보다 이론적으로는 더 우수한 개념이라 할 수 있다.

4) 복제원가의 유용성(현실적 우수성)

대치원가는 물리적으로 다른 품목끼리의 비교이므로 물리적 감가의 적정성을 기하기 어려우며, 동일한 효용 판단에 주관개입 소지가 높고, 동일효용 판단도 쉽지 않고, 대치원가의 효용은 직접적이 아닌 간접적으로만 구해지므로 그 정도면에서 복제원가가 우수한 면이 있다. 다만, 정확한 산정이 어려운바 현실적으로 적용하기 곤란한 경우가 많다. 또한, 특수목적 부동산 및 신축건물의 경우 복제원가의 유용성이 높다.

Ⅲ 재조달원가를 구하는 방법(비용의 추계와 수정4))

1. 직접법과 간접법

재조달원가를 산정하는 방법은 재조달원가의 산출근거를 어디에 두느냐에 따라 직접법과 간접법으로 구분할 수 있는데, 직접법은 재조달원가를 대상물건에서 직접 구하는 방법이고 간접법은 대상물건이 아닌 동일 또는 유사한 다른 물건에서 찾는 방법이다. 간접법은 직접법의 적용이 곤란하거나 직접법의 타당성을 검토하기 위한 수단으로 활용되는 것이 일반적이다. 그러나 직접법과 간접법은 단순히 자료의 출처에 따른 구분으로서 적정한 재조달원가의 산정을 위해서는 병용하는 것이 바람직하다.

2. 비용추계방법(총구단비)

(1) 개요

대상 부동산의 재생산비용이나 대체비용을 추계하는 방법에는 총량조사법, 구성단위법, 단위비교법, 비용지수법이 있으며, 정확도는 앞선 순서에 따라 총량조사법이 가장 정확하

---

4) 안정근, 부동산평가이론(제10장 비용접근법), 양현사, 2013
  (특강) 재조달원가의 의의와 구하는 방법(노용호, 건대특강)

며, 이러한 방법 중 어떤 방법을 선택하는지는 평가과제가 요구하는 정확성의 정도와 평가비용과 밀접한 관계가 있다.

(2) 총량조사법(Quantity survey method)

1) 의의

건축에 관계되는 모든 항목에 대해서, 투입되는 원자재와 노동량을 세세히 조사하여 비용을 추계하는 방법이다.

2) 활용 및 장단점

① 모든 비용항목에 대한 세목별 조사로 중요 항목이 누락되거나 간과되는 현상이 발생하지 않으므로 다른 방법보다 정확하며, 원칙적으로 재생산비용을 계산하는 데 사용되며, 특히 계획 중인 건물에 대해 건설업자들이 입찰가격을 정할 경우 흔히 사용된다.

② 정확하나 시간과 비용, 노력이 많이 든다는 점과 상세한 조사를 하기 위해 상당한 기술, 경험, 전문지식이 필요하다는 단점이 있다.

(3) 구성단위법(Unit-in-place cost method)

1) 의의

건물을 벽·바닥·지붕 등과 같은 몇 개의 중요한 구성부분으로 나누고, 각 구성부분별로 측정단위에다 단가를 곱하여 비용을 추계하는 방법으로, 총량조사법이 간략하게 수정된 것으로 종종 분리비용법으로 불린다.

2) 활용 및 장단점

① 대부분의 평가사는 원자재 가격이나 노동 비용에 대한 전문가가 아니기 때문에 전문기관에서 발간하는 표준비용을 이용해서 건물비용을 산출하고, 이것을 대상 부동산이나 지역특성에 따라 수정하는 방법을 사용하고 있다.

② 구성단위법은 총량조사법보다는 덜 상세하나 시간과 비용이 훨씬 절약된다는 장점이 있다.

(4) 단위비교법

1) 의의

평방미터나 입방미터와 같이 총량적 단위(aggregate units)를 기준으로 비용을 산출하는 방법으로, 평당 건설비용이 얼마이므로 총량비용은 얼마가 된다는 식으로 추계한다.

2) 활용 및 장단점

① m²은 주택, 저층의 상가나 사무실 건물에 사용되며, m³법은 극장, 강당, 창고, 공공
건물 등에 주로 사용한다.

② 이해가 쉽고, 사용이 편리하며, 추계의 시간과 비용이 적게 들고, 검증도 용이할
뿐만 아니라, 건축실무에 대한 전문적 지식을 요하지 않는다는 장점이 있다.

③ 비용에 사용되는 자료가 최근의 것으로서 시장으로부터 충분히 지지될 수 있는 것
이어야만 이 방법이 큰 유용성을 발휘할 수 있다.

(5) 비용지수법

1) 의의

대상 부동산의 최초의 건물비용을 알 수 있을 때 사용되는 방법으로, 신뢰성 있는 기관
으로부터 발표된 건물비용에 대한 지수를 사용하여 재생산비용을 추계하는 방법이다.

2) 활용 및 장단점

① 비용지수법에 의한 추계는 최근에 지어진 건물에 가장 잘 채택될 수 있는데, 이는
건축시술, 원자재, 디자인 등이 시간의 흐름에 따라 부단히 변동하기 때문이다.

② 시간과 비용·노력이 매우 절약된다는 장점이 있다.

③ 상대적으로 매우 부정확할 수 있고, 경기변동(건축경기)이 심한 시기에서는 사용이
어렵다는 단점을 지니고 있다.

Ⅳ 재조달원가 관련 유의사항(대구방)

1. 대체원가의 적용 여부 및 대체원가 적용 시 감가수정

① 교회나 사찰과 같은 특수건물이나 역사·문화적 가치가 있는 건물 등의 경우에는 자재 및
공법 그 자체에 존재의의가 있는 것이므로 이때는 대체원가를 적용하는 것이 적절하지 않
다. 즉, 역사·문화적 가치가 있는 건물은 건축될 당시의 설계방식과 사용된 자재들 자체
가 의미가 있는 것이므로 대체원가는 가치평가에 있어 아무런 기능을 하지 못하게 된다.

② 대체원가를 기준으로 재조달원가를 산정하게 되는 경우에는 대체원가라는 개념 자체가 현
대적 감각의 건물을 가정함으로써 이미 기능적 변화(퇴화)에 따른 가치의 손실을 고려하고
있으므로 기능적 감가를 할 필요가 없다.

2. 재조달원가 구성항목의 문제

① 재조달원가는 실제로 생산 또는 건설된 방법(자가건설 또는 자가제작 포함) 여하를 불문하
고 도급방식을 전제로 산정한다. 여기서 도급방식이란 수급인이 어떤 일을 완성할 것을

약정하고 도급인이 그 일의 결과에 대하여 일정한 보수를 지급할 것을 약정함으로써 효력이 발생하는 계약방식을 말한다.

② 재조달원가는 표준적 건설비와 통상적인 부대비용 및 개발이윤으로 구분되는데, 이때 현실적으로 직접비용과 간접비용의 구분이 명확하지 않다는 점과 수급인의 이윤과 개발이윤의 범위를 어느 정도 선까지 인정해야 하는지 등이 문제된다. 여기서 도급인에게 귀속되는 개발이윤이 재조달원가에 포함되는지 논란이 있을 수 있으나 도급인이 개발과정에서 기여한 노력의 대가 또한 기회비용의 관점으로 보면 비용으로 인정할 수 있으므로 재조달원가의 구성요소로 포함하는 것이 타당하다.

3. 재조달원가 산정방법의 병용 필요성

① 재조달원가의 산정방법 중에서 대상물건의 상태와 자료의 유용성·평가의 능률성 및 안전성 등을 고려하여 적정한 방법을 선택해야 한다.

② 추가적으로 가능하면 여러 가지 방법을 병용함으로써 평가의 정확성과 신뢰성을 높일 수 있도록 해야 한다.

▼ 표준적 건설비와 통상적인 부대비용

표준적 건설비	직접공사비	주체공사비	기초공사, 목공사, 지붕공사, 미장공사
		부대설비공사비	건구(창과 문), 도장, 위생, 급배수, 난방, 전기, 가스공사
	간접공사비	현장경비	전력비, 수도광열비, 운반비, 감가상각비, 수리수선비, 특허권사용료, 연구개발비, 시험검사비, 지급임차료, 보험료, 복리후생비, 보관비, 외주가공비, 안전관리비, 소모품비, 여비교통비, 통신비, 세금과공과, 폐기물처리비, 도서인쇄비, 지급수수료, 기타 법정경비
		일반관리비	공사원가 × 일반관리비율
	수급인의 적정이윤		(노무비 + 경비 + 일반관리비) × 이윤율
통상적인 부대비용	등기비용, 지대, 감독비용, 제세금, 기타 도급인 부담		
	건설기간 중의 금리	건물	공사비 × 이율 × 기간/12
		토지	토지가격 × 이율 × 기간/12
개발이윤	도급인에게 귀속되는 정상적인 이윤		

02 절 감가수정 ▸기출 7회

Ⅰ 서

감정평가 3방식 중 비용성에 착안한 원가방식에서 가격을 구하는 "원가법"이란 대상물건의 재조달원가에 감가수정을 하여 대상물건의 가액을 산정하는 감정평가방법을 말한다.

감가수정이란 대상물건에 대한 재조달원가를 감액하여야 할 요인이 있는 경우에 물리적 감가, 기능적 감가 또는 경제적 감가 등을 고려하여 그에 해당하는 금액을 재조달원가에서 공제하여 기준시점에 있어서의 대상물건의 가액을 적정화하는 작업을 말한다.

Ⅱ 이론적 근거[5]

감가수정은 최유효이용에 미달되는 부분에 대한 감액분이므로 최유효이용의 원칙과 관련이 있으며, 물리적 감가요인은 과거의 시간경과에 따른 것으로 변동의 원칙과, 내적 구성부분의 감가수정인 기능적 감가는 균형의 원칙과, 외부적합 여부를 판단하는 경제적 감가요인은 적합의 원칙과, 잔존내용연수의 판단은 예측의 원칙과 관련이 깊다.

---

5) 최태규, 감정평가이론연습, 부연사

Ⅲ 감가요인의 유형6) ▶기출 17회

1. 개설

감가요인이란 부동산의 취득 또는 준공으로부터 시간의 경과나 사용 등에 따라 경제적 가치와 유용성이 감소되는 요인을 말하는데, 물리적·기능적 요인은 내부적 요인이며, 경제적 요인은 외부적 요인이지만 이 요인은 독립해서 작용하는 것이 아니라 상호관련하여 복합적으로 작용한다. 또한 이에 법률적 요인을 들기도 한다.

2. 감가요인

(1) 물리적 감가요인

1) 의의

물리적 감가요인이란 대상물건의 물리적 상태 변화에 따른 감가요인으로서, 시간의 경과에 따른 노후화, 자연적 적응, 사용에 따른 마모, 구성요소의 작동, 재해발생에 의해 발생한다.

2) 유의사항

① 물리적 감가를 파악함에 있어 감가요인에 대한 체계적인 조사가 이루어져야 한다. 이때 물건의 개별성에 따라 감가의 형태가 다양하게 나타날 수 있다.

② 물리적 감가는 상각자산에만 발생하는 것으로 영속성이 있는 토지에는 발생하지 않는다.

③ 물리적 감가를 산정할 때는 치유가능 여부에 대한 판단이 선행되어야 한다. 이때 치유가능 여부는 물리적 가능성과 경제적 타당성을 바탕으로 분석하여야 한다.

(2) 기능적 감가요인

1) 의의

기능적 감가요인이란 대상물건의 기능적 효용 변화에 따른 감가요인으로서, 기술진보, 디자인이나 시대적 감각의 변화, 새로운 원자재의 개발, 설계불량, 설비과잉·부족, 건물과 부지의 부적합, 형식의 구식화, 능률의 저하 등으로 발생한다.

2) 유의사항

① 기능적 감가를 파악함에 있어 구체적인 기준이 설정되어야 하는데, 이는 시장을 통해 파악해야 한다. 예를 들면, 시장에서 선호되는 설계나 시설수준 등이 유용한 기준으로 작용할 수 있다.

② 기능적 감가는 물리적 감가와 마찬가지로 상각자산에만 발생한다.

---

6) 안정근, 부동산평가이론(제11장 감가상각법), 양현사, 2013
   (특강) 감가수정의 감가요인과 감가요인을 검토하는데 있어서 유의할 사항(노용호, 건대특강)

③ 기능적 감가를 산정할 때는 물리적 감가와 마찬가지로 치유가능 여부에 대한 판단
이 선행되어야 한다.

(3) 경제적 감가요인 ▶기출 12회

1) 의의

경제적 감가요인은 인근지역의 경제적 상태, 주위환경, 시장상황 등 대상물건의 가치
에 영향을 미치는 경제적 요소들의 변화에 따른 감가요인으로서, 인근지역의 쇠퇴, 주
위환경의 부적합, 시장성 감퇴, 지역지구제, 최유효이용의 변화 등에 의해 발생한다.

2) 유의사항

① 경제적 감가는 외부적인 요인 및 시장상황에 의해 큰 영향을 받게 되므로 다양한
외부요인의 파악, 시장의 확인, 시장특성 및 시장변화의 추세 파악 등에 유의해야
한다.

② 경제적 감가는 상각자산뿐만 아니라 토지에도 발생하게 된다.

③ 경제적 감가는 대상물건 자체에서 발생하는 것이 아니기 때문에 치유불가능한 감가
의 성격을 지닌다.

	물리적인 감가	기능적인 감가	경제적인 감가
비상각자산 발생 여부	발생하지 않음	발생하지 않음	발생함
치유 가능성 여부	치유 가능	치유 가능	치유 불가능

(4) 법률적 감가[7]

① 법률적 감가는 법률적인 요인에 의해 발생하는 가치의 손실을 말하는 것으로 감가의
한 유형으로 법률적 감가를 포함시키는 견해가 있다. 이러한 견해에 따르면 실질적 소
유관계와 등기의 불일치, 부동산의 공·사법상의 규제와의 부적합, 공·사법규제의 위
반 등이 법률적 감가를 발생시키는 주요요인이 된다.

② 미국의 경우에는 토지가치를 최유효이용을 전제로 한 나지가치로 평가하고 법률적 요
인에 의한 감가(증가)는 모두 건물에 의한 것으로 하여 개량물의 가치에서 고려하고 있
다. 그러나 우리나라나 일본의 평가실무에서는 법률적 내용과 관련된 가치의 손실은
건부감가나 건부증가라는 개념으로 토지에서 처리하고 있다.

③ 따라서, 우리나라 평가실무에서는 원가법 적용 시 법률적 감가 개념을 받아들이고 있지
않다.

---

7) 서광채, 감정평가방법론, 윌비스, 2015

Ⅳ 감가수정의 방법8) ▶기출 9회

1. 감가수정의 방법의 구분

감가수정의 방법은 감가수정의 근거를 어디에 두느냐에 따라 직접법과 간접법으로 구분한다. 직접법은 감가수정의 근거를 대상물건에 두는 방법으로 내용연수법, 관찰감가법, 분해법이 있고, 간접법은 시장자료나 유사부동산에 두는 방법으로 시장추출법, 임대료손실환원법이 있다. 이는 이론적인 측면에서의 구분으로 실제는 상호보완적으로 혼용하는 것이 일반적이다.

2. 직접법(내분관)

(1) 내용연수법(연수수명법)

1) 의의

대상물건의 내용연수를 바탕으로 감가수정을 하는 방법으로 정액법, 정률법, 상환기금법이 있으며, 내용연수를 조정하는 방법에 따라 유효연수법, 미래수명법으로 구분할 수 있다. 이 경우 내용연수란 상각자산의 수명을 말하는 것으로 물리적·기능적·경제적 내용연수로 구분할 수 있으며, 감정평가에 있어서는 경제적 내용연수를 기준으로 감가수정을 하게 된다. 일반적으로 기능적·경제적 내용연수는 물리적 내용연수보다는 짧다.

> ● 내용연수의 종류
>
> ① 물리적 내용연수는 상각자산의 물리적 측면에서 본 내용연수로서 자연적으로 노폐할 때까지 존속가능한 기간을 말한다.
> ② 기능적 내용연수는 기능적 측면에서 본 내용연수로서 기능적 유용성이 지속될 수 있는 기간을 말한다.
> ③ 경제적 내용연수는 경제적 측면에서 본 내용연수로서 경제적 효용이 지속될 수 있는 기간을 말하는데, 임대용 부동산의 경우를 예로 들면 임대수익이 가능한 상태의 기간이 될 것이다.

2) 장단점

내용연수법은 실무상 적용이 간편하고 객관적이라는 장점을 가진다. 반면에 개별성이 있는 부동산의 실제 감가액과 괴리될 수 있다는 단점을 가지기도 한다. 따라서 여러 가지 방법을 이용한 내용연수의 조정에 의해 기능적 감가를 어느 정도 반영할 수 있는 방법이 적용되기도 하지만, 여전히 경제적 요인에 의한 감가는 반영하기가 어렵다고 할 것이다.

---

8) 안정근, 부동산평가이론(제11장 감가상각법), 양현사, 2013
　(특강) 부동산감가수정방법(조주현)
　(특강) 감가수정방식에 대하여 설명하고 적용논거를 약술하시오(나상수).

(2) 분해법(Break-down method)

1) 의의

대상 부동산의 감가수정요인을 물리적·기능적·경제적 요인으로 세분한 후, 이에 대한 감가수정액을 각각 별도로 측정하고 이것을 전부 합산하여 감가수정누계액을 산출하는 방법이다. 물리적·기능적 감가요인은 치유불능, 치유가능으로 나누고, 경제적 감가요인은 치유불능만 있다.

2) 장점

① 분해법에서는 감가액을 감가의 유형에 따라 각각 개별적으로 산정한 후 이를 합산하여 최종적인 감가수정액을 산정하게 되므로 보다 정교하고 합리적인 감가액을 산정할 수 있다.

② 의뢰인에게 어떤 항목에서 어떤 이유로 얼마만큼의 감가가 발생했는지를 알려줄 수 있어 설득력이 있다.

③ 내용연수법에서는 파악하기 어려운 기능적, 경제적 감가를 파악할 수 있다.

3) 단점

① 물리적 감가와 기능적 감가를 정확하게 분리할 수 있는가에 대한 비판이 있다. 실제로는 두가지가 복합적으로 작용하여 나타나기 때문이다.

② 대상물건이 물리적·기능적 결함을 치유하는데 드는 비용을 공제한 만큼 동일한 가격으로 시장에서 실제 거래될 수 있을 것인가 하는 것도 비판의 대상이 된다. 현실에서는 스티그마효과와 같은 심리적인 요인들이 작용함에 따라 치유비용 이상으로 가격이 하락하는 경우를 종종 보게 된다.

③ 부동산의 가치는 각 구성부분이 복합적으로 작용한 결과 나타나는 것이므로 실제 그 차이가 어디에서 얼마만큼 발생한 것인지를 명확하게 밝힌다는 것은 현실적으로 매우 어려운 일이라는 단점이 있다.

▼ 분해법 적용 시 감가요인

감가수정요인		평가대상 부동산의 분석방법	치유여부
내부 감가 요인	물리적 감가	지연된 유지·보수항목 : 건물의 정상적 기능을 위해 교체 또는 보수되어야 하는 항목(예 깨진 창문)	치유가능
		단기 소모성 항목 : 건물의 수명이 끝나기 전에 교체가 필요한 항목(예 지붕)	치유가능
		장기 내구성 항목 : 건물의 내용연수 만료 시까지 잔존할 것으로 예상되는 항목(예 건물의 기초)	치유불가능
	기능적 감가	평가시점 당시의 최유효이용을 기능적인 측면과 비교할 때 기능이 저하된 자료나 구조, 설계분량 등으로 발생하는 감가(예 로비나 홀이 지나치게 넓은 경우 등)	치유가능 및 치유불가능

외부 감가 요인	경제적 감가	외부적 요인으로 부동산 가치의 손실이 발생하는 경우(예 주변의 혐오시설의 존재 등)	치유불가능

(3) 관찰감가법(Observed condition method)

1) 의의

내용연수나 감가율 등 산식을 사용함이 없이 대상물건의 각 구성부분 또는 전체에 대하여 그 실태를 조사하여 감가요인과 감가액을 구하는 방법이다. 내용연수법을 적용할 경우 개별성을 반영하지 못하는바, 그 물건의 모든 감가요인을 세밀히 관찰하여 감가액을 직접 구하는 관찰감가법을 적절히 활용하여 경과연수 또는 장래 보존연수 등을 조정, 적용함으로써 감가누계액이 적정한 것이 되도록 하여야 한다.

2) 장점

① 관찰감가법은 시장자료가 충분하게 존재하는 경우 유용하게 활용될 수 있는 수단으로 대상물건의 개별적인 상태가 세밀하게 관찰되어 감가수정에 반영되므로 현실에 부응하는 평가액을 구할 수 있다는 장점이 있다.

② 물리적 감가뿐만 아니라 기능적·경제적 감가도 동시에 반영함으로써 보다 정교하고 신뢰성 있는 가치를 도출할 수 있다는 점에서 장점이 있다.

3) 단점

① 평가사의 지식과 경험에 크게 의존하는 방법으로 주관개입의 소지가 많다는 단점이 있다.

② 외관상으로 관찰할 수 없는 기술적인 하자를 간과하게 된다는 단점이 있다.

> ● 실무상 내용연수법과 관찰감가법을 병용하는 이유
>
> 일률적인 내용연수에 의한 방법은 현실적 타당성이 결여된다. 즉, 감가현상에 있어 부동산의 유지, 관리, 보수 정도에 따라 차이가 있을 수 있다는 감가의 개별성 반영이 곤란하다. 또한 내용연수 조정을 하더라도 기능적, 경제적 감가의 반영에는 한계가 있고, 관찰감가법만을 적용할 경우 평가자의 주관개입 가능성이 높은바, 양자를 병용함으로써 적정한 가치 산정이 가능하다.

3. 간접법(시임)

(1) 시장추출법(Market extraction method)

1) 의의

대상물건과 유사한 거래사례를 분석하여 적정한 감가율을 구하고 이를 대상물건에 적용하여 감가수정액을 산정하는 방법으로 거래사례의 유용성과 신뢰성에 많은 영향을 받는다. 이 방법은 비교방식의 논리를 이용하여 감가수정액을 도출하는 것으로 감가수정의 객관성과 합리성을 제고해 준다는 점에서 의미가 있다.

2) 감가액의 산정절차

① 유사한 거래사례를 수집한다.

② 거래사례의 거래조건, 금융조건 등과 같은 요인에 대하여 적절하게 수정한다. 그러나 물리적·기능적·경제적 결함에 관한 사항들은 감가수정의 중요한 원천이 되므로 수정해서는 안 된다. 시장상황에 따른 수정, 즉 시점수정도 해서는 안 된다.

③ 거래시점을 기준으로 토지가치를 산정한 후 거래사례의 가격에서 토지가치를 공제하여 건물가격을 산정한다.

④ 거래시점을 기준으로 건물의 재조달원가를 산정한다.

⑤ 재조달원가에서 건물가격(거래사례의 가격 – 토지가치)을 차감하여 감가누계액을 산정한다.

⑥ 감가누계액을 재조달원가로 나누어 감가율을 산정한다. 이때 거래사례마다 경과연수, 관리상태, 위치 등에 따라 감가율의 차이가 심하면 대상물건의 실제경과연수나 유효경과연수를 적용하여 연감가율을 구한다.

⑦ 대상물건의 재조달원가에 감가율이나 연감가율을 적용하여 최종적인 감가수정액을 산정한다.

3) 장점

시장추출법은 시장의 거래사례를 바탕으로 감가수정액을 도출함으로써 감가수정의 객관성과 합리성을 부여해 준다는 점에서 장점이 있다.

4) 단점

① 시장추출법을 적용하기 위해서는 유사거래사례자료가 풍부해야 한다는 점과 그 자료가 적절하고 신뢰성이 있어야 한다는 점에서 특수목적 부동산과 같이 거래가 거의 없는 경우나 자료의 유용성이 떨어지는 경우에는 적용할 수 없다는 단점이 있다.

② 시장추출법에서는 유사거래사례별로 토지가치를 별도로 산정해야 하는데 이 작업이 현실적으로 쉽지 않다는 단점이 있다.

③ 감가수정액을 시장자료를 통해 도출할 수 있을 만큼 시장자료가 유용하다면 거래사례비교법으로 직접 가치를 구하면 되지 굳이 원가법으로 구할 필요가 있느냐는 비판도 있다.

(2) 임대료손실환원법(capitalization of rent method)

1) 의의

감가요인으로 감소된 순수익을 자본환원하여 감가액을 추출하는 방법이다.

> 임대료손실환원법에 의한 감가수정액 = 감가요인으로 인한 순수익의 감소분 / 순수익 감소분에 대한 환원율

2) 장점

임대료손실환원법은 대상물건에 결함이 발생한 경우 그에 따른 가치의 손실액을 시장자료 등을 통해 산정할 수 없는 경우 가치는 장래 기대되는 편익의 현재가치라는 이론적인 근거에 따라 산정할 수 있다는 점에서 유용성이 있다.

3) 단점

그러나 임대료손실을 바탕으로 감가수정액을 산정하는 것에 대하여 비판이 제기되기도 한다. 즉, 부동산의 가치는 각 구성부분이 복합적으로 작용한 결과 나타나는 것으로 실제 그 차이가 어디에서 얼마만큼 발생한 것인지를 명확하게 밝힌다는 것은 현실적으로 매우 어려운 일이라는 것이다.

V 감가상각(회계학상)과 비교[9]

구분	감가수정	(회계상의) 감가상각
목적	감정평가와 관련하여 기준시점에 있어서의 대상물건의 가치평가	원가의 체계적인 배분으로 합리적인 손익계산
기준	재조달원가	취득가격
방법	내용연수를 표준으로 정액법, 정률법, 상환기금법이 있고 이와 병용하여 관찰감가법 인정	직선법과 같이 법적으로 허용되고 있는 방법만 가능하며, 관찰감가법은 인정되지 않음
감가요인	물리적·기능적·경제적 감가요인 인정되며, 시장성을 고려	경제적 감가요인은 인정되지 않으며, 시장성이 고려되지 않음
적용범위	상각가능자산(건물, 기계 등) 및 비상각자산(토지)에 적용	상각가능자산에만 적용(토지 감가 불인정)
계산의 기초	재조달원가	장부취득가격
대상	현존하는 물건만 대상	자산으로 계상될 경우 멸실되어도 대상
잔존가액 및 내용연수	잔존가격은 대상물건마다 개별적으로 파악되며, 경제적인 장래 보존연수에 중점을 둔다.	잔존가액은 물건마다 동일하게 파악되고, 대상물건의 경과연수에 중점을 둔다.

---

9) 경응수, 감정평가론(제6판), 나무미디어, 2021

VI 감가수정 시 유의사항(복병경개)

① 감가요인은 독립하여 작용하는 것이 아니라 상호 관련하여 복합적으로 작용하기 때문에 이에 유의하여야 한다.

② 내용연수법 적용 시 감가의 개별적 현상을 반영하여 적정화하기 위해서는 관찰감가법 등을 병용하여야 한다.

③ 내용연수는 경제적 내용연수를 기초로 해야 한다.

④ 부동산의 관리, 이용상태 등에 따라 감가의 개별성이 작용하므로, 내용연수를 일률적으로 처리하는 것은 현실적으로 타당성을 결할 경우가 많으며, 따라서 내용연수의 조정이 필요하다.

VII 결

① 원가법의 관건은 재조달원가 및 감가수정의 적정화에 달려있다. 따라서 대상물건의 구성과 감가요인에 대한 철저한 규명, 성격에 맞는 감가수정방법의 선택 등으로 정확한 가격산출에 노력해야 한다.

② 대상물건의 상황이나 특성 등을 고려하여 가장 적절한 방법으로 선택하되, 물리적 감가는 내용연수법으로, 기능적·경제적 감가는 관찰감가법 등으로 병용함이 타당하다.

③ 감가수정을 위한 정교한 방법의 일반화를 위해 부동산의 비용과 수익자료의 수집이 용이하여야 하며, 평가사의 고도의 지식과 자질의 문제가 선결되어야 한다.

03 절 내용연수법

Ⅰ 내용연수법

1. 내용연수법의 의의

내용연수를 기준으로 하는 방법에는 정액법, 정률법, 상환기금법이 있으며, 대상 부동산의 상태에 따라서 선택된다. 내용연수에는 물리적 내용연수, 기능적 내용연수, 경제적 내용연수가 있다. 부동산 평가활동에 있어서는 경제적 잔존내용연수가 중요하며, 일반적으로 내용연수라하면 이를 의미한다.

2. 정액법(= 균등상각법, 직선법)

(1) 의의

정액법은 대상물건의 감가행태가 매년 일정액씩 감가된다는 가정하에 부동산의 감가총액을 내용연수로 나누어 매년의 감가액으로 하는 방법이다. 감가상각누계액이 경과연수에 정비례하여 증가하기 때문에 직선법 또는 균등상각법이라고 한다.

(2) 적용

정액법은 감가의 정도가 매기 동일하던가 변동이 있다 해도 그 변동이 미미한 물건에 적합한 방법으로, 일반적으로 건물이나 구축물 등의 평가에 적용되고 있다.

(3) 산식

> - 매년의 감가액(D) $D = \dfrac{C-S}{N} = \dfrac{C(1-R)}{N}$ ($R = 0$일 때에는 $D = \dfrac{C}{N}$)
> - 감가누계액(Dn) $Dn = C\left\{(1-R)\dfrac{n}{N}\right\}$ ($R = 0$일 때에는 $Dn = C \cdot \dfrac{n}{N}$)
> - 적산가액(Vn) $Vn = C\left\{1-(1-R)\dfrac{N-n'}{N}\right\}$ ($R = 0$일 때에 $Vn = C\left\{1-\dfrac{N-n'}{N}\right\} = C \times \dfrac{n'}{N}$)
> - C : 재조달원가, S : 잔존가치, R : 잔가율, N : 내용연수, n : 경과연수, n' : 잔존내용연수

(4) 장점 및 단점

① 감가액의 계산 절차가 간단하고, 무형자산 등 무형의 상각자산에도 적용할 수 있다는 장점이 있다.

② 그러나 유형의 상각자산은 일반적으로 초기에는 수리비의 부담이 적으나 말기에 가까워질수록 수리비의 부담이 증가하게 되는데 정액법에서는 이처럼 다양한 요인으로 인해 발생하는 감가액의 차이를 고려하지 못하게 된다. 즉, 정액법에서는 매기 감가액이 동일한 것으로 가정함에 따라 실제의 감가와 불일치하는 단점이 있다.

3. 정률법(= 체감상각법, 잔고체감법)

(1) 의의

정률법은 대상물건의 감가행태가 매년 일정률로 감가된다는 가정하에 매년 말의 잔존가격에 일정한 감가율을 곱하여 감가수정액을 산정하는 방법이다. 즉, 매년 말의 상각잔고에 대하여 정률을 곱하여 상각액을 산출하는 것이므로 상각이 진행됨에 따라 잔고는 감소하고, 상각률은 불변인데도 상각액은 점차 감소한다.

(2) 적용

정률법은 자산의 효용과 가치의 감소가 초기에는 심하고 기간이 경과할수록 감소하게 되는 물건에 적합한 방법으로 기계와 기구 등 동산과 선박 등 준부동산의 평가에 적용되고 있다.

(3) 산식

> - 매년의 감가율(K) $K = 1 - \sqrt[N]{\dfrac{S}{C}}$ ($K = 1 - r$)
> - 감가누계액(Dn) $Dn = C\{1-(1-K)^n\}$, $Dn = C\{1-r^n\}$
> - 적산가액(Vn) $Vn = C - Dn = C - C\{1-(1-K)^n\} = C(1-K)^n = Cr^n$
> - C : 재조달원가, S : 잔존가치, N : 내용연수, n : 경과연수, r : 전년대비 잔가율

(4) 장점 및 단점

① 이 방법은 능률이 높은 초기에 많이 감가함으로써 안전하게 자본을 회수할 수 있다는 점에서 유용하다.

② 그러나 매기의 감가액이 상이하므로 일정한 표준감가액을 정할 수 없다는 단점이 있다.

4. 상환기금법

(1) 의의

감가액에 해당하는 금액을 내부에 유보하지 않고 예금 등과 같은 방식으로 외부에 투자 운용한다고 가정한 후 내용연수 만료 시에 감가누계상당액과 그에 대한 복리계산의 이자 상당액의 원리합계가 감가대상금액(재조달원가－내용연수 만료 시의 잔존가액)과 일치하 도록 매년 일정액을 감가수정하는 방법이다. 감가수정액은 연금복리이자율에 의한 운용이 자의 산입으로 정액법보다 줄어든다.

(2) 적용

상각액은 복리이율에 의한 축적이자 때문에 정액법보다 적고, 적산가격은 정액법의 경우 보다 많다. 반면, 계산이 복잡하고 감가상각에 해당하는 자금을 외부에 운용하는 데에 따 른 위험이 있을뿐더러 감가상각액이 상대적으로 소액이 되므로 세금부담이 무거워지는 문 제 때문에 현재로는 기업에서 채택하지 않고 있는 실정이다.

(3) 산식

- 매년의 감가액(D)　$D = (C-S) \times \dfrac{i}{(1+i)^N - 1}$

- 감가누계액(Dn)　$Dn = D \times n = (C-S) \times \dfrac{i}{(1+i)^N - 1} \times n = C(1-R) \times \dfrac{i}{(1+i)^N - 1} \times n$

- 적산가액(Vn)　$Vn = C - Dn = C - D \times n = C - n(C-S) \times \dfrac{i}{(1+i)^N - 1}$

- C : 재조달원가, S : 잔존가치, R : 잔가율, N : 내용연수, n : 경과연수, i : 축적이율

(4) 장점 및 단점

① 경제이론에 의한 시간, 비용, 이자기능에 따른 것이므로 논리적이라는 장점이 있다.

② 반면, 계산이 복잡하고 감가상각에 해당하는 자금을 외부에 운용하는 데에 따른 위험이 있을뿐더러 감가상각액이 상대적으로 소액이 되므로 세금부담이 무거워진다는 단점이 있다.

▼ 정액법, 정률법, 상환기금법 비교

구분	정액법	정률법	상환기금법
적용대상	건물 및 구축물 평가	기계 및 동산평가	광산평가
특징	감가누계액이 경과연수에 정비례	감가액이 첫해에 가장 많고, 가치가 체감하면 감가액도 체감	감가액은 정액법보다는 적고, 적산가액은 정액법보다 많음
장점	사용정도가 매년 동일하거나 변동예측 가능한 경우 적용, 계산이 용이	능률이 높은 초기에 많이 감가하여 안전하게 자본회수, 연도 경과에 따른 수익감소, 비용증가에 대비할 수 있음	연간 감가액은 아주 적고, 평가액은 타방법보다 아주 높음
단점	실제의 감가와 일치되지 않음	매년 감가액이 상이하여 표준감가액을 정하기 어려움, 최종잔가율이 0보다 큰 자산에만 적용	원리금 합계액이 감가총액과 일치하므로 가액 상승 시에 대체가 불가능, 매년 감가상각액이 소액이므로 법인세 등의 사외유출이 많음
초기감가액의 크기	정률법 > 정액법 > 상환기금법		
평가액의 크기	상환기금법 > 정액법 > 정률법		

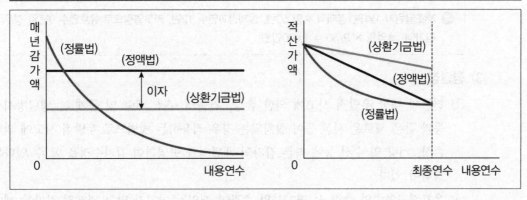

Ⅲ 내용연수의 조정

1. 내용연수 조정의 의의

내용연수의 조정이란 신축 후 추가투자, 보수관리, 리모델링 등과 같은 건물의 변동사항(감가의 개별성)을 반영하기 위해 감정평가사가 객관적으로 판단하여 내용연수를 조정하는 것으로, 유효경과연수로 조정하는 방법과 잔존내용연수를 추정하여 총내용연수를 조정하는 방법이 있다.

2. 내용연수 조정

(1) 내용연수조정의 필요성

① 내용연수는 유지, 관리, 추가투자, 보수 정도 등에 따라 단축·연장이 되는바, 내용연수를 일률적으로 적용할 경우 현실적 타당성을 잃게 된다.

② 감가의 개별적 현상을 반영하여 적정한 평가액을 구하기 위해 내용연수조정이 필요하다.

(2) 유효연수법(= 유효경과연수법)

1) 의의

유효연수법은 대상물건에 대한 우발적인 사고에 의한 손상, 구조 개량 및 증개축 등을 고려한 유효경과연수를 기준으로 하여 감가수정을 하는 방법으로 내용연수는 고정이고 잔존내용연수에 따라 경과연수를 조정하게 된다.

2) 산식

$$Dn = C \times (1-R) \times \frac{N-n'}{N}$$

> **예** 재조달원가 1억원, 경제적 수명 50년, 실제경과연수 12년, 리모델링으로 유효연수 9년일 경우
> 감가액 : 1억원 × 9/50 = 1,800만원

3) 장단점

① 건물에 대한 우발적 사고에 의한 손상, 건물의 구조 개량 및 증개축, 냉난방시설 등과 같은 새로운 시설 등이 설치되는 경우 적용하는 방법으로 우발적 사고에 의한 손상, 개량 및 수선 등에 따른 감가의 개별성을 반영하여 감가수정을 할 수 있다는 장점이 있다.

② 유효경과연수의 측정 시 평가사의 주관이 개입될 여지가 많고 경제적 감가를 제대로 반영하지 못한다는 단점이 있다.

(3) 미래수명법(= 잔존내용연수법)

1) 의의

전체 내용연수는 알 수 없으나, 실제경과연수와 잔존내용연수를 알 수 있는 경우에 사용하는 방법으로 실제경과연수와 잔존내용연수를 더하여 내용연수로 삼고 여기에 실제경과연수를 적용하여 감가수정을 하는 방법을 말한다.

2) 산식

$$Dn = C \times (1 - R) \times \frac{n}{n + n'}$$

예 재조달원가 1억원, 잔존 경제적 수명 25년, 실제경과연수 15년일 경우
감가액 : 1억원 × 15/(15 + 25) = 3,750만원

3) 장단점

① 오래된 건물이나 (잔존)수명이 짧은 건물, 리조트시설이나 공업용 부동산 등 특수목적 부동산에 적용되는 방법으로 내용연수보다 잔존내용연수를 더욱 쉽게 파악할 수 있는 경우가 많아 유효수명법에 비해 현실에 부합한다는 점에서 장점을 지니고 있다. 그리고 유효연수법과 같이 감가의 개별성을 반영할 수 있다는 장점이 있다.

② 잔존내용연수의 측정 시 평가사의 주관이 개입될 여지가 있고 경제적 감가를 제대로 반영하지 못한다는 단점이 있다.

3. 내용연수조정 시 유의사항

① 경제적 내용연수는 부동산의 유용성이 지속될 것으로 예측되는 사용가능기간으로 물리적 내용연수 범위 내에서 판단해야 하는바, 이는 경제적, 기술적, 복합적 개념이므로 내부균형, 외부적합과의 관계를 파악하여 장래에 대한 정확한 예측을 바탕으로 한다.

② 내용연수조정 시에도 부동산의 개별성에 따른 적용이 필요하며 부동산의 유형에 따른 일률적 감가가 되지 않도록 개별부동산의 상태를 조사하여 정확하게 반영해야 한다.

심화논점

01 절 감정평가 3방식에서 감가수정의 반영[10]

Ⅰ. 서
Ⅱ. 감가수정과 3방식에서의 반영
  1. 개요
  2. 원가방식과 감가수정
    (1) 평가과정의 일부
    (2) 과거에 대한 감가(past depreciation)

3. 비교방식과 감가수정
  (1) 비교·수정 과정의 일부
  (2) 가치 상승요인의 고려
4. 수익방식과 감가수정
  (1) 미래에 대한 감가(future depreciation)
  (2) 자본회수의 의미
Ⅲ. 검토

Ⅰ 서

감정평가 3방식은 비용성·수익성·시장성의 가격 3면성에 착안하여 성립되었으며, 이 중 비용성의 사고에 의해 기준시점 현재의 재조달원가에서 감가수정을 가하여 가격을 구하는 방법이 원가법이다. 감가수정은 적산가액의 정도를 결정하는 중요 절차로서, 물리적·기능적 측면에서 최유효이용 부동산에 비해 어느 정도의 가치가 하락되었는지 분석하는 것을 의미한다. 따라서 대체의 원칙과 최유효이용의 원칙을 중심으로 시간의 경과에 따른 변동·예측의 원칙이, 내부적 감가에는 균형·기여의 원칙이, 외부적(경제적) 감가에는 적합·외부성의 원칙이 활용된다. 한편, 감가의 개념은 감정평가 3방식 모두에 논리와 방법을 달리하여 적용되고 있다.

Ⅱ 감가수정과 3방식에서의 반영

1. 개요

부동산 평가기법에서의 감가상각은 평가기법에 따라 그 의미를 달리하는바, 원가방식에서는 발생감가를, 비교방식에서는 수정을, 수익방식에서는 자본회수를 의미한다.

---

10) 안정근, 부동산평가이론(제11장 감가상각법), 양현사, 2013

2. 원가방식과 감가수정

(1) 평가과정의 일부

원가방식에서는 감가수정이 가치추계의 중요한 과정이다. 즉, 적산가액은 대상 부동산의 재조달원가에서 감가누계액을 공제하여 산정되므로 감가수정 과정은 평가과정의 중요 절차이다.

(2) 과거에 대한 감가(past depreciation)

이 방식에서의 감가수정은 대상 부동산이 신축시점부터 기준시점에 이르기까지 발생한 가치의 손실(loss in value)로서, 과거에 대한 감가(past depreciation)이다.

3. 비교방식과 감가수정

(1) 비교·수정 과정의 일부

비교방식에서의 감가상각은 매매사례와의 지역·개별요인 비교를 통해 그 차이를 수정하는 하나의 부분작업으로 한정적으로 사용된다.

(2) 가치 상승요인의 고려

비교매매사례를 수정하는 작업에서는 원가방식에서처럼 가치의 하락만 반영하는 것이 아니라, 가치 상승요인을 반영하는 작업도 병행된다.

4. 수익방식과 감가수정

(1) 미래에 대한 감가(future depreciation)

수익방식에서의 감가수정은 과거로부터의 가격감소가 아니라 건물의 경제적 수명 동안 발생할 것으로 예상되는 매년의 가치손실, 즉 미래에 대한 감가(future depreciation)이다.

(2) 자본회수의 의미

수익환원법은 순수익을 환원율로 환원하여 가격을 구하는 방법으로, 감가수정 방법도 순수익을 조정하거나 환원율로 조정하는 두 가지 방법이 있다. 일반적으로 자본환원율을 증가시키는 방법이 이용되며, 이 경우 자본회수의 의미를 지닌다.

Ⅲ 검토

① 감가의 개념은 원가방식에만 적용되는 것이 아니라 수익방식·비교방식에도 적용된다. 다만 그 논리나 방법을 달리하여 적용되어 타방식에서는 별도의 수정이 필요 없다.

② 한편, Ratcliff는 수익방식에서 감가수정 대신 자본회수라는 용어를 사용하였다.

02 절 재조달원가에서의 비용분석과 효용의 고려

재조달원가와 감가수정은 개념상 비용성에 착안하여 산정함이 기본이라 하겠다. 원가방식의 평가 과정 속에서 어떻게 효용성을 반영하는지 설명하여 보라.[11]

Ⅰ. 서	Ⅲ. 감가수정에 있어 비용분석과 효용의 고려
Ⅱ. 재조달원가에서의 비용분석과 효용의 고려	1. 감가수정의 의의 및 이론적 근거
1. 재조달원가의 의의 및 성격	(1) 의의
(1) 의의	(2) 이론적 근거
(2) 성격	2. 감가수정에 있어서의 비용분석과 효용의 반영
2. 비용분석과 효용의 반영	(1) 물리적 감가액 판단 시
(1) 재조달원가의 투자성	(2) 기능적 감가액 판단 시
(2) 간접법의 중시(대치원가 적용)	(3) 경제적 감가액 판단 시
(3) 최유효이용의 준거	Ⅳ. 결

Ⅰ 서

원가방식은 비용성의 원리와 대체의 원칙에 따라 대상물건의 가치나 임대료를 구하는 평가방식을 말하며, 적정한 재조달원가에서 대상의 발생감가수정의 공제를 통해 기준시점의 부동산 가치를 추계하는 방법을 원가법이라 하고 이에 의해 구해진 평가액은 적산가액이라 하며, 공급자가격의 성격을 갖는다. 이러한 원가방식은 비용성의 적용이 가능한 부동산에는 합당하나 일반적으로 시장성 및 부동산의 효용은 반영되어 있지 못하다는 문제가 제기된다. 그러나, 효용성이란 대상 부동산을 취득, 사용하는 사람에 대해 만족을 시켜줄 수 있는 능력으로 원가방식 적용의 경우 재조달원가 산정에 있어서는 대치원가의 적용으로 효용성을 반영하며, 감가수정 작업에 있어서는 효용의 저하에 따라 감가를 반영하므로 효용성을 반영하고 있다고 할 것이다.

Ⅱ 재조달원가에서의 비용분석과 효용의 고려

1. 재조달원가의 의의 및 성격

(1) 의의

재조달원가란 현존하는 물건을 기준시점에 있어서 원시적으로 재생산 또는 재취득을 가정

---

11) 일본 감정평가이론 기출문제, 경응수 평가사님 특강문제, 연습문제

할 때 소요되는 적정원가의 총액을 말한다. 원시적 재생산, 재취득을 가정하므로, 중고건물의 평가에서도 기준시점에서의 신축비가 재조달원가가 되며 중고 상태로 재현하는 가격을 의미하는 것이 아니다. 즉, 재조달원가는 대상물건의 상한선이 된다.

(2) 성격

① 재조달원가는 해당 부동산의 신규취득을 상정하여, 비용면에서 산정한 것이므로 대상 부동산의 시산가액이 아니다.

② 재조달원가는 단순한 사실로서 존재하는 비용원가의 적산이어서는 안 되고, 효용 및 최유효이용의 원칙에 입각한 시장원리에 합치된 것이어야 한다.

③ 재조달원가는 고가부동산의 경우보다 대체재가 많아 시장성이 높은 저가부동산의 경우에 더 타당하다.

④ 재조달원가의 산정에 있어서 오래된 건물의 경우는 정확도가 낮고 신뢰도가 떨어지며, 따라서 감가수정에 있어서도 경제적 감가의 추산이 불가능해진다.

2. 비용분석과 효용의 반영

(1) 재조달원가의 투자성

재조달원가의 투자행동은 시장의 경제적 합리성이 바탕이 되어야 하며 필요한 수준의 효용을 요구한다. 재조달원가가 해당 건물이 가진 가치를 적정하게 표시하기 위하여는 재조달원가의 투자행동이 충분히 경제적 합리성에서 이루어져야 한다. 이것은 효용과 비례하지 않는 필요 이상의 투자행동은 이 원리에 합치하지 않는 것을 의미하며 재조달원가란 최유효사용의 원칙에 합치한 투자행동에 의한 것이어야 한다.

(2) 간접법의 중시(대치원가 적용)

재조달원가를 구하는 경우에는 효용과의 관련분석이 보다 중시되는 방법으로 간접법이 있다. 건축자재, 공법의 변천으로 기준시점 현재의 대상건물의 재조달원가를 구하기가 곤란한 경우에 대치원가로서 대상건물의 재조달원가로 하는 것은 효용과의 관련분석을 최대한으로 높인 것이라고 할 수 있다. 이와 같이 건물의 재조달원가를 구하는 데 있어서는 비용의 분석이 주체가 되지만 비용에 대응하는 효용의 검토가 불가피하다는 것을 유의할 필요가 있다.

(3) 최유효이용의 준거

최유효이용이란 객관적으로 보아 양식과 통상의 이용능력을 가진 사람이 부동산을 합리적이고, 합법적인 최고최선의 방법으로 이용하는 것으로, 부동산의 유용성이 최고도로 발휘되는 사용방법이다. 대체원칙 등의 원리 속에 비용성 또는 효용의 타당성을 지녀야만 최유효사용이 가능하다.

Ⅲ 감가수정에 있어 비용분석과 효용의 고려

1. 감가수정의 의의 및 이론적 근거

(1) 의의

감가수정이란 대상물건에 대한 재조달원가를 감액해야 할 요인이 있는 경우에는 물리적, 기능적, 경제적 감가 등을 고려하여 그에 해당하는 금액을 재조달원가에서 공제하여 기준시점에 있어서의 대상물건에 가격을 적정화하는 작업을 말한다.

(2) 이론적 근거

감가수정은 최유효이용에 미달되는 부분에 대한 감액분이므로 최유효이용의 원칙과 관련이 있으며, 물리적 감가요인은 과거의 시간경과에 따른 것으로 변동의 원칙과, 내적 구성부분의 감가수정인 기능적 감가는 균형의 원칙과, 외부적합 여부를 판단하는 경제적 감가요인은 적합의 원칙과, 잔존내용연수의 판단은 예측의 원칙과 관련이 깊다.

2. 감가수정에 있어서의 비용분석과 효용의 반영

(1) 물리적 감가액 판단 시

감가의 물리적 요인으로는 해당 부동산을 사용함으로써 생기는 마모, 파손, 노후화, 손상을 들 수가 있다. 이 경우에 현재 또는 경제적 잔존내용연수가 만료할 때까지 수선을 필요로 하는 비용의 분석을 하게 된다. 현재 필요로 하는 비용에 대하여는 그것으로 회복되는 효용과의 관련분석이 필요하다.

(2) 기능적 감가액 판단 시

건물 자체의 감가의 기능적 요인으로는 설계의 불량·형식의 구식화, 설비의 부족과 그 능률의 저하 등을 들 수가 있다. 구식화는 해당 항목에 대한 시장의 전형적인 효용을 기준으로 판정되는 것이고, 과잉 여부는 해당 항목의 효용이 비용에 미치지 못할 경우에 인정되는 것이다. 감가액은 임대료 손실 등 효용 감소액을 기준으로 산정되기도 하며, 기능회복을 위한 비용과 효용과의 관련분석을 필요로 한다.

(3) 경제적 감가액 판단 시

건물은 부지와 떨어져 존재할 수 없으므로 현실에는 복합부동산의 가격을 구하게 된다. 이 경우의 감가의 기능적 요인·경제적 요인의 검토에서 부지와 근린지역과의 관련에서 효용의 분석이 필요하다. 건물과 부지와의 부적응, 인근지역의 쇠퇴, 건물과 그 부근의 환경과의 부적합, 부근의 다른 건물과의 비교에서 시장성의 감퇴는 건물의 가격에 커다란 영향을 준다는 것에 유의하여야 한다.

Ⅳ 결

상기에서 살핀 바와 같이 건물을 원가법으로 감정평가할 때 효용과의 관련성을 고려해야 한다. 특히 과대, 과소 개량 건물의 평가 시 투하비용만을 고려하여 감정평가를 하는 것은 최유효이용의 원칙에 위배되는 것이므로, 효용과 비용 간의 상관관계를 고려하여 적정한 평가가 이루어지도록 하여야 할 것이다. 즉, 원가방식의 한계를 보완하는 일환으로서 비용성의 일방적 적용에 효용이라는 경제적(수익적) 측면을 가미하여 실제 산정에 있어 양 논리의 병용이 있어야 합리적인 평가결과를 도출할 수 있을 것이다.

수익방식(수익환원법)

Ⅰ 서

수익방식이란, 대상물건이 장래에 산출할 것으로 기대되는 순수익이나 미래의 현금흐름을 적정한 율로 환원하거나 할인하여 대상물건의 가액을 산정하는 방식을 말한다. 수익방식은 재화의 경제적 가치평가 시 고려되는 가치의 3면성 중에서 '대상물건이 어느 정도의 수익이나 편익을 얻을 수 있는가'하는 수익성에 착안하여 대상물건의 가액 또는 임료를 구하는 감정평가방법이다.

우리나라 자본시장과 부동산시장은 경제의 글로벌화 추세에 따라 엄청난 변화를 겪어왔다. 특히 선진화된 부동산 투자기법의 도입이 가속화되고 있는바, 이는 국제화된 금융투자 환경의 변화와 발전에 따른 필연적 추세이다. 이에 영향을 받아 부동산 투자시장 환경은 다음과 같은 여러 가지 변화를 가져왔다.

ⅰ) 원가방식이나 비교방식 중심에서 수익가치 평가방식으로 가치분석 중심이 이동하였다.

ⅱ) 정성적 분석에서 과학적·계량적 분석을 중시하게 되었다.

ⅲ) 양도차익 중심에서 정기적 현금흐름을 중시하게 되었다.

ⅳ) 보유와 관리 목적 투자에서 적정한 정기소득 확보를 위한 투자가 중심을 이루고 있다.

이러한 변화에 따라 장래에 산출할 것으로 기대되는 현금흐름에 기초한 수익방식은 점점 더 글로벌 시대의 감정평가기준으로서 중요성을 더해 가고 있다.

Ⅱ 수익방식의 3요소

수익가액의 산정을 위해서는 순수익과 자본환원이율 및 자본환원방법 등의 3요소가 파악되어야 하며, 이것을 '수익방식의 3요소'라고 한다.

Ⅲ 환원방법 분류

1. 순수익 발생기간

① 환원대상 순수익의 발생기간에 따라 직접환원법과 할인현금흐름분석법이 있는데, 이는 한 해의 순수익을 기준으로 부동산 소득률로 환원하느냐(직접환원법), 여러 해의 현금흐름을 할인율로 환원하느냐(할인현금흐름분석법)에 따른 구분이다.

② 수익환원법으로 감정평가할 때에는 직접환원법이나 할인현금흐름분석법 중에서 감정평가 목적이나 대상물건에 적절한 방법을 선택하여 적용한다. 다만, 부동산의 증권화와 관련한 감정평가 등 매기의 순수익을 예상해야 하는 경우에는 할인현금흐름분석법을 원칙으로 하고 직접환원법으로 그 합리성을 검토한다.

〈감정평가 실무기준〉

3.4.1.2 환원방법

임대사례비교법으로 감정평가할 때에는 임대사례를 수집하여 적정성 여부를 검토한 후 다음 각 호의 요건을 모두 갖춘 하나 또는 둘 이상의 적절한 임대사례를 선택하여야 한다.

① 직접환원법은 단일기간의 순수익을 적절한 환원율로 환원하여 대상물건의 가액을 산정하는 방법을 말한다.

② 할인현금흐름분석법은 대상물건의 보유기간에 발생하는 복수기간의 순수익(이하 "현금흐름"이라 한다)과 보유기간 말의 복귀가액에 적절한 할인율을 적용하여 현재가치로 할인한 후 더하여 대상물건의 가액을 산정하는 방법을 말한다.

③ 수익환원법으로 감정평가할 때에는 직접환원법이나 할인현금흐름분석법 중에서 감정평가 목적이나 대상물건에 적절한 방법을 선택하여 적용한다. 다만, 부동산의 증권화와 관련한 감정평가 등 매기의 순수익을 예상해야 하는 경우에는 할인현금흐름분석법을 원칙으로 하고 직접환원법으로 합리성을 검토한다.

---

2. 환원대상 수익의 종류

산식	환원방법
가능조소득(PGI)	가능조소득승수법(PGIM)
유효조소득(EGI)	유효조소득승수법(EGIM)
순영업소득(NOI)	전통적 수익환원법, 잔여법
세전현금흐름(BTCF)	세전현금흐름할인분석법(저당지분환원법)
세후현금흐름(ATCF)	세후현금흐름할인분석법

Ⅳ 직접환원법

1. 개설

직접환원법은 단일기간의 순수익을 적절한 환원율로 환원하는 방법으로 전통적인 직접환원법과 잔여환원법으로 구분한다. 전통적인 직접환원법은 직접법, 직선법, 상환기금법, 연금법으로 세분되며, 잔여환원법은 토지잔여법, 건물잔여법, 부동산잔여법 등으로 세분된다.

2. 전통적 직접환원법

(1) 직접법

1) 의의

직접법은 순수익이 시간의 흐름에 따라서 변하지 않고, 자본회수가 필요하지 않은 부동산에 대하여 상각률을 고려하지 않고 순수익을 환원율로 직접 환원하여 수익가액을 구하는 방법으로 직접환원법에서 가장 기본적인 방법이다.

$$V=\frac{a}{r} \quad (a : \text{순수익}, \ r : \text{환원율})$$

2) 적용대상

직접법은 농경지나 염전 등과 같이 순수익이 큰 변화 없이 영속적으로 발생하고, 내용연수가 무한하거나 투하자본에 대한 회수를 고려할 필요가 없는 자산의 경우에 적용할 수 있는 방법이다.

(2) 자본회수를 고려하는 경우의 직선법과 상환기금법 및 연금법

직접환원법은 투자자들이 대상 부동산을 경제적 수명까지 계속 보유한다고 가정하고 기간 말에는 건물가치가 0이 되고 토지가치는 일정하다고 가정하고 있다. 이 때문에 투자자는 경제적 수명이 다하기 전에 일정부분을 건물에 대한 자본회수분으로 계상해야 하는 문제가 생긴다. 자본회수분을 고려하는 방법에는 순수익에서 조정하는 방법과 환원율을 조정하는 방법이 있는데 직접환원법에서는 후자의 방법을 이용하여 자본회수의 문제를 처리하는 것이 일반적이다.

투하자본의 회수방법에 따른 분류로서 직선법과 상환기금법 및 연금법으로 나눌 수 있다. 이러한 투하자본의 회수방법에 따른 분류는 자본환원방법의 차이가 있는 것은 아니고 직접환원법의 한 형태로서 단지 자본의 회수방법상의 차이일 뿐이라는 점을 유의해야 한다.

1) 직선법

① 의의

직선법은 상각전 순수익을 상각후 환원율에 상각률을 가산한 상각전 환원율로 환원하여 수익가액을 구하는 방법이다. 직선법은 회수자본은 재투자하지 않는다는 것을 전제한다.

$$V=\frac{a}{r+\frac{1}{n}} \quad (a : \text{순수익}, \ r : \text{환원율}, \ n : \text{경제적 수명})$$

② 적용대상

따라서 직선법은 건물·구축물 등과 같이 수익을 발생시키는 물건이 상각자산이며, 내용연수가 유한하여 투하자본 회수가 고려되어야 하는 경우에 적용한다.

2) 상환기금법(Hoskold법)

① 의의

상환기금법은 상각전 순수익을 상각후 환원율과 축적이율 및 내용연수를 기초로 한 감채기금계수를 더한 상각전 환원율로 환원하여 수익가액을 구하는 방법이다. 상환기금법은 자본회수분을 안전하게 회수할 수 있는 곳에 재투자하는 것을 가정하여 해당 자산에 대한 상각후 환원율보다 낮은 축적이율에 의해 이자가 발생하는 것을 전제한다.

$$V = \frac{a}{r + \dfrac{i}{(1+i)^n - 1}} \quad (a : 순수익, \ r : 상각후\ 환원율, \ i : 축적이율, \ n : 경제적\ 수명[1])$$

② **적용대상**

이러한 상환기금법은 내용연수 만료 시 재투자로서 대상 부동산의 수익을 연장시킬 수 없는 광산, 산림 등의 소모성 자산이나 건물을 고정임대료로 장기임대차에 공여하고 있을 경우에 유용하다.

3) **연금법**(Inwood법)

① **의의**

연금법은 상각전 순수익을 상각후 환원율과 상각후 환원율 및 내용연수를 기초로 한 감채기금계수를 더한 상각전 환원율로 환원하여 수익가액을 구하는 방법이다. 연금법은 매년의 상각액을 해당 사업이나 유사사업에 재투자한다는 가정에 따라 상각후 환원율과 동일한 이율에 의해 이자가 발생한다는 것을 전제로 하고 있다.

$$V = \frac{a}{r + \dfrac{r}{(1+r)^n - 1}} \quad (a : 순수익, \ r : 상각후\ 환원율, \ n : 경제적\ 수명)$$

② **적용대상**

연금법은 매년의 순수익의 흐름이 일정하거나 상대적으로 안정적일 것으로 예측되는 물건의 평가에 적용하는 것이 합리적이다. 임대용 부동산 중 장기임대차에 제공되고 있는 부동산이나 어업권 등이 연금법으로 평가하는 대표적인 예이다.

구분	직선법	상환기금법	연금법
순수익	감소	유지	유지
재투자	–	고려	고려
재투자이율	–	낮은 축적이율	동일 이율
내용연수 경과 후 가치		유지 불가능	유지 가능

---

1) 이 경우 내용연수는 수익성 또는 사업성의 지속가능기간을 적용해야 한다는 점에 유의해야 한다.

3. 잔여환원법

(1) **의의**

잔여환원법은 부동산에서 발생하는 순수익을 토지와 건물로 분리하고 여기에 각각의 환원율을 적용하는 토지·건물잔여법과 토지·건물잔여법이 가지고 있는 결함을 시정한 부동산잔여법이 있다.[2] 토지·건물잔여법은 복합부동산의 총수익에서 토지 내지 건물에 귀속되는 순수익을 공제하고 잔여부분의 순수익을 환원하여 가액을 구하는 방법이다. 이러한 잔여환원법은 부동산가치는 시간이 경과함에 따라 언제나 감소한다는 것과 대상 부동산을 경제적 수명까지 보유한다는 가정을 전제로 한다. 부동산잔여법은 토지·건물 일괄평가에서 유용하게 사용될 수 있으며, 특히 토지와 건물의 수익과 환원율을 따로 분리하지 않고 있는 점에서 그 유용성이 있다.

> ● **토지잔여법과 건물잔여법의 전제 및 한계점**
>
> **1. 기본 전제**
> ① 경제적 내용연수 동안 보유를 가정한다.
> ② 시간이 지남에 따라 수익이 감소함을 전제한다.
> ③ 부동산의 소득창출능력은 토지와 건물이 서로 다르며, 그 분리가 가능하다는 것을 전제한다.
> ④ 토지와 건물의 환원율이 서로 다르다는 것을 가정한다(토지위험 < 건물위험).
>
> **2. 한계점**
> ① 소득분리의 문제
> 부동산의 수익은 토지와 건물이 복합적으로 작용하여 산출되는 것이지 분리될 수 있는 성질의 것이 아니다. 만일 분리할 수 있다고 하더라도 토지와 건물에 정확하게 배분하는 것은 현실적으로 매우 어려운 일이다.
> ② 상이한 자본수익률의 산정
> 과거 잔여환원법은 토지와 건물의 자본수익률을 각각 달리 적용하였다. 건물수익이 토지수익에 비하여 상대적으로 더 위험하다고 생각하고 건물의 자본수익률을 더 높게 적용한 것이다. 그러나 부동산의 수익을 토지수익과 건물수익으로 분리하는 것도 어려운데 수익 중 건물 수익이 더 위험하다고 판단하는 것은 아무런 설득력을 가지지 못한다.
> ③ 자본회수방법에 따른 건물환원율의 차이
> 토지잔여법에서 건물귀속 순수익을 산정할 경우 자본회수방법으로 무엇을 사용할 것인가에 따라 그 결과가 달라지고 이는 토지가치의 일관성에 문제를 일으키게 된다.
> ④ 최고최선의 평가원리에 위배 : 수익률이 서로 다르면 최고최선의 이용이라 할 수 없다.

---

2) 물리적 구성부분이 아닌 금융적 사고에서 접근하는 지분잔여법과 저당잔여법의 적용도 가능하다. 물리적 측면에서의 잔여환원법은 앞에서 살펴본 세 가지 자본회수법과 결합하여 사용되어 왔는데 이에 따라 전통적 환원방법의 기본가정을 그대로 유지하고 있다.

(2) 물리적 잔여환원법

1) 토지잔여법

① 의의

토지잔여법은 복합부동산의 순수익에서 건물에 귀속되는 순수익을 공제한 후 도출된 토지에 귀속되는 순수익을 토지환원율로 환원하여 토지의 가액을 구하는 방법이다.

$$\text{토지의 수익가액} = \frac{\text{대상 부동산의 순수익} - \text{건물가액} \times \text{건물환원율}}{\text{토지환원율}}$$

② 적용대상

토지잔여법은 건축비용을 정확히 추계할 수 있는 신규건물, 감가상각이 거의 없는 물건, 토지가치를 독립적으로 추계할 수 없는 부동산, 건물이 최유효이용상태에 있는 부동산, 건물가치가 토지가치에 비해 상대적으로 적은 부동산인 주차장, 자동차운전교습장, 작은 건물이 있는 공장부지에 적용이 가능하다.[3]

2) 건물잔여법

① 의의

건물잔여법은 복합부동산의 순수익에서 토지에 귀속되는 순수익을 공제한 후 도출된 건물에 귀속되는 순수익을 건물환원율로 환원하여 건물의 가액을 구하는 방법이다.

$$\text{건물의 수익가액} = \frac{\text{대상 부동산의 순수익} - \text{토지가액} \times \text{토지환원율}}{\text{건물환원이율}}$$

② 적용대상

건물잔여법은 감가의 정도가 심한 부동산, 토지가치를 정확히 추계할 수 있는 부동산, 상대적으로 토지가치 비율이 적게 차지하는 부동산 등에 적용할 수 있다.

3) 부동산잔여법

① 의의

부동산잔여법은 토지·건물잔여법이 수익과 환원율을 분리하여 적용한다는 단점을 극복하기 위하여 개량된 방법이다. 부동산잔여법에서는 수익은 토지·건물이 복합적으로 작용하여 창출하는 것으로 보고 부동산의 가액을 구한다. 부동산잔여법은 수익이 건물의 경제적 잔존내용연수 동안 전체부동산으로부터 나오는 것으로 간주

---

3) 대상토지에 대한 최고최선의 이용에 해당하는 어떤 가상적인 건물을 상정하고, 이것으로부터 대상 부동산의 건축비용을 추계하고 토지잔여법을 적용하여 가치추계치를 산출하는 가설적 평가(hypothetical appraisal)의 경우 토지잔여법이 활용되기도 한다.

하고 기간 말 건물가치는 없다고 보며, 토지가치는 일정하다고 전제한다. 이러한 전제하에 부동산잔여법에서는 부동산의 전체 순수익을 잔존내용연수 동안 현가화하고, 여기에 기간 말 토지가치를 현재가치로 현가하여 더한 값으로 대상 부동산의 가액을 결정한다.

$$\text{대상 부동산의 가액} = \text{대상 부동산의 순수익} \times \frac{(1+r)^n - 1}{r(1+r)^n} + \frac{\text{기간 말 토지가치}}{(1+r)^n}$$

② 적용대상

부동산잔여법은 토지가치의 추계가 상대적으로 용이한 부동산, 토지가치 비율이 높은 부동산, 건물가치만을 주로 평가하는 경우, 적용할 순수익이 연금 성격을 강하게 가지는 부동산에 적용 가능하다.

③ 유용성 및 한계

다른 잔여법과는 달리 오래된 부동산의 가치추계에 용이하고, 토지가치의 추계에 오차가 있더라도 토지가치의 할인기간이 길어 환원과정에서 그 오차가 최소화되며, 특히, 건물가치만의 평가나 연금의 성격이 강한 장기임대차 부동산 등의 평가에 유용한 방법이다.

그러나 실제 전형적 부동산 투자자들은 세후현금흐름에 보다 관심이 많고, 부동산의 보유기간도 짧아 건물의 가치가 보유기간 말 "0"인 경우가 적어 현대부동산 투자의 경우에는 적용하기 어려운 점이 있다.

(3) 금융적 잔여환원법

1) 지분잔여법

① 의의

지분잔여법은 시장에서 저당조건과 대부액을 산정할 수 있다는 가정하에 전체 순수익에서 연간 저당지불액을 공제한 지분귀속 순수익을 지분환원율로 환원하여 지분가치를 산정한 후 저당대부액을 합하여 전체가치를 산정하는 방법이다.

$$V = \frac{(\text{전체순수익} - \text{저당대부액} \times \text{저당환원율})}{\text{지분환원율}} + \text{저당대부액}$$

② 적용대상

신규부동산에 대한 소유권 가치, 특수한 저당이 설정되어 있는 지분권가치 산정에 유용하다.

2) 저당잔여법

① 의의

저당잔여법은 이용가능한 지분액은 알려져 있으나 대부액이나 저당가치가 알려지지 않은 경우에 적용한다. 순수익에서 지분환원율에 의해 지분에 귀속되는 수익을 공제하여 저당구성요소에 귀속되는 수익을 산정하고 이를 저당환원율(MC)로 환원하여 저당가치를 구한 후 지분액을 합하여 전체가치를 산정하는 방법이다.

$$V = \frac{(\text{전체순수익} - \text{지분가치} \times \text{저당환원율})}{\text{저당환원율}} + \text{지분가치}$$

② 적용대상

지분가치는 알려져 있지만, 저당가치는 알려져 있지 않을 때 사용된다. 이 경우 지분가치란 투자자가 동원할 수 있는 유용한 지분액수를 의미한다. 지분투자자의 유용한 지분액수와 지분배당률이 이미 결정되어 있다고 가정하나, 이는 시장행태에 부합되지 않는다. 일반적으로 대출기관들은 순수익이 저당지불액을 감당할 수 있는 범위 내에서만 저당대부를 해준다. 순수익에서 지분수익을 제한 나머지가 저당투자자에게 귀속되는 것이 아니라, 오히려 전체 순수익에서 저당지불액을 제한 나머지가 지분투자자에게 귀속되는바, 현실적 상황은 저당잔여법의 가정과 상반된다.

V 할인현금흐름분석법 ▶기출 13회, 18회

1. 개설

(1) 의의

할인현금흐름분석법(discounted cash flow method ; DCF법)은 미래의 현금흐름과 보유기간 말의 복귀가액에 적절한 할인율을 적용하여 현재가치로 할인한 후 대상물건의 수익가액을 산정하는 방법으로, 가치란 장래 기대되는 편익의 현재가치라는 이론적 정의에 가장 잘 부합하는 가치평가방법이다.

(2) 산정방법

할인현금흐름분석법은 대상물건으로부터 얻을 수 있는 복수기간의 현금흐름의 현재가치와 보유기간 말 복귀가액의 현재가치를 합산하여 구한다. 할인현금흐름분석법을 적용하기 위해서는 현금흐름과 할인율, 복귀가액을 구해야 한다.

$$V = \sum_{k=1}^{n} \frac{\text{현금흐름}}{(1+r)^n} + \frac{\text{복귀가액}}{(1+r)^n} \quad (r : \text{적정한 할인율})$$

(3) 종류

할인현금흐름분석법은 세 가지 유형으로 나눌 수 있는데, 순수익과 복귀가액을 현재가치로 할인해서 부동산의 가치를 구하는 순수익분석법, 세전현금흐름과 세전지분복귀액을 현재가치로 할인해서 부동산의 가치를 구하는 세전현금흐름분석법, 세후현금흐름과 세후지분복귀액을 현재가치로 할인해서 부동산의 가치를 구하는 세후현금흐름분석법이 바로 그것이다. 여기서 세전현금흐름분석법의 대표적인 형태로 저당지분환원법이 있다.

(4) 할인현금흐름분석법의 가정

할인현금흐름분석법은 직접환원법이 가정하고 있는 여러 가지 사항들이 현실에 부합하지 않는다는 점을 지적하면서 발전해왔다. 직접환원법에서는 투자자들이 대상 부동산을 경제적 수명까지 보유하고 부동산의 가치는 하락하여 기간 말에는 건물가치가 0이 된다고 가정하고 있다. 이에 따라 향후 처분 시의 가치증가 여부에는 관심이 없고 오직 매 기간의 순수익에만 관심이 있는 것으로 전제하고 있다. 또한, 직접환원법은 대상 부동산에 저당대출은 없으며, 설사 저당대출이 있더라도 저당조건은 대상 부동산의 가치에 아무런 영향을 미치지 못하는 것으로 가정하고 있다.

1) 보유기간에 대한 고려

투자자들은 부동산을 경제적 수명 동안 보유하는 것이 아니라, 비교적 짧은 기간만 보유한다는 것이다. 평가사는 시장에서의 가장 전형적인 보유기간을 가정한다.

2) 부동산가치 변동에 대한 고려

부동산의 가치는 시간의 흐름에 따라 하락하는 것이 아니라 사회・경제적 상황에 따라 상승 또는 하락할 수 있으며, 투자자들은 실제로 부동산의 가치상승을 바라고 부동산을 매수하게 된다. 만일 투자하려고 하는 부동산의 가격이 상승할 것으로 예상된다면 투자자들은 더 많은 가격을 지불하려고 할 것이다. 이는 투자자들이 미래의 가치변화에 대한 전망을 현재가치로 환산하여 현재의 지불가격에 반영한다는 것을 의미한다.

3) 지분수익률에 대한 고려[4]

일반 투자자들은 대상 부동산 전체가 창출하는 전체수익률보다, 투자자 자신이 받는 지분수익률에 더 많은 관심을 가지며, 순영업소득을 환원하는 것이 아니라 세전/세후 현금흐름을 환원한다.

---

4) 지분수익률에 대한 고려는 할인현금흐름분석법 중 순수익분석법에는 적용되지 않는다.

4) 가치구성요소에 대한 고려

지분투자자가 향유하는 수익은 ① 매 기간 순수익에서 지분투자자의 몫으로 돌아오는 지분수익, ② 보유기간 말 예상되는 부동산 가치 증감, ③ 보유기간 동안 원금 상환에 의한 지분형성분의 세 가지로 이루어진다고 가정한다.

5) 저당대부에 대한 고려

투자자들은 자기자본만으로 부동산을 매수하는 것이 아니라, 자기자본과 타인자본을 혼합해서 부동산을 매수한다. 저당조건은 부동산에 따라 차이가 나기 때문에 평가사들은 대상 부동산에 대한 가장 전형적인 저당조건을 상정하고 시장가치를 평가한다.

> ● 부동산의 특성과 저당대출에 대한 고려
>
> 부동산은 고가의 경제재이면서 내구재의 특성을 지니고 있다. 고가이므로 자기자본이 부족한 경우에는 타인자본을 조달해야 하고, 내구재이기 때문에 장기간 효용을 제공하는 것에 대응하여 그에 해당하는 만큼의 대가를 지불하는 것이 합리적인 소비행위가 되므로 부동산 구매에 있어서는 저당대출을 이용하는 것이 일반적이다.

▼ 저당지분환원법과 잔여환원법과의 비교

구분	저당지분환원법	잔여환원법
① 보유기간	단기간	건물의 경제적 수명
② 환원소득	세전현금흐름	순수익
③ 구성요소	저당, 지분, 가치변화	토지와 건물
④ 가치변화	고려하고 있음	고려하지 않음
⑤ 저당조건	영향을 주는 것을 가정	아무런 관계가 없음
⑥ 세금의 고려	고려하지 않음	고려하지 않음

(5) 할인현금흐름분석법의 유용성

1) 논리의 유연성

DCF법은 어떠한 소득흐름이나 부동산의 가격변동 유형에도 적용이 가능하다는 논리의 일반성, 유연성을 갖고 있다.

2) 투자분석 시 유용성[5]

부동산 투자분석 시 DCF법이 일반적으로 사용되는데 투자자는 매수가격과 매 기간 현금흐름, 기간 말 예상매도가치를 분석하여 투자여부를 결정하며 DCF법은 예정부동산, 문제부동산의 평가 시에도 유용하게 된다.

---

5) 직접환원법은 환원율이 오직 한해의 순소득을 기준으로 하므로 실제 투자회수를 측정하기에는 너무 단순하고, 부동산 투자의 위험도를 적용하기에는 적합하지 않다는 단점을 가지고 있다.

3) 가정의 현실성

DCF법은 부동산의 단기보유, 저당조건 및 세금 효과의 고려, 부동산의 가치 증감 반영, 지분투자자의 지분수익률에 대한 관심 등 현실 부동산시장에 참여하는 부동산 투자자의 형태를 면밀히 현실성 있게 반영함으로써 평가의 설득력, 신뢰성을 인정받고 있다.

4) 가치의 정확성

기존방법들은 순수익, 영업경비 또는 부동산의 가치 증감을 인정하면서 이를 수식을 통해 안정화하는 방법을 취함으로써 가치 추계의 오류 가능성이 있었으나, DCF법에서는 이러한 수익가치 안정화 과정을 회피하여 가치 추계의 정확성을 제고하였다. 또한, 수익의 예상기간을 단축하여 가치 추계의 오차를 감소시켰다.

5) 시장상황변화에 따른 유용성

부동산 증권화(ABS, MBS, REITs 등), 복합불황 등으로 투자부동산의 경우 자본이득에서 소득획득 측면이 중요시되고 있다. 기존의 평가방법들은 가치산정에 주로 이용되는 방법으로 투자분석에의 활용이 어려우나 DCF분석법은 다양한 방법으로 투자분석이 가능하다.

2. 순수익분석법

순수익분석법은 대상 부동산의 보유기간에 발생하는 복수기간의 순수익과 보유기간 말의 복귀가액에 적절한 할인율을 적용하여 현재가치로 할인한 후 부동산의 가치를 평가하는 방법을 말한다. 이 방법은 순수익이 부동산의 수익창출능력을 가장 잘 반영한다는 점에서 실무적으로 널리 쓰이고 있는 방법이다.

3. 세전현금흐름분석법(= 저당지분환원법)

(1) 의의

저당지분환원법은 1959년 Ellwood에 의해 개발된 평가기법으로 대상 부동산에 대한 연간 지분수익과 저당대부의 원리금상환으로 인한 지분형성, 보유기간 말의 복귀가격을 고려한 환원이율을 통해 구한 지분가치와 저당가치의 합으로 부동산의 현재가치를 구하는 방식이다. 즉, 종래 잔여환원법은 대상 부동산을 경제적 수명까지 보유하는 것을 가정하고, 투자자들은 대상 부동산이 창출하는 순수익에 관심을 가지며, 저당에 대한 대상 부동산의 가치변화를 고려하고 있지 않다. 이를 비판하여 Ellwood는 시장가치 추계 목적뿐만 아니라 투자대안의 분석에도 그 목적이 있는 저당지분환원법을 개발하였다.

(2) 평가절차

1) 지분가치

지분가치는 매 기간의 지분수익의 현재가치와 기간 말 지분복귀액의 현재가치를 합산하여 구한다. 기간 말 지분복귀액에는 그동안의 원금상환으로 인한 지분형성분과 부동산 가치변동분이 포함되어 있다. 여기서 매 기간의 지분수익과 기간 말 지분복귀액을 현재가치로 환산할 때 사용되는 할인율은 지분투자자의 요구수익률인 지분수익률이 사용된다.

> **◐ 지분수익률**
>
> 지분수익률이란 매 기간의 지분소득과 기간 말의 지분복귀액의 현재가치를 애초의 지분투자액과 같게 만드는 수익률로서 지분투자액에 대한 내부수익률이다.
> 지분수익률 도출에 사용되는 방법에는 ① 최근의 거래사례를 분석하여 지분수익률을 도출하는 방법, ② 주식이나 채권 등 대체투자수단의 수익률과 위험을 비교하여 지분수익률을 도출하는 방법, ③ 시장참가자들을 직접 조사하여 지분수익률을 도출하는 방법, ④ 투자자들을 대상으로 설문조사를 통해 지분수익률을 도출하는 방법이 있다.

> **◐ 지분복귀액의 현재가치**
>
> 기간 말 부동산 처분 시에 창출되는 순매도액 중 저당투자자에게 할당되는 미상환저당잔금을 제외한 나머지 차액인 기간 말 지분복귀액을 투자자의 지분수익률로 환원하여 지분복귀액의 현재가치를 구한다.

2) 저당가치

저당가치란 저당투자자인 대출자가 향유하는 모든 금전적 이익을 현재가치로 환원한 것을 말한다. 대출기관은 매 기간 부채서비스액과 기간 말에는 미상환저당잔금을 수취하게 된다. 따라서 저당가치는 대출기관이 받게 되는 부채서비스액의 현재가치와 기간 말의 미상환저당잔금의 현재가치를 합산하여 구한다.

> **◐ 저당수익률**
>
> 저당수익률은 부채서비스액과 미상환저당잔금을 현재가치로 환산할 때 사용되는 할인율로서 기간 초에 지불된 저당대출액과 기간 중/기간 말에 발생하는 모든 현금흐름의 현재가치의 합을 같게 만드는 내부수익률이다.
> 저당수익률은 저당이자율과 엄격한 의미에서 다르다. 대출실행 시에 저당설정수수료가 부과되고 저당할인액이 발생하며, 대출기간 중에 저당관리수수료, 기간 말에는 만기 전 변제벌금이 부과될 수 있기 때문이다. 이러한 비용의 발생으로 저당수익률은 일반적으로 저당이자율보다 높게 된다. 이런 제반 비용이 없다면 저당수익률과 저당이자율은 정확하게 일치한다.

3) 부동산의 시장가치

대상 부동산의 시장가치는 저당가치와 지분가치를 합산하여 산정한다.

> 부동산의 가치 = 저당가치 + 지분가치 = 저당가치 + (지분소득의 현가 + 지분복귀액의 현가)

(3) 직접환원법의 형식을 이용한 가치의 산정

저당지분환원법은 실무적으로 세전현금흐름이 아닌 순수익을 바탕으로 저당지분환원법의
논리에 의거한 환원율을 산정하고 직접환원법의 형식을 차용함으로써 수익가치를 구할 수
있다.

$$R = \frac{y}{①} - \frac{\dfrac{L}{V} \times (y + p \times SFF_{y \sim n} - MC)}{②} \pm \frac{\dfrac{dep}{app} \times SFF_{y \sim n}}{③}$$

$(y : $ 지분수익률$, \; L/V : $ 저당비율$, \; p : $ 상환비율$, \; SFF : $ 감채기금계수$,$
$MC : $ 저당상수$, \; dep / app : $ 가치증감비율$)$

1) 지분수익률

지분수익률은 지분투자자가 대상 부동산에 투자할 때 요구하는 최소한의 수익률을 의
미하는데, 이는 외부로부터 주어지는 외생변수이다.

2) 저당지불액과 지분형성분

투자자가 대출기관으로부터 저당대출을 받게 되면 매 기간 저당지불액을 지불해야 한
다. 따라서 투자자가 원하는 요구수익률을 달성하기 위해서는 저당지불액만큼 수익률
이 높아져야 한다. 한편, 매 기간의 지불액에는 원금상환분과 이자지급분이 포함되어
있는데, 이 중 원금상환분은 지분복귀액의 일부로 결국 지분투자자에게 되돌아온다.
이처럼 기간 말 누적된 원금상환분을 지분형성분이라고 한다. 투자자는 원금의 상환을
통해 기간 말의 지분형성분을 향유할 수 있는바, 매 기간의 수익률이 그만큼 낮아져도
요구수익률을 충족할 수 있다.

3) 부동산의 가치변화

추가적인 가치상승이 예상된다면 매 기간 발생하는 소득수익이 일반적인 시장수익률에
비해 낮더라도 부동산 매입의사결정을 하게 될 것이고, 반대로 가치하락이 예상된다
면, 소득수익이 일반적인 시장수익률에 비해 높아야 매입의사결정을 하게 될 것이다.
이는 미래의 가치상승에 대한 예상이 소득수익에 대한 요구수익률을 낮추는 역할을 하
고 반대로 가치하락에 대한 예상은 소득수익에 대한 요구수익률을 높이는 역할을 하게
됨을 알 수 있다.

> **예** 순수익이 120,000,000원인 부동산이 있다. 전형적인 대부조건은 대부비율 70%, 이자율 9%,
> 대부기간 20년이다. 지분수익률은 12%이고, 전형적인 보유기간은 5년이며, 보유기간 말 부
> 동산가치가 20% 상승한다고 할 때 부동산의 시장가치를 구하시오(단, 원리금은 매년 상환하
> 는 조건이다).
> 해설)
> 1. 환원율
>   0.12 − 0.7 × (0.12 + 0.1170 × 0.1574 − 0.1095) − 0.2 × 0.1574 = 0.0683
>   * P(9%, 5년, 20년) = 0.1170
>   * SFF(12%, 5년) = 0.1574
>   * MC(9%, 20년) = 0.1095
> 2. 부동산 가치
>   120,000,000 / 0.0683 = 1,756,955,000원

(4) 장단점

1) 시장가치 추계 목적

① 장점

㉠ 시장참가자의 행태에 잘 부합하고 있다. 부동산을 매매하거나 임대차하고 담보부 융자를 받는 투자자들의 일반적인 행태와 일치할 뿐만 아니라 투자자들이 대상 부동산의 가치를 추계하는 방식이 일치한다.

㉡ 저당지분환원법에서 필요한 자료를 시장에서 객관적으로 수집 가능하다.

㉢ 과거로부터 계속 사용되어온 연금법의 논리를 발전시킨 것으로 과거의 방법보다는 진보한 방법이다.

㉣ 전형적 보유기간의 순수익을 추계하기 때문에 부동산 가치 추계의 정확성을 기할 수 있다.

② 단점

㉠ 시장가치가 대출금이자율이나 대출비율 등의 융자조건, 즉 투자자의 신용도에 따라 달라질 수 있다.

㉡ 지분수익률, 예상매도가격 및 안정소득의 추계과정에서 평가자의 주관이 개입될 여지가 높다.

㉢ 순수익 및 가치의 변동을 J계수 및 K계수를 이용하여 안정화시키는 과정에서 대상 부동산의 가치가 오히려 왜곡될 수도 있다는 점 등의 한계가 있다.

2) 투자분석 목적
① 장점
      ⊙ 개별투자자가 지불가능한 투자가치를 산정하여 이를 매도가격과 비교하여 투자 결정이 가능하다.

      ⓛ 주어진 조건하에서 지분수익률 변동의 파악이 가능하다.

      ⓒ 어떤 요인이 시장가치, 지분수익률에 특히 중요한지 분석가능하다.

② 단점
      ⊙ 부동산 투자에 대해 세금이 미치는 행태를 무시하고 있다.

      ⓛ 순수익의 변동을 안정화시킴으로서 가치의 왜곡가능성을 남겨놓고 있다는 점 등이다.

4. 세후현금흐름분석법

세후현금흐름분석법은 저당지분환원법과 마찬가지로 부동산의 가치는 지분가치와 저당가치로 구성되어 있다는 전제하에 매 기간 기대되는 세후현금흐름과 기간 말 지분복귀액을 현재가치로 할인하여 지분가치를 구하고 저당가치를 합산함으로써 부동산의 가치를 구하는 방법을 말한다.

Ⅵ 결

환원방법은 평가이론의 발달 과정에 있어서 시장 거래의 특성 및 투자자의 행태를 보다 더 적절히 반영하기 위하여 직접환원법이 할인현금흐름분석법으로 발전하여 왔다. 각 방식은 모두 전제된 가정과 장단점이 있는바, 부동산시장의 특성, 부동산의 특성, 순수익 창출의 지속성, 행태 등을 적절히 고려하여 선택 적용하여야 할 것이다.

02 절 순수익

I 서

1) 수익환원법이란 대상물건이 장래 산출할 것으로 기대되는 순수익이나 미래의 현금흐름을 환원하거나 할인하여 대상물건의 가액을 산정하는 감정평가방법을 말한다. 수익가액이란 수익환원법에 따라 산정된 가액을 말한다. 이 방법은 감정평가 3방식 중 부동산가치의 차이는 부동산이 창출하는 소득의 차이라는 수익성의 사고와 시장참여자들은 부동산의 시장가격을 수익과 결부시켜 지불가격을 결정한다는 대체의 원칙과 효용 측면에서 재화의 가치를 파악한 한계효용학파의 이론에 근거한다.

2) 과거에는 우리나라의 평가관행이 비교방식과 원가방식 위주로 되어 있어 감정평가사가 평가 실무에서 수익방식으로 대상 부동산의 가치를 구할 필요성이 별로 없었다. 그러나, 최근 부동산 시장의 국제화, 개방화 및 수익성 부동산의 중요성이 높아짐에 따라 우리나라에서도 수익방식의 필요성이 증대되고 있는 현실이다. 수익가격의 정도는 순수익, 환원율, 환원방법 의 적정성에 의해 좌우된다고 할 수 있다.

II 순수익의 개념 및 요건

1. 순수익의 개념

순수익이란 대상물건을 통해서 획득할 수 있는 총수익에서 그 수익을 발생시키는 데 소요되는 경비를 공제한 금액을 의미한다. 감정평가에서는 부동산의 시장가치를 구하는 것이 목적이고 시장가치는 최유효이용을 기준으로 하여 형성되므로, 순수익 또는 현금흐름도 최유효이용의 요건을 충족해야 한다. 즉, 수익가액의 기초가 되는 순수익은 대상 부동산에서 창출되는 현재 의 순수익을 기준으로 하는 것이 아니고 장래에 발생될 순수익을 기초로 하기 때문에 산정 시 에는 단순히 과거의 순수익이나 수익사례를 그대로 적용하여서는 안 된다.

2. 순수익의 요건[6] (통계안합)

(1) 개설

물건의 감정평가는 그 물건의 정상적인 가격을 구하는 것이고 순수익을 구하는 목적도 정 상적인 수익가격을 구하기 위한 수단이기 때문에 순수익은 일반적 타당성을 갖는 것이어 야 한다. 그러므로 주관적 요소가 배제되고 누구에게나 적용될 수 있는 객관적 수익이어야 한다.

---

6) 이창석, 기본강의 감정평가, 리북스, 2013, p530

(2) 통상적인 이용

통상적인 이용능력과 이용방법으로 산출되는 것, 이는 대상 부동산의 이용이 통상의 이용 능력과 통상의 이용방법으로 얻어지는 중용적인 수익을 의미하는 것이 원칙이다.

(3) 일정기간 계속적, 규칙적으로 발생할 것

일시적으로 발생하는 순수익은 표준적인 수익이 되지 못한다. 또한 불규칙적으로 발생하는 수익은 객관적인 표준수익이어야 하기 때문에 현재의 수익을 기초로 하되 과거와 장래의 수익을 감안하여 종합적으로 검토한다. 철거직전의 건물, 경제적 내용연수가 만료된 건물에서의 임대료 등은 정상적인 것이 못되며 임대용 부동산의 공실공가로 인한 통상적인 결손에 대하여도 고려가 있어야 한다.

(4) 안전, 확실한 것일 것

수익은 객관적이고 표준적인 수익이어야 하며 아울러 안전, 확실한 것이어야 한다. 감정 평가에서는 현재의 수익을 기초로 하되 감소가 확실시되는 경우의 수익은 그대로 채용하여서는 안 되고 예상된 수익증대는 확실하지 않는 한 이를 현재의 수익에 계상하지 말아야 한다.

(5) 합법적, 합리적으로 발생한 것일 것

수익의 발생이 어떤 투기나 붐에 의해 조성된 것이라든가 법령 또는 관습에 위반된 수익은 배제하여야 한다. 따라서 합법적, 합리적 절차에 따라 발생한 수익이어야 한다.

Ⅲ 순수익 등 산정방법[7]

1. 개설

순수익은 대상 부동산(임대용 부동산)으로부터 장래 기대되는 유효총수익에서 운영경비를 공제하여 산정한다. 여기서 유효총수익은 대상 부동산이 완전히 임대되었을 때 얻을 수 있는 가능총수익에서 임차자 전출입 등으로 인한 공실 및 대손충당금을 공제하여 구한다. 이러한 유효총수익에 대상 부동산을 운영하는 데 필요한 운영경비를 공제하면 순수익이 산정된다.

한편 세전현금흐름분석법과 세후현금흐름분석법을 적용하기 위해서는 순수익을 기초로 하여 저당지불액을 공제한 세전현금흐름과, 세전현금흐름에서 영업소득세를 공제한 세후현금흐름을 구하는 추가적인 절차가 필요하다.

---

7) 감정평가 실무기준 해설서(Ⅰ), 2014, p167~175

다만, 임대용 부동산이 아닌 일반 기업용 부동산의 경우에는 매출액에서 매출원가, 판매비, 일반관리비, 정상운전자금의 이자상당액, 기타 순수익을 산출하는 데 필요하다고 간주되는 금액을 공제하면 된다.

▼ 순수익, 세전현금흐름, 세후현금흐름의 계산과정

	보증금(전세금) 운용수익
+	연간 임대료
+	연간 관리비 수입
+	주차수입, 광고수입, 그 밖에 대상물건의 운용에 따른 주된 수입
	가능총수익(PGI : Potential Gross Income)
−	공실손실상당액
−	대손충당금
	유효총수익(EGI : Effective Gross Income)
−	운영경비(OE : Operating Expenses)
	순수익(NOI : Net Operating Income)
−	저당지불액(DS : Debt Service)
	세전현금흐름(BTCF : Before Tax Cash Flow)
−	영업소득세 등
	세후현금흐름(ATCF : After Tax Cash Flow)

2. 유효총수익의 산정

(1) 유효총수익

유효총수익은 가능총수익에서 공실손실상당액 및 대손충당금을 공제하여 산정한다. 유효총수익은 해당 부동산의 과거 또는 현재의 유효총수익을 파악하고, 비정상적이고 일시적으로 발생한 유효총수익에 대하여 정상적이고 지속가능한 상황을 가정한 조정이 필요하다. 유효총수익의 조정을 위해서는 부동산의 소득창출능력에 영향을 줄 수 있는 다양한 요인(이자율, 부동산의 경과연수, 공실률, GDP, 물가지수 등)에 대한 과거자료를 검토해야 한다. 또한 대상 부동산의 현재 이용상태에 대한 분석을 통해 현행 유효총수익 수준의 적절성 여부를 판단하고, 비정상적인 임대차계약에 의한 유효총수익의 증감 여부 역시 조사하여야 한다.

(2) 산정방법

1) 가능총수익(PGI : potential gross income)

가능총수익은 100% 임대 시 창출가능한 잠재적 총수익을 말한다. 이러한 가능총수익은 보증금(전세금) 운용수익, 연간 임대료, 연간 관리비 수입과 주차수입, 광고수입, 그 밖에 대상물건의 운용에 따른 주된 수입을 합산하여 구한다.

① 보증금(전세금) 운용수익

가능총수익을 구성하는 항목 중 하나로 임대료의 연체·미지불을 대비하기 위해 임차인이 임대인에게 입주 시에 일시불로 지불하는 보증금이 있다. 이때 보증금은 전세계약의 경우 전세보증금을 의미하며, 보증부 월세의 경우 보증금을 의미한다. 이러한 보증금을 가능총수익으로 처리하는 방법은 보증금에 보증금운용이율을 적용하여 보증금운용수익을 산정한 후 이를 가능총수익에 가산하는 것이다.

보증금운용이율의 적용과 관련하여 보증금은 임대차기간 만료 시 임차인에게 반환하여야 할 반환채무이므로 적극적인 운용이 곤란하기 때문에 국·공채수익률이나 정기예금이자율을 적용해야 한다는 견해와 요구수익률, 환원율 등을 적용해야 한다는 견해가 있다. 따라서 수익환원법 적용 시 보증금운용이율은 투자의 수익률, 전환율, 금리 등을 종합적으로 고려하여 결정해야 한다.

② 연간 임대료

임대료는 임차인이 임대가능공간을 임차하여 사용함으로 인하여 임대인에게 지불하는 금액으로, 수익환원법은 기본적으로 연간을 기준으로 기간을 설정하므로, 임대료의 지불이 월간 단위로 이루어지는 경우에는 매월 지불되는 월세를 합산하여 연간 임대료를 산정하면 된다.

③ 연간 관리비 수입

관리비는 전기료, 수도료, 관리비용 등과 같이 임차의 사용에 따라 발생되는 실제비용을 말한다. 우리나라의 경우에는 관리비의 부과가 실제발생비용보다 높게 부과되는 경우도 있다. 즉 임대인 입장에서는 임대료 자체는 낮게 제시하고, 관리비를 높게 책정하여 실질적인 임대료 상승을 꾀하기도 하는 것이다. 연간 관리비 수입은 부동산을 운영함에 따라 발생하는 비용의 지출에 사용되는 경우가 대부분으로 운영경비를 포함하고 있다. 따라서 순수익을 산정할 때 관리비 수입은 운영경비 항목으로 계상된다.

④ 그 밖의 수입

가능총수익을 산정할 때 주차수입, 광고수입, 그 밖에 대상물건의 운용에 따른 주된 수입을 가산해야 한다. 먼저 주차수입과 관련하여 부동산마다 주차장의 구체적인 운영방식에 차이가 있음에 주의해야 한다. 일반적으로 일정부분의 임대면적에 대하여는 무료주차가 제공되고, 초과분에 대하여는 유료로 운영되고 있다. 무료로 제공되고 있는 부분에 대하여는 수입으로 계상하지 않으나, 초과분에 대하여는 월

정액방식으로 주차료를 징수하고 방문차량에 대하여는 이용시간을 기준으로 하여 주차료를 징수하는 방식이다. 또한 임대면적에 비례하여 무료로 제공된 주차대수에 대한 주차료는 임대료에 반영되어 있기 때문에 별도의 주차장 수입을 고려할 필요가 없다. 그 외에 발생하는 수입으로는 광고수입 및 송신탑 임대수입, 공중전화, 자동판매기 장소임대료, 행사장 대여임대료 등이 있다.

2) 공실손실상당액 및 대손충당금

① 공실손실상당액

공실손실상당액은 공실로 인하여 발생하는 손실분을 계상하는 것이다. 공실은 임차자들의 정상적인 전출입이나 대상 부동산과 대체·경쟁 부동산의 수급변화로부터 발생한다.

기준시점 현재 공실이 전혀 없어 점유율이 100%라고 하더라도, 최소한의 공실률은 계상하여야 한다. 왜냐하면 현재 부동산의 점유율이 100%라고 하는 것은 지역사회에 어느 정도 충분한 수요가 있다는 것을 나타내는 것으로, 장래에 대상 부동산과 대체·경쟁이 될 수 있는 부동산의 공급을 예측할 수 있기 때문이다. 이러한 대체·경쟁부동산은 대상 부동산보다 신축건물이므로 시설, 디자인, 설계 등의 측면에서 우수할 것이고, 이에 따라 임차인의 이동을 예상할 수 있는 것이다.

② 대손충당금

대손충당금은 임차인이 임대차기간 중 임대료를 지급하지 아니할 경우를 대비하여 통상적으로 일정액으로 계상되며, 미국의 경우 기업회계에서는 이를 운영경비에 포함하나, 부동산회계에서는 가능총수익에 대한 정상적인 공제로 처리한다.

이러한 대손충당금은 임차인의 신용, 경제조건과 지역경제사정, 기존 임차인의 개량물 등에 의해 결정된다. 만일 신용도가 아주 좋은 임차인이라고 하더라도, 그 사업이 극히 위험한 사업이라면 평균 이상으로 대손충당금을 설정하여야 한다. 따라서 실제 임차인이 누구인지를 분석할 필요가 있는 것이다.

3. 운영경비의 산정

(1) 운영경비

운영경비는 부동산의 유지 또는 가능총수익의 창출을 위하여 정기적으로 지출되는 경비를 말한다. 운영경비는 두 개의 범주로 나눌 수 있다. 즉 고정비용과 변동비용이 그것이다. 고정비용은 빌딩의 임대점유 정도를 기준으로 하여 변동되지 않는 연간 비용, 즉 세금, 보험, 유지보수비용 등이다. 변동비용은 빌딩의 임대점유 수준과 관련하여 변동될 수 있는 비용이다.

(2) 운영경비 항목

1) 용역인건비 · 직영인건비

건물의 유지관리를 위하여 소요되는 인건비를 말한다. 청소를 위해 소요되는 비용이 이에 속하는데, 청소비에는 직영으로 하는 경우와 외부에 외주로 처리하는 경우가 있다. 직영으로 하는 경우에는 직영인건비, 외주인 경우에는 외부용역비, 쓰레기수거비, 소모품비 등이 해당된다.

인건비는 관리업무에 종사하는 직원의 근로제공에 대하여 지급하는 일체의 대가를 말한다. 명목에 관계없이 근로의 대가로 지급하는 것은 모두 인건비가 될 수 있다. 예를 들면, 관리직 직원의 급여, 상여금, 퇴직급여, 휴가비, 자녀교육비, 국민연금부담금, 의료보험료, 고용보험료, 산재보험료, 임시직원에 지급하는 급여 및 수당, 복리후생비 등이 해당된다.

2) 수도광열비

건물의 공용부분에 관련되는 수도광열비를 말한다. 수도광열비는 전기료, 수도료, 연료비 등의 공익비로서 이론상 임차인이 부담하여 경비에 계상되지 않는 항목이나, 우리나라의 경우 이를 임대인이 임차인으로부터 징수하여 납부하고 있다. 특히 전기료는 공용면적분과 임대면적분으로 나눌 수 있는데, 공용면적분은 복도조명, 승강기 등에 부과되는 경비이며, 임대면적분은 임대공간 안에서 소비되는 경비이다.

3) 수선유지비

① 일반관리비

일반관리비는 건물을 관리하기 위해 통상적으로 소요되는 관리비용을 말한다. 예를 들면, 소모품비, 비품의 감가상각액 등이 해당된다.

② 시설유지비

내외벽, 천장, 바닥 등의 보수와 부품대체비, 엘리베이터, 에스컬레이터 등 보수비 등이 해당된다. 관리비는 대상 부동산의 종류, 위치, 질 등에 따라 많은 차이를 보이고 있다. 또한 전체 가능총수익의 규모가 클수록 그 비율은 낮고, 작을수록 비율은 높아진다.

4) 세금 · 공과금

부동산에 대하여 부과되는 재산세, 종합토지세, 공동시설세, 도시계획세 등의 세금항목과 도로점용료, 과밀부담금, 교통유발부담금 등 공과금 등이 해당된다. 부동산임대소득에 대해 부과되는 세금(부동산임대소득세, 법인세 등), 부동산 취득 관련 세금(취득세, 등록세, 상속세, 증여세, 면허세 등) 및 부동산 양도 관련 세금(양도소득세, 특별부가세 등)은 제세공과금에 포함되지 않는다.

5) 보험료

보험료는 임대부동산에 대한 화재 및 손해보험료를 말한다. 이러한 보험료는 계약조건에 따라 소멸성과 비소멸성이 있으나, 대상 부동산을 임대차하기 위해서 필요한 경비를 운영경비에 계상하기 때문에 소멸성만이 이에 해당된다. 그러나 만기일에 원금을 회수하는 비소멸성 보험일 경우에도 연간불입액 중 회수금을 현가화하여 그 차액(소멸성)만큼 경비로 계상해야 한다.

6) 대체충당금

대체충당금은 본체보다 내용연수가 짧고 정기적으로 교체되어야 할 구성부분의 교체를 위하여 매기 적립해야 할 경비를 말한다. 주거용인 경우에는 냉장고, 세탁기, 가스레인지, 가구 등과 같은 가사용품 등이 대체충당금 설정 품목에 해당된다.

그러나 우리나라의 관행은 부동산의 보유기간 중 실제로 대체충당금에 해당하는 지출이 이루어진 경우에 이를 자본적 지출로 취급하여, 내용연수 동안 그 경비를 안분하여 건물부분의 감가상각비와 함께 취급하고 있다. 따라서 여기서 말하는 대체충당금은 대상 부동산의 효용이나 가치를 단순히 유지시키기 위한 수익적 지출로서 취급되는 것만을 의미한다. 그러므로 대상 부동산의 효용이나 가치를 증진시키는 경비는 자본적 지출로서 운영경비에 포함되는 것이 아니라 감가상각비 항목에 포함되어야 할 것이다.

7) 광고선전비 등 그 밖의 경비

광고선전비는 대상 부동산의 임대상황을 개선시키기 위한 광고선전 활동에 소요되는 비용을 말하는 것으로, 이러한 활동도 임대를 위한 활동의 범위 안에 포함시킬 수 있으므로 운영경비에 포함시켜야 한다. 그 밖에 임대부동산의 운영과 유지를 위해 소요되는 비용이 있다면 운영경비에 포함시켜야 한다. 이러한 예의 하나로 정상운전자금이자를 들 수 있다. 정상운전자금이자란 임대영업을 영위하기 위한 정상적인 운전자금에 대한 이자로, 임대수입의 수금일과 제 경비의 지출일이 불일치하게 됨에 따라 일정액의 운전자금이 필요하게 되는데, 예를 들어 조세공과의 일시납입, 종업원에 대한 일시 상여금 지급 등이 이에 해당한다.

(3) 운영경비 산정 시 유의사항

감가상각비는 고정경비이지만, 수익방식을 적용할 경우에는 실제 경비의 지출이 아니기 때문에 운영경비에 포함시키면 안 된다. 이는 시간의 경과에 따라 감가상각의 정도가 심한 부동산의 경우에는 총수익이 감소하게 되는데, 이에 감가상각비를 운영경비에 포함시켜 다시 총수익에서 공제하게 되면 이중계산이 되기 때문이다. 수익방식에서는 감가상각비의 처리를 총수익에서 공제하는 방법보다는 자본회수율을 감안한 환원율로 처리하는 것이 일반적인 방법이다.

임대차계약의 내용 및 대상물건의 종류에 따라 수익환원법 적용 시 포함하여야 할 운영경비 항목의 세부적인 내용은 달라질 수 있다는 점에 유의하여야 한다. 예를 들면, 수도광열비는 주거용 부동산의 경우에는 임대인의 경비에 해당하지 않으나, 일부 상업용 건물이나 월임대차(monthly lease) 또는 연임대차 형식으로 운영되지 않는 호텔, 모텔과 같은 일임대차(daily lease)의 경우에는 임대인의 경비로 처리되는 경우가 있다.

4. 세전현금흐름 및 세후현금흐름

(1) 세전현금흐름(BTCF : Before Tax Cash Flow)

할인현금흐름분석법을 적용하기 위해서는 순수익에 추가적인 조정을 하여야 한다. 먼저 세전할인현금흐름분석법에서는 순수익에서 저당지불액을 공제하여 세전현금흐름을 구하고, 세후할인현금흐름분석법에서는 세전현금흐름에서 소득세 또는 법인세를 공제하여 세후현금흐름을 구하게 된다.

1) 저당지불액(DS : Debt Service)

부동산은 일반재화와 달리 고가성 등으로 인하여 자기자본뿐만 아니라 타인자본을 필요로 한다. 타인자본에 대한 상환금을 저당지불액이라고 한다.

일반적으로는 원리금균등분할상환방식을 적용하여 매기 지불하여야 하는 저당지불액을 산정하고 있다. 감정평가 시 매기 저당지불액의 상환방식을 원리금균등분할상환인 경우에는 아래 산식과 같이 대출금액에 저당상수를 곱하여 산정하면 된다.

> 매기 저당지불액 = 대출금액 × 저당상수

2) 세전현금흐름

순수익에서 저당지불액을 공제하면 세전현금흐름이 된다. 세전현금흐름은 할인현금흐름분석법(DCF법)을 적용하여 지분가치를 구하는 데 활용된다.

(2) 세후현금흐름(ATCF : After Tax Cash Flow)

1) 소득세 또는 법인세

부동산 임대소득에 부과되는 세금으로는 소득세 또는 법인세가 있다. 부동산 임대소득에 대하여는 이자소득, 배당소득, 사업소득, 근로소득, 기타소득과 함께 종합소득으로 과세된다. 따라서 한계세율에 따라 특정 부동산에 대한 부동산 임대소득세가 달라지는 점이 있다.

2) 세후현금흐름

세전현금흐름에 소득세 또는 법인세를 공제하면 세후현금흐름이 된다. 세후현금흐름에 의거하여 수익가액을 산정하는 것이 이상적인 방법이나, 우리나라의 「소득세법」 체계 하에서는 소득세가 그 부동산의 소득창출능력뿐만 아니라 투자자의 한계세율에 따라 달라진다는 점 때문에 세후현금흐름을 이용하여 수익가액을 산정할 때에는 이러한 점을 고려하여야 한다.

5. DCF법 적용 시 기간 말 복귀가액의 산정방법

(1) 기간 말 복귀가액의 의의

① 기간 말 복귀가액은 보유기간 경과 후 초년도의 순수익을 추정하여 최종환원이율로 환원한 후 매도비용을 공제하여 산정한다. 즉, 투자부동산이 팔렸을 때 얻는 순현금에서 시장 관행에 따라 약1~3%의 매각처분비용을 감안하여야 한다.

② 이는 다음 투자자에게 장래 수익에 대한 권리를 파는 것으로 보면 된다. 이론상 그 가격은 미래가치에 대한 다음 매수자의 기대이익에 달려 있으므로 (n+1)기의 NOI를 자본환원하여 결정하는 것이 타당하다.

(2) 내부추계법

보유기간 경과 후 초년도의 순수익을 추정하여 최종환원율로 환원하여 재매도가치를 추계하는데 이러한 내부추계법의 논리는 부동산잔여법으로 대상 부동산의 잔여가치를 구하는 것과 같다. 따라서 DCF 분석법에서는 경제적 잔여법이라 부르기도 한다.

(3) 외부추계법

외부추계법은 가치와 여러 변수의 관계, 과거의 가치성장률 등을 고려하여 보유기간 말의 복귀가액을 산정하는 방법이다. 여기서 과거의 성장추계로부터 복귀가액을 산정할 경우에는 성장률과 인플레이션의 관계 등에 유의해야 한다.

Ⅳ 순수익 산정 시 유의사항

1. 최근사례수집

임대료의 경직성, 지연성으로 인해 순수익을 환원율로 환원하여 구한 수익가격은 원본과 과실의 관계에 있음에도 불구하고 과소 판정이 가능하므로 순수익의 기초자료로서 임대료는 최근 계약된 정상실질임대료를 기준으로 판정한다.

2. 최유효이용상태

토지잔여법을 적용하여 토지순수익을 산정할 때는 건물의 최유효이용의 상태를 상정하여 파악하여야 한다.

3. 장래동향파악

순수익은 장래의 기대 순수익이므로 단순히 과거의 사례를 그대로 적용하여서는 안 되고, 인근지역의 변화나 도시형성, 공공시설 정비상태 등의 수익에 영향을 줄 수 있는 장래 동향을 예측하여 정확히 판단하여 산정해야 한다.

4. 안정적 수익

순수익은 일시적 초과수익을 제외하는 개념으로서 이는 경쟁의 원칙하에서 판단하되, 특히 계약의 내용과 관련하여 공익비, 부가사용료 중 실비초과액은 수익발생이 안정, 확실, 지속가능한 경우 순수익의 범주 내로 포함시켜야 한다.

5. 회계학적 순수익과 구분

부동산 평가에서의 순수익은 회계학에서의 순수익과 구별된다. 따라서 손익계산서상 수입, 비용항목의 일부제외와 손익계산서에 반영이 안 되는 일부항목을 추가하여 순수익을 산정한다.

03 절 자본환원율 ▶기출 3회, 10회, 12회, 13회

Ⅰ 서

토지 등의 경제적 가치를 판정하는 감정평가 3방식은 가치발생 3인자와 가치의 3면성을 기준으로 성립된 방식으로, 이 중 수익성과 효용에 착안하여 성립한 수익환원법이란 대상물건이 장래 산출할 것으로 기대되는 순수익이나 미래의 현금흐름을 환원하거나 할인하여 대상물건의 가액을 산정하는 감정평가방법을 말한다.

자본환원이란 주식·채권 또는 부동산과 같은 자산에서 정기적으로 들어오는 배당금·이자 또는 임대료와 같은 예상수익을 일정한 율을 바탕으로 현재가치로 환산하고 그 현재가치를 모두 더함으로써 의제자본*을 산출하는 절차를 말하며, 자본화라고 표현하기도 한다.

(* 의제자본 : 과거의 생산활동에서 생긴 것이 아니라 장래의 생산활동으로 기대되는 수익을 통해 파악된 가상의 자본)

자본환원율이란 장래 발생할 예상수익을 현재가치로 환원하여 자본을 산출하는 데 사용되는 율을 의미하며, 일반적으로 환원율과 할인율로 구분된다.

Ⅱ 자본환원율 종류 및 성격

1. 종류

(1) 개별환원율과 종합환원율

개별환원율이란 토지와 건물이 각각 다른 환원율인 경우에 그 각각의 환원율을 말하며, 종합환원율이란 각각의 개별환원율을 토지와 건물의 가격구성비율에 따라 가중평균한 환원율을 말한다.

> 종합환원율 = (토지환원율 × 토지가격구성비) + (건물환원율 × 건물가격구성비)

(2) 상각전 환원율과 상각후 환원율

환원율에서 상각률(회수율), 즉 감가상각부분을 조정(배제)하지 않은 경우를 상각전 환원율이라 하고, 감가상각부분을 조정(배제)한 환원율을 상각후 환원율이라 한다. 환원율은 자본수익률과 자본회수율로 구성되어 있으며, 이때 자본수익률이란 투하자본에 대한 수익의 비율로서 상각후 환원율이나 할인율을 의미한다.

> 상각전 환원율 = 상각후 환원율 + 상각률(회수율)

(3) 세공제전 환원율과 세공제후 환원율

세금의 공제 여부에 따라 구분되는 경우로, 세금(법인세, 소득세)으로 인한 수익의 변동을 환원율에 반영하여 조정(배제)하지 않은, 즉 세율을 배제하지 않은 경우를 세공제전 환원율이라 하고, 세율을 배제한 경우를 세공제후 환원율이라 한다.

> 세공제전 환원율(세전 환원율) = 세공제후 환원율(세후 환원율) + 세율

(4) 구성부분 등에 따른 자본환원율

환원율은 부동산의 구성부분이나 현금흐름 유형 등에 따라 여러 가지로 나눌 수 있다. 물리적 구성부분에 따라 토지환원율, 건물환원율, 투자자본의 구성원천에 따라 지분환원율, 저당환원율로 나눌 수 있다.

2. 성격

(1) 장래이익을 현재가치로 환원하는 이율

부동산가치는 부동산의 소유에서 비롯되는 장래이익의 현재가치로 정의되는데, 이때 현재가치로 환원하는 이율이 자본환원율이다.

(2) 필수적 투자수익률

수익가격이 투자액의 의미를 지닌다면, 이때의 환원율은 투자액에 대한 최소한의 이익 보장을 전제로 하는 필수적 투자수익률이 된다.

(3) 가격의 폭을 가늠하는 지렛대 역할

자본환원율이 높으면 수익가액은 낮아지고 반대로 자본환원율이 낮으면 수익가액은 높아지게 되는 역의 관계에 있으므로 자본환원율은 가치의 방향과 폭을 가늠하는 지표 역할을 하게 된다.

(4) 자본화승수

자본환원율은 매년의 투자자로부터 얻어지는 미래 수익을 초기의 투자액과 일치시키는 자본화승수의 핵심요소가 된다.

Ⅲ 환원율 조정의 필요성

1. 순영업소득의 종류에 따른 필요성

순영업소득은 영속성 여부, 상각 또는 세공제 여부에 따라 구분되며, 대상수익의 종류에 따라 환원이율에서 자본회수 또는 세금효과를 반영해야 하므로 환원율의 조정이 필요하다.

2. 순영업소득 변동에 따른 필요성

순영업소득은 대상물건의 경제적 내용연수 또는 보유기간 동안 일정불변한 것이 아니라 정액 또는 정률로 증감하는 것이 타당한 경우가 있다. 이러한 경우 이를 가격에 반영하여야 하는데 순영업소득을 조정하기보다는 환원율을 조정하는 방법이 일반적이다.

3. 부동산 가치증감에 따른 필요성

기간 말 부동산의 재매도로 자본의 회수를 고려하는 경우 부동산의 가치가 증감되는 것은 자본회수율의 변동을 가져오므로 자본환원율 전체를 조정할 필요성을 가져온다.

Ⅳ 환원율과 할인율의 관계[8) ▸기출 27회

1. 의의

수익방식에서 사용하는 자본환원율은 크게 환원율(Capitalization rate)과 할인율(Discount rate)로 구분할 수 있는데, 환원율은 순수익을 기준시점의 경제적 가치로 환산하기 위하여 적용하는 적정한 율이고, 할인율이란 미래의 현금흐름을 현재가치로 환산하기 위하여 적용하는 수익률로 투자자가 어떤 투자안에 투자를 하기 위한 최소한의 요구수익률이다.

2. 공통점

환원율 및 할인율은 모두 부동산의 수익성을 표시하고 수익가액을 구하기 위해 사용한다. 또한 자본으로부터 발생하는 과실을 환원시켜 원래의 자본의 가치를 측정한다는 점에서 공통점이 있어 이론적으로 환원율에 의한 수익가액과 할인율에 의한 수익가액은 원칙적으로 동일하게 산출된다.

3. 차이점

(1) 대상소득

환원율은 한 해의 대표적인 순수익을 대상으로 하며, 할인율은 여러 해의 현금흐름(순수익, 세전현금흐름, 세후현금흐름)을 대상으로 한다.

(2) 성격

환원율은 한 해를 대상으로 하는 소득률(Income rate)이고, 할인율은 여러 해를 기준으로 하는 수익률(yield rate)이다.

(3) 활용[9)

환원율은 직접환원법의 수익가액 및 DCF법의 복귀가액을 산정할 때, 일정기간의 순수익에서 대상 부동산의 가액을 직접 구할 때 사용하는 율이며, 장래 수익에 영향을 미치는 요인의 변동예측과 예측에 수반한 불확실성을 포함한다.

할인율은 DCF법에서 어떤 장래시점의 수익을 현재시점의 가치로 환산할 때 사용하는 율이며, 환원율에 포함되는 변동예측과 예측에 따른 불확실성 중 수익예상에서 고려된 연속하는 복수기간에 발생하는 순수익과 복귀가액의 변동예측에 관계된 것을 제외한 것이다.

---

8) 안정근, 부동산평가이론(제14장 전통적 소득접근법), 양현사, 2013
　　(특강) 소득률, 수익률(노용호, 건대특강) / (특강) 종합환원율과 수익률(나상수)
9) 감정평가 실무기준 해설서(Ⅰ), 2014, p177~178

(4) 산정방법

환원율은 시장추출법·요소구성법·투자결합법·엘우드법·부채감당법 등을 사용하여 산정하고, 할인율은 시장추출법, 투자자조사법, 요소구성법 등을 사용하여 산정한다.

4. 양자의 관계

(1) 이론적 관계

이론적으로 환원율은 할인율과 자본회수율로 구성된다(환원율 = 할인율 + 자본회수율).

(2) 일치가능성

환원율과 할인율은 일치할 수 있다. 만약 환원율에서 기말가치 증분이 없다면 환원율에는 자본회수율이 "0"이 되고, 할인율 = 환원율이 된다. 환원율과 할인율은 특정상황에서 일치할 수도 있으나, 개념상 차이가 있으며 호환하여 사용할 수 있는 것이 아니라는 점에 유의해야 한다.

(3) 기간초의 가치와 재매도액과의 관계

기간초의 가치가 점점 하락하여 재매도 시 애초의 총투자액을 회수하지 못한다면 소득흐름의 일부는 자본회수에 충당해야 한다. 이때 환원율은 할인율보다 크며, 둘의 차이가 자본회수율이다.

그리고 기간초의 가치보다 재매도액이 크다면, 즉 보유기간 말에 부동산가치가 상승할 것이라고 기대하는 경우에는 환원율이 할인율보다 작고, 이때 회수율은 (-)가 된다. 이것은 다른 말로 매수자가 미래소득이나 가치가 상승할 것으로 기대하기 때문에 대상 부동산에 더 많은 금액을 지불하고자 한다는 의미이다.

V 결

환원율은 개략적인 방법으로 추정된 결과이므로 모든 부동산에 동일한 환원율로 적용되어서는 안 된다. 환원율의 작은 변동도 부동산가치에 큰 영향을 주므로, 지역, 업종 등에 따라 환원율이 다르게 적용되어야 한다. 환원율은 수익 가격의 정도를 좌우하는 중요 요소로서 그 산정 및 결정 방법에 있어서 현실 투자자의 행동 및 시장 행태를 반영할 수 있어야 한다.

◉ 소득률(Income rate)과 수익률(yield rate)

1. 개설

수익률(rate of return)은 소득률(income rate)과 수익률(yield rate)을 포함하는 개념으로, 평가가치의 신뢰성과 산출의 적합성 제고를 위해 이를 이해할 필요가 있다.

2. 소득률

(1) 의의

① 소득률이란, 한 해의 소득이나 여러 해의 안정적 평균소득을 가치와 비교한 비율이다.

② 단기에 적용된다.

③ 1년 또는 여러 해의 평균소득률이기 때문에 소득 및 경비의 안정화 과정을 거쳐 산정한다.

④ 자본수익률과 자본회수율로 구성된다.

(2) 종류

① 종합환원이율(RO : overall yield rate) : 한 해의 소득과 부동산가치의 비율을 의미한다. 자본수익률과 자본회수율로 구성된다.

② 지분환원이율(RE : equity capitalization rate) : 한 해의 세전현금흐름과 지분투자액과의 비율을 의미한다. 지분배당률, 현금흐름률, 또는 현금 대 현금수익률이라고도 한다.

③ 저당환원이율(RM : mortgage constant, 저당상수) : 부채서비스액과 저당대부액의 비율을 의미한다.

3. 수익률

(1) 의의

① 수익률이란 개별적 소득의 현가를 구하기 위하여 개별적 소득 흐름에 적용되는 비율이다.

② 복기에 적용된다.

③ 현재 시점에서의 투하자본과 미래수익의 현재가치를 갖게 만드는 내부수익률의 성격을 지닌다.

④ 자본회수율이 포함되지 않거나, 명시적으로 고려되지 않는다.

(2) 종류

① 이자율(i) : 대출금에 대한 수익률이다.

② 내부수익률(IRR) : 투하자본의 현재가치와 매기소득의 현재가치를 같게 만드는 할인율이다.

③ 종합수익률(YO) : 투하자본에 대한 수익률로서, 보유기간 중 NOI의 변화와 기말 복귀가격의 변동을 모두 고려한 내부수익률이다. 개념적으로는 지분수익률과 저당수익률의 가중평균이 된다.

④ 지분수익률(YE) : 지분투자액에 대한 수익률, 세전현금흐름 현가와 기말 지분복귀가격의 현가의 합을 지분투자액과 같게 만드는 지분투자자의 내부수익률이다.

⑤ 저당수익률(YM) : 저당대부액에 대한 수익률, 매기 부채서비스액 현가와 기말 미상환저당잔금의 현가의 합을 저당대부액과 같게 만드는 내부수익률이다.

04 절 환원율과 할인율의 산정방법[10] ▶기출 10회

〈감정평가 실무기준〉(400.3.4.1.4)

① 직접환원법에서 사용할 환원율은 시장추출법으로 구하는 것을 원칙으로 한다. 다만, 시장추출법의 적용이 적절하지 않은 때에는 요소구성법, 투자결합법, 유효총수익승수에 의한 결정방법, 시장에서 발표된 환원율 등을 고려하여 적절한 방법으로 구할 수 있다.

---

10) 안정근, 부동산평가이론(제14장 전통적 소득접근법), 양현사, 2013 / 감정평가 실무기준 해설서(Ⅰ), 2014, p179~181
최태규, 감정평가이론연습, 부연사
(특강) 수익환원법에서 환원이율을 구하는 방법에 관하여 논하시오(김갑열, 40점).
(특강) 수익환원법에서 자본환원율을 구하는 방법에 대해 설명하시오(노태욱, 15점).
(특강) 감정평가에 적용되는 환원이율의 산정방법(나상수)

② 할인현금흐름분석법에서 사용할 할인율은 투자자조사법(지분할인율), 투자결합법(종합할인율), 시장에서 발표된 할인율 등을 고려하여 대상물건의 위험이 적절히 반영되도록 결정하되 추정된 현금흐름에 맞는 할인율을 적용한다.
③ 복귀가액 산정을 위한 최종환원율은 환원율에 장기위험프리미엄·성장률·소비자물가상승률을 고려하여 결정한다.

▌I ▌ 환원율 산정방법(시조투엘부 유시)

1. 개설

수익가액의 적정성은 순수익, 환원율, 환원방법에 의하여 결정된다. 환원율은 그동안 관련규정이 없어 평가사의 판단에 의한 탄력적 적용이 가능한 반면, 환원율의 중요성을 감안할 때 명문의 근거가 요구되어 왔다. 감정평가 실무기준에서는 직접환원법에서 사용할 환원율은 시장추출법으로 구하는 것을 원칙으로 한다. 다만, 시장추출법의 적용이 적절하지 않은 때에는 요소구성법, 투자결합법, 유효총수익승수에 의한 결정방법, 시장에서 발표된 환원율 등을 검토하여 조정할 수 있다. 그 외 이론적으로는 엘우드법과 부채감당법이 있다.

2. 시장추출법

(1) 의의

시장추출법은 시장으로부터 직접 환원율을 추출하는 방법으로서 대상 부동산과 유사한 최근의 거래사례로부터 환원율을 찾아내는 방법이다. 시장에서 환원율을 추출하는 경우 사례부동산의 선정 시 위치나 지역이 유사해야 하며, 내용연수 및 상태나 질 등 물적인 유사성이 있어야 할 것이다.

> 환원율 = 사례부동산의 순수익 / 사례부동산의 매매가격

(2) 내용

1) 직접시장비교법(Direct Comparison method)

유사한 거래사례로부터 부동산의 환원율을 분석하여 이의 산술평균으로 대상 부동산의 환원율을 구하는 방법으로 풍부한 거래사례를 바탕으로 환원율을 결정하므로 실증적, 현실적, 객관적이다.

2) 투자시장 질적비교법(Market investment quality comparison method)

투자시장 질적비교법은 예상수익의 확실성, 경비비율, 부동산의 시장성, 가격의 안정성,

관리부담 정도, 경쟁건물의 건축 가능성 등에 일정한 점수를 부여하고 도출된 비교치를 적용하여 환원율을 구하는 방법이다.

(3) 장단점

시장성에 근거하므로 실증적이고 설득력이 있다. 반면, 우리나라 부동산시장은 거래정보의 비공개성으로 매매사례의 포착이 어렵고, 부동산관리의 개념 미정립으로 수익·경비의 분석작업이 용이하지 않아 시장추출법을 적용하기 어려우므로 현장조사에 충실을 기해야한다.

3. 요소구성법(조성법)

(1) 의의

요소구성법이란 무위험률을 바탕으로 대상 부동산에 관한 위험을 여러 가지 구성요소로 분해하고, 개별적인 위험에 따라 위험할증률을 더해감으로써 환원율을 구하는 방법이다. 무위험률로는 일반적으로 은행의 정기예금이자율, 3년·5년 만기 국채수익률 등을 사용할 수 있으며, 다양한 위험요소를 고려한 위험할증률은 시장에서의 표준적인 것을 적용하되, 대상물건의 지역적, 개별적 상태를 고려하여 결정해야 할 것이다. 위험할증률은 위험성, 비유동성, 관리의 난이성, 자금의 안정성 등을 참작한 것이라고 할 수 있다.

환원율 = 무위험률(순수이율) + 위험할증률

---

(2) 내용

1) 환원율은 '순수이율(무위험률)+위험할증률'로 구성된다.

2) 순수이율은 채무불이행의 위험이 전혀 없다고 판단되는 가장 안전한 투자이율을 말하는 것으로 국공채, 금융채, 정기예금이자율을 말한다.

3) 위험할증률(위비관자)

① **위험성** : 부동산이 발생하는 순수익은 수익발생의 불확실성, 시장성의 감퇴에 따라 수익의 발생이 불완전하다는 것으로 환원율에 '+'로 작용한다.

② **비유동성** : 부동산은 다른 금융자산에 비해 규모가 크고 비공개된 시장을 가지므로 매수인을 찾기 위해서는 장시간이 요구된다. 따라서 환금성이 약한 특징을 가지며 환원율에 '+'로 작용한다.

③ **관리의 난이성** : 예금, 주식 등에 비해 관리에 많은 시간, 비용이 소요된다는 것으로서 환원율에 '+'로 작용한다.

④ **자금의 안전성** : 부동산은 타재산에 비해 도난, 멸실, 화폐가치의 하락 등에 따른 원본가치 감소의 위험성이 적다는 것으로 환원율에 '-'로 작용한다.

(3) 장단점

이 방법은 구성요소를 분해하여 위험할증률을 가산하므로 이론적으로는 타당성을 가진다. 특히, 우리나라와 같이 불안정한 금융 및 저당대부가 일반적이지 못한 시장상황에서 유용하다. 그러나 환원율 결정과정에서 감정평가사의 주관개입 가능성이 지나치게 높고, 저당금융이 환원율에 미치는 영향을 전혀 고려하지 않고 있으며, 일반투자자들의 투자행태와 부합하지 못하다는 비판이 있다.

4. 투자결합법

(1) 의의

대상 부동산에 대한 투자자본과 그것의 구성비율을 결합하여 자본환원율을 구하는 방법으로 물리적 투자결합법과 금융적 투자결합법으로 나뉜다.

(2) 물리적 투자결합법

1) 의의

물리적 투자결합법이란 수익창출능력은 토지와 건물이 서로 다르며 이는 분리될 수 있다는 가정 아래, 전체 부동산가격 중에서 차지하는 토지가격 구성비율에 토지환원이율을 곱하고, 건물가격 구성비율에다 건물환원이율을 곱한 다음, 양자를 서로 합하여 종합환원이율을 산정하는 방법이다.

2) 산식

$$환원율 = \frac{토지가치}{토지가치 + 건물가치} \times 토지환원율 + \frac{건물가치}{토지가치 + 건물가치} \times 건물환원율$$

3) 장단점

잔여환원법에 대한 논리적 근거를 제공하고 오랫동안 사용되어 왔으나 부동산소득은 전체 부동산이 결합해서 창출되므로, 물리적 구성부분에 따라 나눌 수 없다. 그리고 토지수익률과 건물수익률이 서로 달라지는 부동산은 최유효이용에 있는 것으로 볼 수 없기 때문에 부동산평가원리에 위배되는 평가기법이라는 비판이 있다.

(3) 금융적 투자결합법

1) 의의

이자율합성법이라고도 하는데, 수익성 부동산은 일반적으로 지분투자액과 저당투자액으로 구성되는 것에 근거하는바, 일반적인 투자행태를 잘 반영하는 이론적이고 실무적인 방법이다. 저당투자자의 요구수익률과 지분투자자의 요구수익률이 서로 다르다는 것에 착안하여, 저당비율에 저당상수(또는 저당이자율)를 곱하고, 지분비율에 지분환원율을 곱한 후 이 둘을 합하여 구한다.

2) 산식

$$\text{환원율} = \frac{\text{저당액}}{\text{저당액} + \text{지분액}} \times \text{저당상수} \quad \frac{\text{지분액}}{\text{저당액} + \text{지분액}} \times \text{지분환원율}$$

3) 장단점

① 저당대부가 일반화되고 자본시장이 고도로 발달한 나라에서는 빈번히 사용되고 있다.

② 지분형성분, 가치변화분을 미고려하며, 비율에 의해 가중평균한다. 그리고 Ross의 투자결합법은 저당이자율을 환원율 결정에 사용함으로써 저당투자자의 자본회수가 미고려된다.

> ● Ross식 및 Kazdin식 비교
>
> 1) 산식
>
> ① Ross식
>
> $$R_0 = \frac{L}{V} \times I + \frac{E}{V} \times r_E$$
>
> (I : 저당이자율, r_E : 지분배당률, L/V : 타인자본구성비율,
> E/V : 자기자본구성비율)
>
> 이는 지분투자자는 지분배당률, 저당투자자는 저당이자율을 요구수익률로 한다. 그러나 저당대부에 있어 원금상환(자본회수)에 대한 고려가 없는바, 이는 자본환원율이 아니다.
>
> ② Kazdin식
>
> $$R_0 = \frac{L}{V} \times MC + \frac{E}{V} \times r_E$$
>
> (MC : 저당상수, r_E : 지분배당률)
>
> 이는 지분투자자는 지분배당율(세전현금수지/지분투자액), 저당투자자는 저당상수를 요구수익률로 하는바, 자본회수가 고려되어 있어 이에 의해 산출된 자본환원율은 종합환원율이다.

> 2) 적용
> 저당대부에 대해 Ross는 저당이자율, Kazdin은 저당상수를 적용한다. Ross의 방법은 저당자본의 회수를 고려하지 않으므로 저당자본에 대해 저당이자율을 사용하고 있으며 개량된 형태의 Kazdin의 방법이 주로 사용된다.

5. 유효총수익승수에 의한 결정방법

(1) 의의

환원율은 거래사례가격과 유효총수익을 바탕으로 한 유효총수익승수를 이용하여 구할 수도 있다. 여기서 유효총수익승수는 시장의 거래사례가격을 유효총수익으로 나눈 값으로, 거래사례가 활발하게 이루어지고 수익의 내역을 정확하게 파악할 수 있는 경우에 유용한 방법이다.

(2) 산식

$$환원율 = \frac{1-운영경비율}{유효총수익승수} = \frac{1-운영경비율}{거래사례가격/유효총수익} = \frac{유효총수익(1-운영경비율)}{거래사례가격}$$

$$= \frac{순수익}{거래사례가격}$$

6. 시장에서 발표된 환원율

(1) 의의

감정평가를 수행할 때 환원율을 직접 산정하지 않고 시장에서 발표된 환원율이 있는 경우 이를 활용할 수 있다. 시장에서 발표된 환원율은 대상이 되는 부동산 및 기간 등이 통일되어 있지 않은 경우가 많다. 따라서 환원율의 발표 주체, 적용 대상, 적용 기간 등에 대한 면밀한 검토가 선행되어야 한다.

(2) 유의점

시장에서 발표된 환원율은 대부분 과거시점으로부터 작성시점까지의 자료에 기반한 것으로, 장래 기대편익의 현재가치를 산정하는 감정평가에 적용하기 위해서는 세심한 주의를 기울여야 한다. 지역적인 격차가 발생하는 경우에는 적절한 보정이 이루어져야 하며, 현실적인 상황을 반영할 수 있도록 금융자산 등 대체·경쟁관계에 있는 자산들과의 비교도 필요하다. 그리고 시장에서 발표된 환원율은 일반적인 시장의 표준적인 수준을 나타내는 경우가 많으므로, 대상물건의 개별성을 반영할 수 있도록 추가적인 조정이 요구된다.

7. Ellwood법

(1) 의의

엘우드가 개발한 이 방법은 투자결합법을 대폭적으로 개량한 것으로, 자본환원율에 영향을 미치는 요소는 ① 매기간 동안의 현금흐름 ② 보유기간 동안의 부동산의 가치상승 또는 하락 ③ 보유기간 동안의 지분형성분이라 한다. 지분형성분이란 저당대부에 대한 원금과 이자를 정기적으로 지불함으로 인해서, 기간 말 지분투자자의 몫으로 돌아가는 지분가치의 증분을 의미한다. 이 방식은 NOI보다 BTCF를 분석함이 투자행태에 적합함을 강조한다.

(2) 산식

$$R_0 = y - \frac{L}{V} \times (y + p \times SFF - MC) \pm \frac{dep}{app} \times SFF$$

(y : 지분수익률, L/V : 대부비율, p : 기간말상환비율,
SFF : 이자율 y%, 기간 n년 동안의 감채기금계수, MC : 저당상수,
dep/app : 보유기간 동안의 가치하락률 또는 상승률)

지분수익률이란 투자로부터 기대되는 모든 세전현금수지의 현재가치를 지분투자액과 같게 만드는 내부수익률이다. 지분수익에는 매 기간 현금흐름과 기간 말 처분으로 인한 세전현금흐름이 있다.

(3) 장단점

투자자가 지불할 투자가치 계산이 가능하고, 부동산가격과 금융 간의 관계를 고려하고 있다는 점과 전형적인 보유기간과 부동산의 가치변화와 저당대부의 상환되는 몫을 지분형성으로 반영하고 있다는 점에서 우수하다. 그러나 부동산의 가치변화에 대한 평가주체의 주관개입, 세금이 부동산가격에 미치는 영향, 전형적인 투자자의 행태에 부합되지 않는다는 데에 비판이 있다.

8. 부채감당법(Gettel법)

(1) 의의

이 방식은 Gettel이 발표한 것으로 저당투자자의 입장에서 대상 부동산의 순수익이 과연 매 기간 원금과 이자를 지불할 수 있느냐 하는 부채감당률에 근거하여 종합환원율을 구하는 방법이다.

(2) 산식

$$R_0 = DCR \times \frac{L}{V} \times MC \ : \ DCR = \frac{NOI}{DS}$$

[부채감당률 = 순영업소득 / 부채서비스액 = 순영업소득 / (저당대부액 × 저당상수)
= 순영업소득 / (부동산의 가격 × 대부비율 × 저당상수)]

(3) 장단점

부채감당률법은 부동산 가치변화 등의 예측을 불요하므로 주관이 배제되고, 종합환원율을 객관적이고 간편하게 구할 수 있다는 장점이 있다. 그러나 대부비율이 적을 때에는 적정한 환원율을 산정하기 곤란하며, 부채감당률, 대부비율, 저당상수는 모두 대출자가 저당조건으로 중요시 여기는 요소들이라는 점에서 대출자의 입장에 지나치게 치우치고 있다는 비판이 있다.

Ⅲ 할인율의 산정방법

1. 개설

감정평가 실무기준상 할인현금흐름분석법에서 사용할 할인율은 투자자조사법(지분할인율), 투자결합법(종합할인율), 시장에서 발표된 할인율 등을 고려하여 대상물건의 위험이 적절히 반영되도록 결정하되 추정된 현금흐름에 맞는 할인율을 적용한다.

2. 투자자조사법(지분할인율)

(1) 의의

투자자조사법은 시장에 참가하고 있는 투자자 또는 잠재적 투자자를 대상으로 하여 할인율을 추정하는 방법을 말한다. 이때 투자자를 대상으로 한 설문조사 등을 토대로 공표된 자료가 있는 경우 이를 활용할 수 있으며, 감정평가법인등이 개별적으로 투자자 또는 잠재적 투자자를 대상으로 의견을 청취하여 구할 수도 있다.

(2) 유의점

① 공표된 자료의 경우에는 조사시점과 공표시점 간의 괴리로 인하여 할인율의 변동이 생길 수 있으므로 변동요인과 그 영향력 등에 대해 주의해야 하며, 의미 있는 변화요인이 포착될 경우에는 적절한 수정절차가 있어야 한다. 그리고 조사대상이 된 물건과 감정평가의 대상이 되는 물건 간에 지역적, 개별적 격차가 발생한 경우에는 필요에 따라 보정하여야 한다.

② 한편 감정평가법인등이 개별적으로 투자자 또는 잠재적 투자자를 대상으로 의견을 청취하는 경우에는 청취 대상의 선정에 주의를 기울여야 한다. 특정 집단을 대상으로 하는 경우 편의(bias)가 발생하여 감정평가의 결과가 왜곡될 수 있으므로, 시장참가자들의 행태를 정확하게 반영할 수 있는 표본의 선정이 특히 중요하다.

3. 투자결합법(종합할인율)

(1) 의의

투자결합법은 대상 부동산에 대한 투자자본과 그것의 구성비율을 결합하여 할인율을 구하는 방법으로서, 물리적 투자결합법과 금융적 투자결합법으로 나뉜다.

(2) 물리적 투자결합법

물리적 투자결합법은 토지와 건물의 구성비율에 각각 토지할인율과 건물할인율을 곱하고, 이들을 합산하여 할인율을 구한다.

$$\text{할인율} = \frac{\text{토지가치}}{\text{토지가치}+\text{건물가치}} \times \text{토지할인율} + \frac{\text{건물가치}}{\text{토지가치}+\text{건물가치}} \times \text{건물할인율}$$

(3) 금융적 투자결합법

금융적 투자결합법은 저당투자자의 요구수익률과 지분투자자의 요구수익률이 서로 다르다는 점에 착안한 것으로, 할인율은 저당비율에 저당상수를 곱하고, 지분비율에 지분할인율을 곱한 후 이들을 합하여 구한다.

$$\text{할인율} = \frac{\text{저당액}}{\text{저당액}+\text{지분액}} \times \text{저당할인율} + \frac{\text{지분액}}{\text{저당액}+\text{지분액}} \times \text{지분할인율}$$

4. 시장에서 발표된 할인율

(1) 의의

환원율과 마찬가지로 할인율 또한 할인율을 직접 산정하지 않고 시장에서 발표된 할인율이 있는 경우 이를 활용할 수 있다.

(2) 유의점

① 시장에서 발표된 할인율은 대상이 되는 부동산 및 기간 등이 통일되어 있지 않은 경우가 많으므로, 발표 주체, 적용 대상, 적용 기간 등에 주의해야 한다.

② 또한 시장에서 발표된 할인율은 대부분 과거의 자료에 기반하여 산정되기 때문에 장래 기대편익의 현재가치를 산정하는 감정평가에 적용하기 위해서는 세심한 주의를 기울여야 한다. 지역적인 격차가 발생하는 경우에는 적절한 보정이 이루어져야 하며, 현실적인 상황을 반영할 수 있도록 금융자산 등 대체·경쟁관계에 있는 자산들과의 비교도 필요하다. 그리고 시장에서 발표된 할인율은 일반적인 시장의 표준적인 수준을 나타내는 경우가 많으므로, 대상물건의 개별성을 반영할 수 있도록 추가적인 조정이 요구된다.

III 실무상 환원율 및 할인율 결정 시 유의사항

환원율 및 할인율은 감정평가 대상물건과 대체상품으로서 수익성이 있는 기타 자산과 밀접한 관계를 맺고 있다. 따라서 자산 수익률, 금융시장의 환경 그리고 거시경제적인 변수 등을 고려해야 할 것이다. 타 자산 수익률로는 회사채 수익률, 국채 수익률, 리츠 수익률, 주식 수익률, 각종 금융상품 수익률 등을 참고할 수 있으며, 금리 추세 등 금융환경의 변화 그리고 GDP성장률, 소비자물가지수 상승률 등의 거시경제적인 상황에 따른 부동산시장의 변동요인도 파악해야 한다. 또한 환원율 및 할인율은 평가 대상물건이 속한 지역, 용도, 유형, 상태 등에 따라 다양하게 나타날 것이므로, 대상물건의 지역요인 및 개별요인 등을 면밀하게 검토하여 결정해야 한다.

심화논점

01 절 소득접근법의 발달과정에서 나타난 3대 논쟁[11]

I 서

소득접근법이란 부동산의 수익성에 기초하여 장래 기대되는 순수익을 환원율로 환원하여 부동산 시장가치를 추계하는 방법이다. 소득접근법은 가격의 수익성에 근거하여, 대체의 원칙, 예상의 원칙을 근거로 한다. 부동산가치는 장래 기대되는 이익의 현재가치인바 소득접근법은 부동산가치 개념에 부합하는 방식이다.

소득접근법의 역사적 발달과정에서 자본회수율, 분석대상, 환원대상수익에 대한 중요한 논쟁이 있었고, 이는 평가방식의 한계극복을 통해 객관성, 신뢰성 확보를 위한 노력들로 평가이론을 대폭적으로 수정하는 중대한 계기를 제공하게 되었으며, 특히 소득접근법은 투자자의 전형적인 시장행태 반영에 용이하여 평가목적뿐만 아니라 투자기법으로까지 발전하였다.

II 자본회수율에 대한 논쟁

1. 개설

자본회수율을 감채기금계수를 사용하느냐 또는 자본회수율을 따로 정하지 않고 저당상수를 바

---

11) 안정근, 부동산평가이론(제13장 소득접근법의 발달과정), 양현사, 2013

로 건물의 자본환원율로 해야 하느냐에 관한 논쟁이다. 즉, 이 논쟁은 자본회수분을 어디에 어떠한 수익률로 재투자할 것인가의 문제이다.

2. Hoskold의 상환기금법(Hoskold법)

광산기술자였던 Hoskold는 광산평가에 있어 매장량이 한정된 경우, 투하자본을 회수하여 기간 말에 광산에 재투자할 수 없음을 착안하여 자본회수율은 안전율을 적용한 상환기금율을 사용할 것을 주장하였다. 자본회수액은 위험이 없는 안전한 분야에 재투자되고 건물환원율은 안전율과 투자율이라는 분리된 환원율을 적용해야 한다고 주장하였다.

3. O'Donahue의 연금법(Inwood법)

건물환원율은 자본회수율을 따로 정할 필요 없이 자본수익률을 적용한 저당상수로 결정하여 복리현가계수의 역수로 환원율을 사용한다면, 투자자본에 대한 수익률을 제한 나머지를 원금 상환에 사용하므로 별도의 자본회수율을 결정할 필요가 없음에 착안하여 Inwood가 주장한 연금법사용을 주장하였다.

4. 결론 및 평가

① 양자의 차이는 재투자를 부동산이 아닌 다른 부분에 할지, 전형적인 부동산에 할지의 차이이다.

② 부동산의 소득흐름은 연금법과 유사하고 회수자금은 전형적인 부동산에 재투자되며 감채기금법은 자본회수에 관한 일반적인 관행인 점증적 자본회수를 반영하는 것이 아니라는 관점에서 투자자의 행태에 부합하는 연금법이 타당하다는 결론이다.

③ 상기 논쟁은 부동산 평가수학의 복리개념에 대한 이해부족에 연유한 것으로 감채기금법은 광산 등의 소모성 자산에는 여전히 유용하다.

④ 따라서 소득흐름, 투자행동 등 상황에 따라 상기의 방법을 적용, 판단하여야 할 문제이다.

Ⅲ 물리적 분석법 대 금융적 분석법

1. 개설

부동산의 창출소득을 토지·건물이라는 물리적 구성부분에 할당할 것인지, 저당·지분이라는 금융적 구성부분에 할당할 것인지에 대한 논쟁으로 이는 분리환원율에 관한 논쟁이다.

2. 물리적 분석법

토지와 건물의 위험도가 다르므로 별도의 환원율은 적용시켜야 한다는 데 근거하여 부동산의 NOI를 건물소득과 토지소득으로 나누어 건물소득은 건물수익률과 자본회수율을 합한 환원율로, 토지소득은 바로 토지수익률로 환원하여 가치를 추계한다. 대표적으로 잔여환원법이 있다.

3. 금융적 분석법

(1) 물리적 분석법에 대한 비판

① **소득추계** : 부동산소득은 토지, 건물결합상태에서 창출되는바 이는 시장행태와 부적합하며 실무상 주관개입가능성이 크다.

② **위험추계** : 부동산에 대한 위험이 토지는 안전, 건물은 위험하다는 견해에 대한 비판이 있다.

③ **균형의 원칙 위배** : 토지와 건물의 적절한 균형이 이루어져야 최유효이용이 된다.

④ 전형적인 투자자는 NOI에서 DS를 지불하고 남은 나머지(BTCF)에 대한 수익률에 관심이 있다.

⑤ 소득이 토지, 건물로 분리되어 회계처리되지 않으므로 분리환원율을 지지할 시장증거가 희박하다.

(2) 금융적 분석법의 도입 및 발전

① Ross : 저당이자율과 지분배당율을 그 구성비율대로 결합하여 최초로 금융적 투자법을 제시하였다.

② Kazdin : 저당이자율 대신 저당상수를 사용하여 저당투자자의 지분회수를 고려한다.

③ Ellwood : 투자결합법의 시장형태와 맞지 않는 가정을 비판하고 보유기간 동안의 매 기간 순영업소득과 지분형성, 지분투자에 대한 요구수익률, 보유기간 말의 부동산가치변동을 고려한다.

④ 그 후에 DCF분석법에 대한 computer모형이 일반화됨에 따라 더욱 발전하였다.

4. 평가

객관성, 현실성이 있는 가치 추계를 위해 평가이론의 발달추세는 시장거래의 특성과 투자자의 행태를 보다 정치하게 반영할 수 있는 평가발달로 이어지며 수익성 부동산의 가치평가에 있어 금융적 측면의 고려는 당연하다.

Ⅳ 직접환원법(= 소득환원법) 대 할인현금흐름분석법

1. 개설

P. Wendt가 할인현금흐름분석법을 제창함에 따라 논쟁이 시작되었다. 소득환원법은 안정화된 순영업소득에 적절한 자본환원율을 적용시켜 대상 부동산의 가치를 추계하는 방법이며, 할인현금흐름분석법은 여러 해의 세후현금흐름을 일정한 세후수익률로 할인하여 부동산의 가치를 추계한다.

2. 논쟁의 초점

(1) 가치 추계의 대상수익 : 세금신분의 문제

① 가치 추계의 대상소득을 순영업소득을 기준으로 하느냐 세후현금흐름을 기준으로 하느냐의 문제로 소득환원법에서는 순영업소득을, DCF법에서는 세후현금흐름을 중요시한다.

② DCF의 경우 투자자의 세금신분에 따라 부동산의 가치가 달라진다는 비판을 받았으나 부동산의 수요층은 특정계층이므로 전형적인 세율을 적용할 수 있다고 반박하였다.

(2) 가치 추계의 기준기간

① 소득환원법은 하나의 기간에 대한 안정화된 순영업소득을, DCF법은 전형적인 보유기간 동안의 여러 기간의 현금흐름을 기준으로 한다.

② 소득환원법은 잔존내용연수 동안 순영업소득을 추계하기 위한 예측과정과 다시 안정화된 NOI를 산출하는 두 가지 과정을 거치는 이중적 오류발생가능성이 있으나, DCF법은 안정화 없이 비교적 단기간에 전형적인 보유기간 동안만 현금흐름을 예측하므로 오차의 가능성이 적다.

3. 논쟁의 결론

소득환원법은 미래의 소득 예측, 그리고 안정화된 순영업소득의 도출이 필요한바 이중적 오류가능성이 있다. 반면에 할인현금흐름분석법에서는 비교적 단기인 전형적인 보유기간만 예측(예측오차를 줄임)한다는 점, 부동산 세제를 고려하고 전형적인 투자자의 행태에 부합한다는 점에서 할인현금흐름분석법이 타당하다.

V 결

상기의 논쟁들을 통해 발전되어 온 수익환원법은 감정평가 3방식 중 그 이론적 근거가 가장 강하고 그동안 지속적으로 연구, 발전이 이루어져 왔다. 다만, 우리나라의 경우 세계경제위기를 거치면서 부동산 증권화와 더불어 수익환원법의 중요성이 부각되고 있으나, 자료의 부족 및 시장의 불완전성으로 금융적 분석법에 의한 접근이 늦었고, 특히 할인현금흐름분석법도 초기단계에 있는바, 수익환원법 적용을 위한 D.B 구축 및 연구로 보다 발전시켜 나가야 할 것이다. 또한 감정평가사는 대상 부동산의 가치에 대한 직관적 예언자 내지는 판정자가 아니라 평가이론을 실무에 적용하는 사회과학자 내지는 경영과학자임에 유의하여 자료수집, 금융분석, 위험분석, 확률분석, 타당성 분석 등에 정통할 필요성이 있고 이들을 유용하게 사용하기 위해 컴퓨터 사용에도 능통할 수 있어야 한다.

02 절 첨가해야 할 지출항목과 삭제해야 할 지출항목

일반기업회계의 영업경비와 부동산평가회계의 영업경비는 상이하다. 일반회계기록을 부동산회계로 처리하기 위하여 첨가하여야 할 지출항목과 삭제해야 할 지출항목을 설명하시오.[12]

I. 서

II. 첨가해야 할 지출항목
1. 개요
2. 첨가해야 할 지출항목(수대공관재유)
(1) 공실 및 불량부채에 대한 충당금
(2) 예상되는 연간 수선비
(3) 관리비
(4) 재장식비 및 유지비
(5) 장비 및 비품에 대한 대체준비금

III. 삭제해야 할 지출항목
1. 개요
2. 삭제해야 할 지출항목(개부소소저감)
(1) 저당지불액
(2) 소유자급여 · 인출금 계정
(3) 소득세
(4) 개인적 업무비
(5) 부가물 · 증치물
(6) 감가상각비

IV. 결

I 서

부동산 평가를 목적으로, 주어진 기준에 따라 대상 부동산의 수지를 회계처리하는 것을 부동산평가회계라 한다. 순영업소득은 어떠한 지출항목을 영업경비로 취급하느냐에 따라 달라지는데, 부동산평가회계에서는 부동산과 직접 관계가 있는 지출만을 영업경비로 인정하므로, 일반회계에서 영업경비로 인정되지 않는 것이 있고 그 반대의 경우도 있다. 따라서 일반회계기록을 부동산회계로 처리하기 위해서는 몇 가지 지출항목을 가감할 필요가 있으며, 또한 영업경비를 안정화시키는 작업도 병행되어야 한다.

II 첨가해야 할 지출항목

1. 개요

일반회계의 영업경비 항목을 조정하는 것은 진정한 의미에서의 시장가치를 구하기 위함이므로, 부동산의 시장가치의 형성과 직접적으로 관련 없는 항목을 삭제하고, 관련 있는 항목은 삽입해서 영업경비를 조정해야 한다.

---

12) 안정근, 부동산평가이론(제14장 전통적 소득접근법), 양현사, 2013

2. 첨가해야 할 지출항목(수대공관재유)

(1) 공실 및 불량부채에 대한 충당금

현재 점유율이 100%라 하더라도 평가사는 그것을 기준으로 유효조소득을 계산해서는 안 된다. 현재 점유율이 높다는 것은 충분한 수요가 있다는 것을 뜻하므로 새로운 유사부동산이 가까운 시기 내에 공급될 수도 있다. 따라서 대상 부동산은 기존의 다른 부동산하고만 경쟁관계에 있는 것이 아니라 미래의 부동산과도 경쟁관계에 있는바 평가사는 일정비율의 공실률을 계산하여 안정유효조소득을 산정해야 한다.

(2) 예상되는 연간 수선비

최근에 수선비 명목으로 경비가 지출된 적이 없다고 하면 이것은 수지명세서상에는 나타나지 않는다. 그러나 부동산이 기능적 효율성을 계속적으로 수행하기 위해서는 건물의 수명 동안 수선비는 계속적으로 지출되어야 한다. 따라서 평가사는 건물의 경제적 수명 동안 예상되는 합리적인 수선비를 계산하여 이것에 대한 평균 수선비를 매년의 회계기록에 계상해야 한다.

(3) 관리비

전형적인 투자자는 자신들이 직접 부동산을 관리하는 것이 아니라, 일반적으로 부동산 관리자를 고용하여 관리하므로, 관리비는 부동산 운영의 필수적 경비이고, 비록 소유자가 직접관리를 담당한다 하더라도, 적정한 관리비를 계상하여 영업경비에 포함하여야 한다.

(4) 재장식비 및 유지비

재장식비나 유지비도 해당 연도에 발생하지 않았다면 수지명세서상에 나타나지 않을 것이나, 수익성 부동산은 이러한 경비지출이 다른 유형의 부동산보다 상대적으로 빈번한 편이므로 반드시 계상해야 한다.

(5) 장비 및 비품에 대한 대체준비금

대체준비금이란 정기적으로 교체를 해야 하는 수명이 짧은 동산 항목에 대한 연간 평균비용을 말한다. 명목상의 모든 대체준비금이 영업경비로 취급되는 것은 아니다. 대체준비금 중 대상 부동산의 효용이나 가치를 단순히 유지시키기 위한 것은 영업비지출로 취급되어 경비항목에 포함되나, 대상 부동산의 효용이나 가치를 증진시키는 부가물이나 증치물을 설치하기 위한 대체준비금은 자본비지출로 취급되어 영업경비에 포함되지 않는다.

Ⅲ 삭제해야 할 지출항목

1. 개요

① 아래의 다섯 가지 지출항목은 수익성 부동산의 운영과는 직접적인 관계가 없는 것이므로, 영업경비의 지출항목에서 제외하여야 한다. ② 특히 소유자가 직접 운영하는 부동산의 회계기록을 검토할 경우 유의해야 한다.

2. 삭제해야 할 지출항목(개부소소저감)

(1) 저당지불액

대부조건은 개별부동산의 상태나 차입자의 신용상태에 따라 차이를 보이게 되므로, 영업경비에 포함시키게 되면, 유사부동산일지라도 저당대부가 있느냐 없느냐 또는 저당조건이 좋으냐 나쁘냐에 따라 순영업소득이 달라지게 되고 그에 따라 시장가치도 달라지게 된다.

(2) 소유자급여 · 인출금 계정

인출금 계정이란 소유자가 개인적으로 사용하는 비용이나 자신의 급여 등을 처리하기 위해 만들어 놓은 계정으로 부동산의 운영과 직접적 관련이 없는 개인적 업무비는 영업경비에 포함되지 않는다. 그리고 소유자 자신에 대한 급여는 관리비로 처리된다. 따라서 인출금을 영업경비에 포함시키는 것은 이중계산이 될 가능성이 많으므로 제외되어야 한다.

(3) 소득세

① 소득세에는 법인세와 개인소득세가 있는데, 이를 영업경비에 포함시키면, 소득창출능력에 따라 부동산가치가 결정되는 것이 아니라, 개인이나 기업의 세율이나 법인의 형태에 따라 부동산가치가 달라진다는 결과를 초래한다. 소득세는 개인이나 기업의 투자가치에는 영향을 주지만, 대상 부동산의 시장가치에는 영향을 주는 것이 아니다.
② 재산세는 부동산과 직접 관계가 있으므로 영업경비에 포함시킨다.

(4) 개인적 업무비

대상 부동산의 운영과 직접적인 관계가 없는 개인적인 업무비는 영업경비의 지출항목에서 제외하여야 한다. 그러나 개인적인 성격을 띤 것이라고 하더라도, 부동산 운영에 관계있는 업무비 지출은 영업경비에 포함될 수 있다. 예를 들어, 전문협회나 부동산 세미나에 참석하는 비용이 그것이다.

(5) 부가물 · 증치물

① 부동산의 효용이나 가치를 단순히 유지시키는 지출은 영업경비지출로 영업경비에 포함되지만, 이것을 증진시키는 지출은 자본비지출로 취급되어 영업경비에 포함되지 않는다.

② 부가물은 추가로 덧붙여진 부분을, 증치물은 가치나 유효수명을 증진시키는 시설이나 물리적 변화로, 그 비용은 자본적 지출로 취급되어 영업경비에 포함되지 않는다.

③ 만일, 자본적 지출을 영업경비에 포함시키면, 순영업소득이 줄어들게 되어 부가물이나 증치물이 설치됨으로써, 부동산의 가치가 오히려 하락할 것으로 나타나는 모순이 발생한다.

(6) 감가상각비

소득접근법에서의 감가상각비는 미래에 대한 감가상각으로서, 감가상각비를 영업경비에 포함시키는 것은 과거에 대한 감가상각이 된다. 따라서 소득접근법에서는 감가상각비를 영업경비로 취급하지 않고 환원율을 조정하여 감가상각의 문제를 처리한다.

Ⅳ 결

① 유효조소득에서 영업경비를 제하면 순영업소득이 되고, 이에 적절한 자본환원율을 적용함으로써 시장가치로 전환된다.

② 일반회계상의 영업경비를 부동산회계에 맞게 수정하는 것은, 부동산의 진정한 시장가치를 구하기 위함이며, 따라서 시장가치의 형성과 직접 관련이 없는 항목은 삭제하고, 관련이 있는 항목은 삽입해서 영업경비를 조정하는 것이다.

03 절 운영경비에 감가상각비가 포함되지 않는 이유

Ⅰ 개요

토지와는 달리 건물은 시간의 흐름에 따라 가치가 감소하는 상각자산으로, 매 기간 순영업소득의 일부는 건물가치에 대한 자본회수분을 포함하고 있어야 한다. 먼저, 이를 처리하는 두 가지 방법을 살펴보고 운영경비에 감가상각비가 포함되지 않는 이유를 설명한다.

Ⅱ 수익환원법에서 감가상각비 처리방법

1. 순영업소득을 조정하는 방법

조소득에서 영업경비를 제하여 순영업소득(NOI)을 추계하는바, 운영경비에 감가상각비를 포함시켜 상각후 순영업소득을 구하여 처리하는 방법이다.

2. 자본환원율에서 조정하는 방법

① 자본환원율이 자본수익률과 자본회수율로 구성되어 있다고 보고, 감가상각비를 자본회수율로 처리하는 방법이다.
② 여기에는 직선법, 호스콜드법, 인우드법이 있다.

3. 검토(자본환원율 조정방법의 우수성)

최근에는 자본회수율을 조정하는 방법이 미래에 대한 감가상각의 반영으로 금융적 사고방식과 동일 논리를 지녀 보다 논리적인 방법으로 인정받고 있다.

Ⅲ 운영경비에 감가상각이 포함되지 않는 이유

1. 미래에 대한 감가상각(자본회수의 의미)

장래 기대되는 순수익은, 장래의 총수입에서 이에 대응하는 운영경비를 공제함으로써 구해지는데, 감가상각의 경우 미래에 대한 감가상각을 구하지 않는 한, 이미 발생한 감가상각액으로 장래수입에 대해서 차감할 수가 없기 때문에 운영경비에 포함되지 않고, 장래에 대한 자본회수로 처리한다.

2. 이중계산의 오류방지

상각자산은 시간이 지남에 따라서 감가상각의 정도가 심하게 되어 부동산 수익이 줄어드는데, 감가상각을 운영경비로 처리하여 총수에서 차감하면 이중계산의 우려가 있다.

3. 대체투자의 성격

감가상각비는 건물의 효용유지를 위한 것이 아니라, 기간 말 건물의 대체투자를 위한 것이므로 운영경비에 포함시킬 수 없다.

04 절 기대수익률 · 요구수익률 · 실현수익률[13]

I 개설

II. 수익률의 종류
  1. 기대수익률
  2. 요구수익률
  3. 실현수익률

III. 각 수익률 간의 관계
  1. 기대수익률과 요구수익률의 관계(투수가기)
  2. 기대수익률과 실현수익률

I 개설

수익률(rate of return)은 부동산 투자에 대한 의사결정을 하는 데 있어 가장 중요한 변수의 하나로, 수익률이란 투하된 자본에 대한 산출의 비율을 말하며, 흔히 기대수익률 · 요구수익률 · 실현수익률을 들고 있다.

II 수익률의 종류

1. 기대수익률(expected rate of return)

① 기대수익률이란 투자로부터 예상되는 예상수입과 예상지출을 토대로 계산되는 수익률이다.
② 가령 어떤 토지를 현재 5,000만원에 사서, 일 년 후 비용을 제하고도 5,500만원에 팔 수 있다면, 이것에 대한 기대수익률은 10%가 된다.

2. 요구수익률(required rate of return)

① 요구수익률이란 투자에 대한 위험이 주어졌을 때, 투자자가 대상 부동산에 자금을 투자하기 위해 충족되어야 할 최소한의 수익률을 말한다.
② 요구수익률은 시간에 대한 비용과 위험에 대한 비용을 포함하여 투자에 수반되는 위험이 클수록 요구수익률도 커지고 있다.

3. 실현수익률(realized rate of return)

① 실현수익률이란 투자가 이루어지고 난 후에 현실적으로 달성된 사후적 수익률(after-the-fact rate of return)이다.

---

13) 안정근, 부동산평가이론(제14장 전통적 소득접근법), 양현사, 2013

② 5,000만원에 구입한 토지가 1년 후에 6,000만원에 팔렸다면 20%의 실현수익률이 달성되었다고 한다.

Ⅲ 각 수익률 간의 관계

1. 기대수익률과 요구수익률의 관계(투수가기)

① 투자자는 기대수익률과 요구수익률을 비교함으로써 투자결정을 한다. 즉, 투자로부터 기대되는 수익률이 요구수익률보다 클 경우 투자를 하게 된다.

② 가치와 수익률과의 관계를 보면, 시장가치의 산정 시에는 기대수익률이 사용되며, 투자가치 산정 시에는 투자의 위험이 반영된 요구수익률이 사용된다.

③ 시장이 균형상태에 있다면, 양 수익률은 일치한다. 즉 「기대수익률 < 요구수익률」이라면, 투자감소 → 수요감소 → 가치하락 → 기대수익률이 증가하므로 결국 양자가 같아지는 선에서 균형을 형성한다(투수가기).

2. 기대수익률과 실현수익률

투자의 성과분석은 기대수익률과 실현수익률로 가능하다. 기대수익률은 투자 이전의 예상수익률인 데 비해, 실현수익률은 투자가 이루어지고 난 후에 실제로 달성된 사후적 수익률이라는 차이가 있다.

05 절 자본회수방법으로서의 직선법, 연금법, 상환기금법의 공통점과 차이점 [14] ▶기출 12

Ⅰ 서

부동산에 투자되는 자본 중에서도 상각되는 자산에 투입된 자본은 할인현금흐름법 등에서와 같이 부동산 재매도처분으로 단 한번에 회수될 것으로 가정하지 않는다면, 회수방법이 결정되어야 할 것이다. 따라서 이러한 자본의 회수방법으로 연구된 방법론이 직선법, 상환기금법, 연금법이며, 이 방법들로 산정된 자본회수 비율은 자본의 수익률과 결합되어 자본의 환원율을 결정하게 되는 것이다.

소득접근법에서의 환원방법은 소득률과 수익률에 따른 구분, 어떤 소득을 환원하느냐에 따른 구분, 투하자본의 회수방법에 따른 구분으로 나누어진다. 사실상 직선법, 상환기금법, 연금법은 환원방법이라기보다는 회수방법으로 분류되는 것이 타당하다.

Ⅱ 각 방법의 개념

1. 직선법(= 직선환원법, 직선회수법)

직선법은 상각전 순수익을 상각후 환원율에 상각률을 가산한 상각전 환원율로 환원하여 수익가액을 구하는 방법이다. 직선법은 순수익과 상각자산의 가치가 동일한 비율로 일정액씩 감소하고 투자자는 내용연수 말까지 자산을 보유하며, 회수자본은 재투자하지 않는다는 것을 전제한다.

---

14) (특강) 수익환원법에서 환원방법을 결정할 때 주의하여야 할 점과 직접법, 직선법, 연금법, 상환기금법은 무엇인가를 기술하시오(김태훈, 40점). / (특강) 수익환원법 중 Inwood 방식과 Hoskold 방식을 비교 설명하라(서동기, 15점).

2. 상환기금법(= 감채기금환원법, Hoskold 방식)

상환기금법은 상각전 순수익을 상각후 환원율과 축적이율 및 내용연수를 기초로 한 감채기금 계수를 더한 상각전 환원율로 환원하여 수익가액을 구하는 방법이다. 상환기금법은 자본회수분을 안전하게 회수할 수 있는 곳에 재투자하는 것을 가정하여 해당 자산에 대한 상각후 환원율보다 낮은 축적이율에 의해 이자가 발생하는 것을 전제한다.

3. 연금법(= 평준연금환원법, Inwood 방식)

연금법은 상각전 순수익을 상각후 환원율과 상각후 환원율 및 내용연수를 기초로 한 감채기금 계수를 더한 상각전 환원율로 환원하여 수익가액을 구하는 방법이다. 연금법은 매년의 상각액을 해당 사업이나 유사사업에 재투자한다는 가정에 따라 상각후 환원율과 동일한 이율에 의해 이자가 발생한다는 것을 전제로 하고 있다.

Ⅲ 각 방법의 비교

1. 공통점

(1) 적용대상 및 환원방식

모두 상각자산을 포함하는 복합부동산의 평가에 적용되며, 상각률을 고려한 환원율을 이용하는 유기환원방식, 즉 잔존내용연수 동안 환원한다.

(2) 순수익 및 환원율

상각전, 세공제전 순수익을 환원하며, 순영업소득을 조정하지 않고 환원율을 조정하여 자본회수하는 방법이다.

2. 차이점(축산가대)

(1) 재투자이율의 차이

① 직선법은 재투자를 고려하지 않으므로 재투자이율은 '0'이 된다.
② 상환기금법은 이종산업(안전성이 높은 정기예금 등)에 재투자를 가정하므로 재투자이율은 안전율(축적이율)이다.
③ 연금법은 동종산업에 재투자함을 전제로 하므로 매년 상각액이 종합환원율과 동일한 이율로 이자가 발생한다고 보아 재투자이율은 동종의 수익률이 된다.

(2) 평가가격

① 연금법의 재투자이율(r) > 상환기금법의 재투자이율(i) > 직선법의 재투자이율(0)

② 따라서 평가가격은 연금법 > 상환기금법 > 직선법이다.

(3) 적용대상

① 직선법은 순수익이 건물수명에 따라 점차 감소되는 부동산에 적용된다. 즉, 이미 경쟁력이 쇠퇴하고 있는 부동산, 수요에 비해 공급이 포화상태인 부동산, 영업경비가 상승하는데도 불구하고 장기임대차 계약에 의해 임대료가 고정된 부동산에 적용된다.

② 상환기금법은 소모성 자산에 한정적으로 사용한다. 즉, 고정임대료로 장기임대차에 공여한 부동산, 매년 일정량을 생산할 수 있는 광산, 산림 평가 시 적용된다.

③ 연금법은 재투자로 수명연장이 가능한 부동산, 즉 어장, 슈퍼 및 장기임대차부동산, 순영업소득 흐름이 연금의 성격이 강한 부동산, 임대료 가산조항이 포함된 부동산 평가 시 사용된다.

Ⅳ 결

자본회수방법은 ① 상각의 유, 무에 따라 직접법과 다른 방법이 구별되고 ② 상각부분에 이자가 발생하는가에 따라 직선법과 기타방법이 구별되고 ③ 상각부분에 대한 이자율 크기에 따라 연금법과 상환기금법이 구별되나, 결국 3방식은 위의 차이만 존재할 뿐 기본사고는 동일하다. 자본회수법의 차이에 따라 대상 부동산의 평가가치가 달라질 수 있다. 소득접근법의 평가가치는 종합환원율에 매우 민감하다. 세 가지 방법에 의한 종합환원율은 연금법의 경우가 가장 작다. 따라서 연금법에 의할 때 평가가치가 가장 크게 나타난다.

평가의뢰인은 평가가치가 높게 나타나는 방법을 선호할 수 있다. 그러나 평가방법의 선택이 평가사의 주관에 좌우되어서는 곤란하다. 평가사는 대상 부동산의 성격과 소득의 흐름을 면밀히 조사하여, 각 방법이 가지고 있는 가정에 가장 잘 부합되는 방법을 선택해야 한다.

▼ 세 가지 자본회수법의 비교[15]

(i = 6%, r = 10%, n = 50년)

구분	토지환원율	건물환원율	종합환원율	순영업소득	평가가치
직선법	0.1	0.12	0.115000	4,000	37,783
상환기금법	0.1	0.103444	0.102583	4,000	38,993
연금법	0.1	0.100859	0.100644	4,000	39,744

---

15) 안정근, 부동산평가이론 제6판, 양현사, 2013

06 절 정적 DCF와 동적 DCF

Ⅰ 동적 DCF의 개념

동적 DCF법은 미래환경의 변동성을 변수로 감안하여 투자결정 또는 가치평가를 하는 방법을 말한다. 즉, 상업용 부동산과 같은 임대용 부동산의 가치를 산정하는 동적 모형에서, 미래 임대료는 불확실하며, 확률과정으로 설명할 수 있다는 것이다.

Ⅱ 수익환원법 적용 시 예측정밀도의 중요성

수익환원법을 적용할 때에 가장 중요시 되는 것은 장래를 어떻게 예측할 것인가 하는 것이다. 이는 『원본과 과실의 상관관계』, 『부동산의 경제가치와 부동산의 효용』과의 사이에 있는 법칙을 따르면, 장래의 원본가격을 규정하는 것은 과실인 순수익이다. 따라서, 순수익 부분의 예측정밀도를 어떻게 상승시킬 것인가는 정적 DCF법에 있어서의 큰 과제인 것은 틀림없다. 그러나 실제 장래예측이란 과거에 일어난 것은 장래에도 일어날 수 있다고 해서 예측을 행하는 것이지만, 지금까지 일어나지 않았던 것이 역사상 처음으로 일어나지 않는다고도 할 수 없다. 물론 그러한 현상의 발생 확률은 사실상 제로로 취급하는 것이 당연하므로, 무시하고 있는 것뿐이다. 즉, 장래라고 하는 것은 확률만으로 밖에 이야기할 수 없는 것이다.

Ⅲ 수익환원법 적용 시 불확실성을 인식하는 방법

수익환원법으로 장래예측에 대한 불확실성을 인식하는 방법으로서, 순수익을 조정할 것인가, 할인율을 조정할 것인가로 구별할 수 있는데, 주로 할인율을 조정하는 방법이 일반적이다. 그것은 순수익에 관해서 합리적인 예측을 한 뒤, 그 실현에 대한 리스크를 할인율에 반영하여 수익가격을 요구하는 방법이다. 즉 할인율에 기대치로서 순수익이 안고 있는 리스크를 계량하고, 프리미엄을 가산하지 않으면 안 된다. 결국, 정적 DCF법에 있어서는 순수익을 어떻게 예측할 것인가 하는 문제 이외에, 거기에 대응하는 할인율에 리스크 프리미엄을 어떻게 할 것인가 하는 이중의 문제가 있다.

Ⅳ 정적 DCF의 문제점

일반적으로 정적 DCF법은 미래 현금흐름을 현재가치로 평가하는 방식으로, 순현재가치나 내부수익률 등의 개념이 중요시되나, 불확실성에 의한 현금흐름의 변동위험에 관하여는 충분히 반영하지 못하는 취약성이 있다. 이에 반하여 동적 DCF법은 현재 가치를 산정하는 과정의 변수를 확률변수로 인식하고, 이를 몬테카를로 시뮬레이션 등의 기법을 활용하여 현금흐름상의 불확실성을 고려하는 방법이다.

수익환원법으로 장래 예측에 대한 불확실성을 인식하는 방법으로서, 순수익을 조정할 것인가, 할인율을 조정할 것인가로 구별할 수 있는데, 주로 할인율을 조정하는 방법이 일반적이다. 그것은 순수익에 관해서 합리적인 ① 예측을 한 뒤, ② 그 실현에 대한 리스크를 할인율에 반영하여 수익가격을 요구하는 방법이다. 즉 할인율에 기대치로서 순수익이 안고 있는 리스크를 계량하고 프리미엄을 가산하지 않으면 안 된다. 결국 정적 DCF법에 있어서는 순수익을 어떻게 예측할 것인가 하는 문제 이외에, 거기에 대응하는 할인율에 리스크 프리미엄을 어떻게 할 것인가 하는 이중의 문제가 있다.

> **● 환원율과 할인율의 차이점**
>
> 환원율은 직접환원법의 수익가액 및 DCF법의 복귀가액을 산정할 때, 일정기간의 순수익에서 대상부동산의 가액을 직접 구할 때 사용하는 율이며, 장래수익에 영향을 미치는 요인의 ① 변동예측과 ② 예측에 수반한 불확실성을 포함한다. 반면, 할인율은 DCF법에서 어떤 장래시점의 수익을 현재시점의 가치로 환산할 때 사용하는 율이며, 환원율에 포함되는 ① 변동예측과 ② 예측에 따른 불확실성 중 수익예상에서 고려된 연속하는 ③ 복수기간에 발생하는 순수익과 ④ 복귀가액의 변동예측에 관계된 것을 제외한 것이라는 차이점이 있다.

Ⅴ 동적 DCF의 개선안

이론적으로는 각각의 부동산이 획득하는 수익과 그에 필요로 하는 비용 각 항목의 안정성을 계량하고, 적절하게 할인율에 반영시킬 필요가 있다. 그렇지만, 실무상 그것이 곤란하기 때문에, 기껏해야 유사 부동산의 시장에 있어서의 시장추출률로부터 유추되는 할인율을 참고로 하는 정도로 만족할 수밖에 없는 것이 현실이다.

설명력 향상의 의미에서는 할인율에 리스크를 고려하는 방법보다는 「분자측」의 순수익에 모든 리스크를 반영시키는 방법이 보다 유효하다. 그때 채택하는 할인율은 말할 필요도 없이 무위험이자율이 된다. 동적 DCF법에서는 ② 불확정요소를 모두 ① 순수익 예측에 반영시키므로, 할인율에는 무위험이자율을 채택하는 것이 타당할 것이다.

또한, 동적 DCF의 고유한 문제로서 확률변수로서 순수익을 얻을 수 있는 분포와 그 변동폭에 대해서도 숙지해야 한다. 변동폭을 잡는 것이 동적 DCF법에 있어서 중요한 요소이며, 결과적으로 도출되는 수익가격도 일정한 폭을 가지므로, 감정평가액을 단일가격으로 표시하는 것 뿐만 아니라 일정 구간으로서 제시하는 것도 감정평가사의 업무라고 생각되기 때문이다.

시장가치의 개념요소 중 성립될 가능성이 가장 높다고 인정되는 대상물건의 가액은 전형적인 매수자들이 제시하는 대상 부동산에 성립될 가능성이 가장 많은 가격이라는 것이다. 가장 높다고 인정된다는 것은 '성립될 가능성이 있는 가격 중에서 가장 대표성이 있는 가격'을 의미하며, 이는 확률적 개념을 반영하고 있다. 이때, 확률적 개념은 정규분포 등 확률분포가 포함된 개념으로 이해할 수 있을 것이다.

07 절 실물옵션

Ⅰ 실물옵션의 의의

기존의 정적인 감정평가방법으로는 미래의 상황변화에 따른 의사결정의 변경가능성, 즉 신축성을 무시하기 때문에 실제 상황을 충분히 반영하지 못하는 단점이 있다. 실물옵션 방법론은 이러한 사업의 변동성을 핵심변수로 감안하여 유연하고 동적인 투자전략을 평가해주는 방법론이라고 할 수 있다.

Ⅱ 실물옵션의 특징

1. 불확실성 측면

부동산과 관련해서는 불확실성이 매우 높다. 최근 금융시장을 필두로 하여 불확실성의 정도가 상당히 높은 수준을 보이고 있다. 이러한 현상은 금융시장뿐만 아니라 타 분야에서도 찾아볼 수 있는바 부동산시장이 그러하다. 단적으로 외환위기와 미국 서브프라임과 같은 사태, 정부의 잦은 정책 변경이 불확실성을 높이고 있다. 특히 부동산개발사업의 경우 개발 이후의 수요 및 가격의 변동성으로 인하여 개발사업 자체에 일정수준의 불확실성이 존재한다.

2. 비가역성 측면

부동산과 관련해서는 비가역성이 뚜렷하게 나타난다. 부동산은 일반적으로 많은 자금이 투입되고 이후 운영과 유지에도 상당한 자금이 소요된다. 특히 부동산개발사업은 초기에 막대한 자금이 투입되고 장기간에 걸쳐 지속적인 자금이 투입되어야 하는 자본집약적인 특성을 지닌다. NPV법에서는 투자 철회로 투자금액을 회수할 수 있고 투자금액을 회수할 수 없는 경우에는 투자를 지금 당장 하거나 아니면 결코 실행할 수 없다고 가정한다. 그러나, 현실적으로 시설투자나 부동산개발에서는 투자를 실행한 후 철회할 수 없으며, 투자의 실행이 반드시 현재 이루어져야 하는 것은 아니고 상황에 따라 연기할 수 있다. 즉, 의사결정자는 투자를 연기할 수 있는 투자기회를 가지고 있는데, 이러한 점에서 실물옵션의 활용가치는 매우 크다.

3. 유연성 측면

부동산과 관련해서는 다양한 유연성이 존재한다. 즉, 연기, 확대, 축소, 포기, 전환 등 전략적 선택을 할 수 있는 다양한 유연성이 존재한다. 의사결정자는 다양한 전략을 수립할 수 있고 그에 따른 선택권의 가치를 창출할 수 있다. 이러한 선택권의 가치를 평가할 수 있는 방법이 바로 실물옵션이다.

III 실물옵션의 종류 및 장단점

1. 이항옵션모형

기초자산의 가격이 이산적으로 변하며 그 변동은 두 가지(상승 또는 하락)로 한정되며, 위험중립이라는 가정하에 옵션의 가치를 계산하는 모형이다.

이항모형은 복잡한 수리계산과 통계기법을 사용하지 않고도 쉽게 계산할 수 있고 이해하기 용이하다는 장점이 있다. 반면, 이항모형은 기초자산의 가격변화가 상승과 하락이라는 두 가지 경우로만 이루어진 비현실적인 가정에 기초하고 있다는 단점이 있다.

2. 블랙숄즈모형

유럽식 콜옵션의 가격을 도출하기 위한 모형으로 무배당 주식과 콜옵션을 적절히 결합하면 무위험 포트폴리오는 구성할 수 있다는 점에서 착안하여, 무배당 주식의 콜옵션을 대상으로 차익거래의 기회가 없는 균형가격을 찾아내는 모형이다.

블랙숄즈모형은 변수를 대입하기만 하면 옵션가치를 쉽게 산정할 수 있다는 장점이 있다. 다만, 이 모형을 도출하고 이해하려면 고도의 수학적 지식과 통계기법을 이해해야 한다는 단점이 존재한다.

Ⅳ 실물옵션 관련 논점

1. 기업가치 감정평가 시 실물옵션 적용

> ● 옵션평가모형 적용 시 유의사항 및 장단점
>
> **1. 옵션평가모형 적용 시 유의사항**
> 각 의사결정의 합리성이나, 신뢰성 등에 대한 고려가 이루어져야 한다.
>
> **2. 옵션평가모형의 장점 및 단점**
> 1) 옵션평가모형의 장점
>   경영관리상의 의사결정에 따른 유연성을 평가에 반영한다는 논리로서 현실적 불확실성을 고려하여, 이를 기초로 실질적인 기업의 의사결정에 따른 미래 현금흐름과 투자비용을 가치에 반영할 수 있다는 장점이 있다.
> 2) 옵션평가모형의 단점
>   기업의 경영주체 또는 의사결정의 방법에 따라 감정평가금액이 달라지는 문제가 발생하며 경우에 따라 수 개의 감정평가액이 제시됨으로써 평가정보이용자들에게 혼란을 야기할 수도 있다는 단점이 있다.

2. 재건축사업에 있어서 매도청구소송 감정평가 시 실물옵션 적용 가능성

실물옵션의 특징과 관련하여 불확실성과 비가역성 및 유연성이라는 점을 재건축사업에 있어서의 특징과 연관지어주면 된다. 재건축사업은 다양한 사업절차로 인해 불확실성이 크며, 공사가 착공되는 경우 원상복구가 어렵다. 또한, 사업진행과 관련한 조합원의 다양한 선택권을 반영할 수 있다는 점에서 실물옵션 적용 가능성이 있으므로, 실물옵션의 특징과 재건축사업의 절차를 연관지어주면 된다.

감정평가 3방식의 확장 및 응용

Ⅰ 서

조소득승수란 매매가격을 연간조소득으로 나눈 값이다. 이것은 매매가격이 조소득의 몇 배나 되는가를 나타내는 승수이다. 조소득승수를 사용하여 대상 부동산의 시장가치를 추계하는 방법을 조소득승수법(Gross Income Multipliers Method)이라고 한다. 여기에는 다시 어떠한 조소득을 사용하는가에 따라 가능조소득승수법과 유효조소득승수법으로 나누어진다.

조소득승수법은 일반적인 수익방식과는 달리, 장래 예상되는 편익을 현재가치로 환원해서 시장가치를 구하는 것이 아니라는 사실을 명심해야 한다. 즉, 조소득승수법은 과거의 시장가격과 과거의 조소득이라는 역사적 자료를 이용해서 대상 부동산의 가치를 구한다는 것이다. 대상 부동산의 소득을 분석한다는 점은 수익방식과 유사하지만, 과거의 역사적 자료를 이용한다는 점에서는 비교방식과 유사하다.

가능조소득승수(PGIM) = 가격/가능조소득 유효조소득승수(EGIM) = 가격/유효조소득	대상 부동산가격 = 대상 부동산 가능조소득 × 가능조소득승수 = 대상 부동산 유효조소득 × 유효조소득승수

---

[1] 안정근, 부동산평가이론(제17장 조소득승수법), 양현사, 2013

$$1) \ 환원율 = \frac{순영업소득}{시장가치} = \frac{조소득 \times (1 - 영업경비비율)}{조소득 \times 조소득승수} = \frac{1 - 영업경비비율}{조소득승수} = \frac{1 - OER}{GIM}$$

$$2) \ 월조소득승수 = \frac{매매가격}{월임대료} = \frac{매매가격}{연임대료/12} = 연조소득승수 \times 12$$

① 연조소득승수 : 대규모수익성 부동산 등 장기계약 위주의 부동산

② 월조소득승수 : 단독주택이나 아파트 등 단기계약 위주의 부동산

Ⅱ 전제조건 및 적용대상

1. 전제조건(필시대장)

① 부동산의 시장가격과 조소득은 동일시장의 영향을 받으며, 시장 변화에 대응하여 양자는 공히 동일방향으로 동등한 비율로 변동해야 한다.

② 대상 부동산 및 사례부동산의 조소득을 구성하는 공실률, 경비비율 등 필요제경비 비율은 일정해야 한다.

③ 대상 부동산 및 사례부동산의 조소득은 가까운 장래에는 변동이 없어야 한다.

④ 사례부동산의 거래가격과 임대료는 대상 부동산의 그것과 대체·경쟁의 관계에 있어야 한다.

⑤ 비교매매사례는 인근지역의 유사부동산의 최근 것이며 지역시장의 추세를 충분히 반영하고 있어야 한다. 특별한 시점수정 과정이 없기 때문이다.

2. 적용대상

① 임대용 단독주택, 소규모임대용 아파트, 농업용 부동산, 창고용 부동산과 같이 영업경비나 순수익의 추계가 어려운 부동산이나, 임대와 매매가 빈번히 이루어지는 부동산이 적합하다.

② 임대용 아파트와 같이 규격화되어 있는 부동산이나 일정한 규모로 건축되어 분양된 동일 업종의 상가, 소득의 기준이 단순한 모텔 등의 숙박시설과 임대용으로 건축한 사무실용 부동산에 적합하다.

Ⅲ 조소득승수의 변동요인(공매 유금연 소임)

1. 개설

시장에서 가치와 조소득의 관계가 밀접하게 형성되어 있고, 조소득승수가 적정하게 산정될 수 있다면, 조소득승수법은 유용한 수단이 된다. 그러나 현실에서는 조소득승수는 여러 가지 요인에 의해 변화한다. 따라서 평가사는 평가에 있어 조소득승수가 어떤 요인에 의해 변동될 수 있는지를 확인하여야 한다.

2. 공실률

대상 부동산이나 유사부동산이 비정상적인 공실률을 보이고 있을 경우에 조소득승수법은 시장 가치를 왜곡되게 추계할 수 있다. 평가사는 정상적인 공실률을 보이고 있는 유사부동산에 관한 매매사례를 분석하여, 조소득승수를 추계해야 한다. 대상 부동산의 공실률이 시장의 전형적인 공실률보다 낮을 경우에는 시장가치는 과대평가되며, 반대의 경우에는 시장가치는 과소평가된다. 이 같은 문제는 가능조소득승수 대신에 유효조소득승수를 사용하면 해결할 수 있다.

3. 매매시점

유사부동산의 선택에는 매매시점도 충분히 고려해야 한다. 시간이 지날수록 임대료 상승, 영업경비변동, 자본환원율의 변화 등 시장가치에 영향을 주는 요인들이 변화할 가능성이 많으므로 보통 1년 이내의 사례자료를 활용한다. 만약, 1년 이상 된 자료를 분석에 포함시킬 경우 시장가치의 시간대별 변화추세가 조소득승수에 반영될 수 있도록 조정해야 한다.

4. 부동산의 유형

유사부동산은 대상 부동산과 같은 유형의 비슷한 특성을 가진 부동산이어야 한다. 공업용 부동산으로부터 도출된 조소득승수를 상업용 부동산에 적용할 수는 없다. 또한, 같은 유형의 부동산이라고 할지라도, 특성이 서로 다른 부동산에 이것을 적용할 수는 없다.

5. 금융조건

경험적인 연구에 의하면, 부동산의 매매가격은 여러 가지 금융조건에 의해 영향을 받는다. 금융조건이 좋은 부동산은 시장가치가 높게 평가된다. 만약 비정상적인 금융조건을 가지고 있는 매매사례로부터 선정된 조소득승수를 대상 부동산에 적용한다면, 잘못된 시장가치를 추계하는 셈이다.

6. 부동산의 경과연수

소득접근법에서 감가상각을 자본회수의 문제로 처리해서 자본환원율을 조정하고 있다. 그러나, 조소득승수법은 과거의 가격을 가지고 대상 부동산의 가치를 추계하기 때문에 조소득승수를 조정해서 감가상각의 문제를 처리하는 것은 논리적 모순이 있다. 그러므로 대상 부동산과 유사한 정도의 감가상각을 보이는 부동산으로부터 조소득승수를 도출해야 한다.

7. 소득의 질

조소득승수를 추출할 때, 유사부동산의 소득의 질을 충분히 고려해야 한다. 즉, 조소득이 안정적인지 그렇지 않은지를 판단해야만 한다. 부동산소득의 안정성은 대상 부동산의 유형이나 위치에 따라 많은 차이를 보이고 있다. 따라서 평가사는 유사부동산의 자료를 소득의 질적 측면에서도 면밀히 검토할 필요가 있다.

8. 임차자서비스

대상 부동산은 경쟁부동산과 임대료뿐만 아니라, 임차자서비스도 경쟁대상이 된다. 명목상 임대료가 같다고 하더라도, 임차자서비스가 질적으로 차이가 있다면 결코 같은 임대료를 지불한다고 볼 수 없기 때문이다. 따라서 평가사는 대상 부동산과 동일한 수준의 임차자서비스를 제공하고 있는 유사부동산으로부터 조소득승수를 도출해야 한다.

Ⅳ 조소득승수법의 장단점

1. 장점

① 신뢰성이 있는 거래사례와 임대사례가 풍부할 경우, 평가사의 주관개입을 최소화할 수 있다는 점에서 설득력이 있고 객관성이 있는 가격이 산출된다.
② 적절한 사례가 풍부한 경우에는, 거래사례비교법과 같은 각 부동산 간의 보정작업의 필요성을 극소화할 수 있다.
③ 임대료가 가격에 직접적으로 반영된다.
④ 단독주택 등 수익환원법의 적용이 곤란할 경우 조소득에 근거한 조소득승수법이 적용된다.
⑤ 다른 평가방법의 보조수단으로 유효하게 활용할 수 있다.

2. 단점

① 단순히 조소득을 근거로 투자결정을 하는 것은 아니므로, 투자자의 일반적인 시장행태와는 거리가 있는 평가방법이다.
② 부동산시장은 불완전하므로 지가, 건축비의 상승과 임대료의 상승이 정확하게 일치한다고 볼 수 없다.
③ 임대료의 통제 등이 있는 경우에는 임대료와 거래가격이 같은 비율로 변동하지 않는다.
④ 임대부동산의 거래가 활발하지 않고 신뢰할 수 있는 거래사례와 임대사례가 충분하지 않으면, 이 방법의 채용은 불가능하다.

> **● 총임료승수법(GRM법)과 총수익승수법(GIM법)[2]**
>
> 1. **총임료승수법**(GRM법)(Gross Rent Multipliers Method) : 총임료승수(GRM)는 비교 가능한 부동산 매매가격을 그 부동산이 가져다주는 총임료로 나누어 도출되는 숫자로, 총임료승수법(GRM법)은 총임료승수(GRM)를 총임대료에 곱하여 부동산가격을 산출하는 방법이다.
> 2. **총수익승수법**(GIM법)(Gross Income Multipliers Method) : 총수익승수(GIM)는 비교 가능한 부동산 매매가격을 그 부동산이 가져다주는 총수익으로 나누어 도출되는 숫자로, 총수익승수법(GIM법)은 총수익승수(GIM)를 총수익에 곱하여 부동산가격을 산출하는 방법이다.

---

2) (특강) 총수익승수와 총임료승수란 무엇이며, 총수익승수법과 총임료승수법에 관하여 상술하시오(김태훈, 30점).

3. 양자의 비교
① GIM에는 총임료 이외에 부동산에 귀속하는 수익을 가산한다.
② 주택 등에 있어서는 총임료 이외에 다른 수익을 산출하는 일은 거의 없으므로 일반적으로 주거용 부동산에는 총임료승수를 사용하고, 수익성 부동산에는 총수익승수를 사용한다.

Ⅴ 결

영미국가와 같이 부동산의 임대기간이 장기간이며 완전소유권과 임대권이 분리되어 인식되는 부동산 권리체계가 정착된 국가에서는 부동산의 소득과 가치가 일정부분 연동되어 움직일 수 있을 것이다. 그러나 우리나라의 임대계약기간은 통상 2년을 넘는 경우가 거의 없으며 임대료 또한 소유권자의 변동과 함께 변동되는 것이 보통이다. 이러한 현실적 제약과 부동산 시장의 불안정성은 승수법에 의한 부동산 평가를 우리나라에서 사용하기 어렵게 한다. 따라서 조소득 승수법에 의한 가격이 다른 방법에 의한 가격에 비하여 정도가 낮을 수 있으며 단지 검증·보조수단이나 예비적 추계절차로 사용함이 더 바람직할 것이다.

▶ 부동산의 가치와 조소득승수와의 관계(안정근)

1. 부동산의 가치와 임대료의 관계
(1) 양자의 관계 : 부동산의 가치와 임대료는 비례하는 관계에 있다. 즉, 가치가 높을수록 임대료는 높고, 가치가 낮을수록 임대료는 낮다. 그러나, 가치상승률과 임대료 상승률이 반드시 일치하는 것은 아니다. 이 같은 현상은 특히 단독주택과 같은 주거용 부동산의 경우에 두드러진다.
(2) 상승률이 불일치하는 이유 : 가치변화율과 임대료변화율이 일치하지 않는 현상이 발생하는 주된 원인은 단독주택은 수익을 목적으로 하는 것이 아니라 쾌적성을 고려한 거주를 목적으로 지어 졌다는 것에 기인한다. 즉, 주택의 점유자에 따라 요구하는 쾌적성의 정도에 차이가 있다. 동일한 주택이라도, 소유자가 요구하는 쾌적성과 임차자가 요구하는 쾌적성이 서로 다르다는 것이다. 주거용 부동산이 제공하는 쾌적성에는 거주성, 소유에 대한 평판과 자부심, 기능적 효용성, 위치의 편리성 등이 있다고 할 수 있는데, 상대적으로 소득이 많은 소유자는 이러한 쾌적성 전체에 더 많은 비중을 두려고 하고, 상대적으로 소득이 낮은 임차자는 주로 기능적 효용성에 비중을 두게 된다.

2. 부동산의 가치와 조소득승수와의 관계
점유자의 차이에 따라 요구하는 쾌적성이 다르기 때문에 가치변화율과 임대료변화율은 다르게 되고, 그에 따라 가치가 변화하게 되면 조소득승수도 변하게 된다.
부동산의 가치가 상승할수록 임대료는 상승하나 동일한 비율로 상승하지는 않는다. 따라서 가치가 낮은 주택일수록 임대료는 상대적으로 높아서 조소득승수가 작은 반면, 가치가 높은 주택일수록 임대료는 상대적으로 낮아서 조소득승수는 크다.
부동산의 가치가 변화함에 따라 임대료가 같은 비율로 변화한다면 부동산의 가치가 높거나 낮거나에 상관없이 조소득승수는 일정하게 될 것이다. 그러나 부동산의 가치변화에 따라서 조소득승수는 일정하지 않으며, 부동산의 가치가 상승하면서 조소득승수는 증가하는 경향이 있다.

02 절 회귀분석법[3] ▶기출 9회, 22회

Ⅰ 서

부동산 평가에서는 3가지 접근법이 전통적으로 활용되었다. 그러나, 컴퓨터의 보급이 일반화되고 부동산 평가에 있어서도 객관화의 방안으로 통계적 기법이 도입되었다. 통계적 기법으로 대표적인 것이 회귀분석법(Regression Analysis)이다. 이 방법은 미국에서는 주로 과세감정평가에 널리 응용되고 있으나, 우리나라에서는 전적으로 가격결정을 하는 방법으로 활용하지는 않고 평가과정상 자료를 분석하거나 예측하는 기법으로 활용하고 있다.

Ⅱ 회귀분석법의 논리

1. 의의 및 목적

회귀분석법은 부동산의 시장가치에 영향을 주는 여러 가지 변수들을 통계적으로 분석, 변수들과 부동산가치와의 관련성을 종합적으로 고찰하여 대상 부동산의 시장가치를 추계하는 방법이다. 회귀분석의 목적은 ① 정해진 어떤 독립변수의 값에 대해 종속변수가 어떤 추정치를 갖게 될 것인가에 대한 정보를 제공해주고, ② 회귀선을 사용하여 종속변수의 값을 추정할 때 이 추정에 관련된 오차의 크기에 대한 정보를 제공해준다.

---

3) 안정근, 부동산평가이론(제23장 계량적 평가기법), 양현사, 2013

2. 중회귀분석의 모형

(1) 단순회귀분석법

1) 의의

단순회귀분석이란 가장 중요한 특성이라고 생각되는 하나의 변수를 사용하여 대상 부동산의 시장가치를 추계하는 것을 말한다. 시장가치란 여러 가지 요인에 의해 복합적으로 결정되므로 단순회귀분석으로 시장가치를 추계하는 경우는 별로 없으나, 부동산 분석에서 종종 사용되고 있다.

2) 내용

$$Y(\text{시장가치}) = a + bx \quad (a : \text{상수}, \ b : \text{회귀계수}, \ x : \text{독립변수}, \ Y : \text{종속변수})$$

예를 들어, y를 토지가격, x를 토지면적이라 하면, 회귀계수 b의 값은 면적이 시장가치에 기여하는 정도를 말한다. 이것은 전체 토지의 평당 평균가격을 나타내는 것이 아니다. 이는 토지가치에 영향을 주는 요인에는 면적 외에 다른 요인이 있다는 것을 의미하며, 다른 요인이 미치는 영향은 a(상수)항에 나타나 있다. 만약, 이 수식이 완전하고 오차가 없다면 a는 0이 된다.

(2) 다중회귀분석법

1) 의의

단순회귀분석은 단 하나의 독립변수에 의하여 종속변수가 결정된다는 것을 보여주고 있으나 종속변수는 하나의 독립변수에 의해서 설명되지는 않는다. 다중회귀분석법은 단순회귀분석법과 논리는 같으나 여러 가지의 독립변수와 종속변수와의 상관관계를 분석하는 것이다.

2) 내용

부동산가치는 부동산의 가치에 영향을 주는 여러 가지 요인을 각각의 독립변수로 하여 부동산의 시장가치(종속변수)와의 관계인 회귀식을 도출·평가에 활용하는 방법이다.

$$Y(\text{시장가치}) = a + b_1 x_1 + b_2 x_2 + \cdots + b_n x_n + e$$
$$(a : \text{상수}, \ b : \text{회귀계수}, \ x : \text{독립변수}, \ Y : \text{종속변수}, \ e : \text{오차항})$$

회귀계수는 부동산의 특성에 따라 시장가치에 미치는 정도를 나타내며 (+)인 경우가 보통이나 (−)값을 가지는 경우도 있다. 감정평가에 있어 실무적으로는 컴퓨터에 의해 처리되는 다중회귀분석이 많이 활용되고 있다.

3. 다중회귀분석의 자료요건[4](충동정유 등선자다)

(1) 개요

중회귀분석을 이용해서 시장가치를 평가할 경우, 먼저 분석에 사용되는 자료가 요구하는 기준치를 충족시키고 있는지를 검토하여야 한다. 만약, 자료가 이 같은 기준을 충족시키지 못하고 있다면, 대상 부동산의 시장가치를 중회귀분석으로 평가하는 것은 오류를 범할 가능성이 많다.

(2) 일반적인 자료의 요건

① 거래사례 전체의 자료수가 충분해야 하고, 거래사례별 개별특성에 관한 자료 또한 많아야 한다.
② 수집된 사례의 거래가격이나 개별특성들의 값들은 정규분포를 이루고 있어야 한다.
③ 분석에 사용되는 거래사례는 여러 가지 특성면에서 상당한 유사성이 있어야 한다.
④ 분석에 사용되는 거래사례는 동일한 시장지역으로부터 나온 것이어야 한다.

(3) 통계학적 자료의 요건

① 종속변수와 독립변수 간의 사이에 선형관계가 성립되어야 한다.
② 독립변수들 간에 다공선성이 없어야 한다.
③ 회귀선을 둘러싼 모든 오차항들의 평균은 0이어야 한다.
④ 오차항들은 정규분포를 이루고, 모든 독립변수의 각 값에 대하여 등분산성이 있어야 한다.
⑤ 오차항들은 확률적으로 서로 독립적이어야 한다.

Ⅲ 회귀분석에 의한 평가절차(표특코분재검)

1. 개설

회귀분석으로 부동산의 시장가치를 평가하기 위해서는 일정한 절차가 필요하다. 이러한 절차가 기존의 평가방법과 다른 것은 분석결과 도출된 수식으로 대상 부동산 시장가치를 추계하기에 앞서 필수적으로 통계적 검증이 있어야 하며, 도출된 수식은 평가 대상 부동산이 투입된 매매사례와 성격이 비슷할 경우에 한하여 제한적으로 사용되어야 한다.

2. 매매사례표본의 선정

(1) 공간적 범위

표본추출을 위한 근린지역의 경계를 설정하기 위하여, 지역사회에 정통한 평가사의 주관

---

4) 서광채, 감정평가방법론, 윌비스, 2015

적인 판단에 의해 근린지역을 획정하거나 객관적인 통계학적 분석방법에 의해 근린지역을 획정한다.

(2) 시간적 범위

부동산의 가치는 시간에 따라 변동된다. 시간의 범위가 너무 길면 정확한 가치추계가 어렵고, 그것이 너무 짧으면 매매사례의 수가 적게 되어 통계치의 신뢰성이 문제가 된다. 매매사례의 선정의 시간적 범위는 통상 일 년이 표준단위로 되어 있다.

3. 특성변수의 선정

무슨 변수를 분석할 것인가를 결정해야 한다. 어떠한 특성이 부동산 가치에 많은 영향을 미치는지 파악해야 한다. 평가사는 전형적인 매수자와 매도자가 가격협상과정에 있어 시장의 어떠한 요소를 중요시 여기는지 충분히 고려하여 이를 특성변수로 선정한다. 부동산의 면적, 위치, 모양, 방의 수, 근린지역의 성격 등은 전형적인 매수자, 매도자가 중요시 여기는 특성들이다.

4. 부동산특성의 코딩

코딩이란 컴퓨터에 의한 분석을 용이하게 하기 위하여 부동산의 특성을 적절하게 정리하는 것을 말한다. 특히 적절한 특성이 변수로 선택되었다 할지라도, 코딩이 잘못되게 되면 유용한 결과를 도출하기가 어렵게 된다.

5. 회귀통계치의 분석

이상의 과정이 끝나면 컴퓨터에 의한 회귀분석을 하여 분석결과로 도출된 회귀식에 대한 검증을 하고, 회귀식을 평가수식으로 사용할 수 있는지 여부를 판단하여야 한다.

(1) t − 검증[5]

1) 의의

t−검증은 각 독립변수의 회귀계수가 통계적으로 의미가 있는지를 확인하는 것으로 회귀계수가 일정한 유의수준에서 통계학적으로 0인지 아닌지, 또는 0보다 큰지 작은지를 판별하는 것을 말하는데, 컴퓨터 프로그램에 의해 t−값이 자동계산되며 이를 기준으로 추정된 계수의 신뢰도를 판정하게 된다. 여기에서 회귀계수가 0인지 아닌지 여부를 판별하는 것을 양측검증이라 하고, 회귀계수가 0보다 큰지 작은지를 판별하는 것을 단측검증이라고 한다. 단측검증은 회귀계수의 부호가 (+)인지, (−)인지를 사전에 예측할 수 있을 때 사용된다.

---

5) 서광채, 감정평가방법론, 윌비스, 2015, p168

2) 회귀계수가 0인 경우

양측검증이나 단측검증 결과 회귀계수가 0으로 판명된 경우 이는 독립변수로 채택된 특성이 부동산의 가치에 아무런 영향을 끼치지 않는다는 것을 의미한다. 따라서 이런 변수는 특별한 경우를 제외하고는 회귀모형에서 사용하지 않아야 한다.

3) 유의사항

t-검증 결과 유의성이 없는 것으로 판명이 날 경우에도 무조건 그 변수를 모형에서 제외시켜서는 안 된다. 경우에 따라서는 중요한 요소임에도 불구하고 통계적으로는 무의미한 것으로 나타날 수 있다. 그 이유는 표본의 수와 다공선성에 있다. 먼저, 전체표본 및 개별특성표본의 수가 적거나 전체표본의 수는 많으나 개별특성표본의 수가 적은 경우에 이런 문제가 발생할 수 있다. 그리고 전체 및 개별특성표본의 수가 충분한데도 불구하고 똑같은 문제가 발생할 수 있는데 이는 변수들 간의 다공선성이 높을 때에 발생한다.

(2) 다공선성(multicollinearity)

1) 의의

다공선성(다중공선성)이란 유사한 매매사례 간에 두 개 이상의 특성이 동시에 공통적으로 발생하는 것을 의미한다. 예를 들어, 토지면적이 큰 주택은 대체로 건평이 넓고, 이는 방의 수도 많을 수 있다. 이들 토지면적, 건평, 방의 수는 유사부동산 사이에 동시에 발생하는 것으로서, 이들 상호 간에는 다공선성이 발생할 가능성이 매우 높다. 다중공선성이 높을 경우 변수의 유의성이 없는, 즉 회귀계수가 0이 될 수 있다.

2) 다공선성 확인방법

가장 손쉬운 방법으로 변수 상호 간의 상관계수를 구해보는 것이다. 상관관계가 높게 나타나는 것은, 그 변수들 간에 다공선성이 심하다는 것을 추측할 수 있다.

3) 다공선성 처리 방법

① 중요한 변수만 회귀분석에 포함시키고 나머지는 제외시킨다. 중요한 변수의 판정은 단계적 회귀분석을 통해서 해결한다.
② 단계적 회귀분석보다 더 정치한 통계적 기법으로는 능형회귀나 주성분회귀분석법이 있다.

(3) 결정계수 ▶ 기출 9회

1) 의의

결정계수란 주어진 자료로부터 독립변수가 종속변수를 얼마나 정확하게 설명해 줄 수 있느냐 하는 것을 나타내는 지표로서 추정된 회귀식의 전체적인 설명력 또는 회귀식의 적합도를 의미하며, 보통 R^2으로 표시된다. 즉, 결정계수는 분석에 포함된 부동산의 특성이 시장가치를 얼마나 정확하게 추계할 수 있느냐를 나타내는 것이다.

$$R^2 = \frac{회귀식에서\ 설명되는\ 변량}{종속변수의\ 총변량}$$

2) 통계치의 의미

결정계수는 회귀분석 시 컴퓨터 프로그램에 의해 자동적으로 계산된다. 여기서 결정계수는 0에서 1 사이의 값을 가지는데, 결정계수의 값이 높으면 높을수록 회귀모형은 종속변수를 보다 더 정확하게 산정한다는 것을 의미한다. 그런데, 일반적으로 회귀모형이 분석의 목적으로 사용되기 위해서는 결정계수의 값이 높아야 한다. 만약, 결정계수의 값이 높지 못할 경우에는 적절한 방법을 동원하여 회귀모형을 수정해야 한다.

6. 투입자료에 대한 재검토

평가모형이 적합하지 않을 경우에는 자료를 재검토하여 평가모형을 수정해야 한다. 자료에 대한 재검토는 매매사례를 검토하는 것과 독립변수의 타당성 여부를 검토하는 것이 있다.

(1) 매매사례에 대한 검토 및 수정(수세어경)

① 매매사례의 수를 증가시킨다.
② 보다 유사한 부동산끼리 그룹을 이룰 수 있도록 매매사례를 계층화시키거나 원래의 표본을 더 세분화시킨다.
③ 표본과 어울리지 않는 매매사례를 제외시킨다. 가격이 왜곡된 부동산이나 독특한 특성을 가진 부동산이 있는지를 조사하고 이것이 발견되면 이를 표본에서 제외시킨다.
④ 보다 동질적인 매매사례를 획득할 수 있도록 근린지역의 경계를 재조정한다.

(2) 특성변수에 대한 재검토

특성변수는 매수자나 매도자의 취향에 따라 끊임없이 변하는 것이므로 과거에 중요했던 변수가 현재나 앞으로도 계속 같을 정도로 중요할 것이라고 장담할 수 없다. 따라서 중요한 특성변수가 빠져 있는 경우에는 평가모형이 신뢰성을 결여하여 적용이 곤란하므로 실지조사를 통한 매매사례의 지형, 위치, 토지의 형상 등을 세밀히 관찰하여야 한다.

7. 평가모형의 검증과 적용

모형이 완성되면 시장가치를 도출하기 전에 최종적으로 검증을 해야 한다. 최종검증은 최근에 발생한 유사 매매사례 중에서 표본에 포함되지 아니한 사례를 대상으로 한다. 이때 유의할 점은 검증대상이 되는 매매사례가 표본에 포함되어 있는 매매사례와 여러 가지 측면에서 유사해야 한다는 것이다. 검증의 결과 평가모형이 시장가치를 정확하게 추계하는 것으로 판단이 되면 이 모형은 다른 부동산의 시장가치를 추계하는 데에 쓰일 수 있다. 부동산의 가치란 시간에 따라 부단히 변하는 것이므로 평가사는 계속해서 새로운 매매사례를 수집, 정리하고 이를 정기적으로 갱신하여 평가모형이 항상 새로운 상태에 있도록 해야 한다.

Ⅳ 장단점 ▶기출 22회

1. 장점

① 평가사의 주관적 판단을 배제하고 객관적으로 부동산의 가치를 평가할 수 있다.
② 많은 자료에 기반함으로써 객관적이고, 설득력이 있다.
③ 대량으로 평가해야 하는 경우 신속하고 공정하게 평가할 수 있다.
④ 개별적 특성에 따른 기여도를 파악할 수 있다.
⑤ 시간경과를 독립변수로 선정할 경우 시점수정을 배제할 수 있다.

2. 단점

① 회귀분석을 하기 위해서는 많은 자료가 필요한데, 시간과 노력이 많이 소요되며, 자료의 선택과정에서 세심한 주의가 요구된다.
② 회귀분석모형의 설정에 있어 평가사의 판단과 경험 등에 기초하게 되므로 주관성을 완전히 배제하지 못한다.
③ 부동산의 가치는 다양한 가치형성요인에 의해 영향을 받으나, 그러한 제반 요인들을 모두 반영하지 못한다.
④ 부동산의 가치를 평가함에 있어 전문가적 판단과 경험이 반영되지 않았으므로 오히려 왜곡된 결과를 초래할 수 있다.

Ⅴ 결

다중회귀분석법은 평가기법의 과학화, 객관화를 지원하며, 개별공시지가 및 개별주택 비준표 작성기법으로 비선형다중회귀방정식이 이용되므로 이에 대한 명확한 이해가 필요하고, 또한 정보체계구축 및 통계소프트웨어(SAS, SPSS 등) 활용능력을 키워야 할 것이다. 또한 통계자료가 중심이 된 컴퓨터에 의한 감정평가가격은 감정평가사의 판단을 완전히 대체할 수 없는 것이므로 결국 감정평가사의 경험 및 판단이 가미되어야 한다는 점을 유의해야 한다.

03 절 노선가식 평가법[6]

Ⅰ 의의

노선가식 평가법이란 특정한 가로에 접하고 있는 접근성이 유사한 일단지를 설정하고 이를 바탕으로 표준단위획지와 노선가를 정한 후 이를 기초로 다른 획지의 가격을 깊이, 토지의 형태, 가로 등에 따른 보정을 가하여 가치를 평가하는 방법이다. 이 방법은 거래사례비교법의 객관화 방안의 일종이라 할 수 있다.

Ⅱ 근거

모든 획지는 가로에 접한 부분에서 깊이가 깊어짐에 따라 가격이 체감하고, 가로에 접하고 있는 표준깊이의 획지라도 획지의 이용상황, 가로조건, 접근조건, 가옥의 소밀도, 기타 교통량 등에 의해 가치 차이가 발생한다는 사고에 기초한다.

Ⅲ 적용

노선가식 평가법은 과세가치의 평가, 보상가치의 평가, 토지구획정리사업 및 재개발사업에 따른 대량평가에 주로 활용된다. 이는 대량의 평가물건에 있어 평가기준의 통일성을 기하고 제

6) 서광채, 감정평가방법론, 윌비스, 2015

한된 시간 내에서 신속하게 업무를 처리하기 위함이다.

그러나, 평가실무에서는 노선가식 평가법이 그대로 평가방법으로 적용되는 것은 아니다. 공시지가기준법에 의한 평가결과의 합리성을 검토하기 위한 보조수단으로 내부검토용으로 활용되고 있는 실정이다.

Ⅳ 노선가식 평가법의 적용

1. 노선가의 성질

① 표준단가획지는 지역마다 그 기준이 달라진다.
② 가로를 달리하는 경우 노선가를 달리하는 것이 원칙이다.
③ 동일노선가를 적용하는 길이(가로의 절단)가 번화한 상점가는 짧고, 주택가는 길다.

2. 노선가의 설정

(1) 노선가 설정기준[7]

1) 개설

노선가식 평가법은 가치형성요인을 가로계수, 접근계수, 택지계수, 환경계수, 행정계수로 보아 이들을 분석하여 산정하는 방법으로 특히 가로계수, 접근계수, 택지계수를 노선가의 3요소라고 한다.

2) 가로계수

가로계수란 택지가 접하는 가로에 따른 이용가치를 표시한 계수이다. 이는 가로의 계통, 연속성, 폭, 구조, 곡선, 가로의 경관 등에 의해 변화한다.

3) 접근계수

접근계수는 택지와 교통, 여가, 공공 등의 제 시설과의 상대적 거리관계에 의한 수익 또는 이로 인하여 받게 될 손실에 대한 가치를 나타내는 계수이다. 이 계수는 택지와 시설과의 상대적 거래관계 및 시설의 종류, 성질에 따라 다르다.

4) 택지계수(= 획지계수)

택지계수란 택지 그 자체가 가지는 이용상태, 문화성, 안정성 등에 의한 계수를 말한다. 이 계수는 택지가 주거, 상업 등에 이용되는 상태, 방화 등 안정상태의 양부, 수도, 하수도 등의 문화시설의 보급정도 및 일조 등에 따라 달라진다.

---

7) 정영철 외, 감정평가론, 부연사, 2000

5) 환경계수

환경계수란 부근 지역상황, 주변성숙도, 자연경관 등과 각종 위험, 혐오시설(변전소, 가스탱크, 고압선, 철탑, 오물처리장, 종말처리장, 공동묘지 등)의 유무 및 그 영향력 등을 나타내는 계수를 말한다. 즉, 주변환경의 양부 및 그 정도를 표시하는 계수라 할 수 있다.

6) 행정계수

행정계수란 용도지역·지구·구역, 도시계획시설 저촉 여부 등 공법상 규제 및 제한 상태 등을 나타내는 계수를 말한다.

(2) 설정방법

1) 달관식

① 토지가치에 관한 전문적인 지식과 경험을 가진 전문가가 가로계수, 접근계수, 택지 계수 등 제반 가치형성요인을 종합적으로 분석하여 지식과 경험에 입각하여 노선가를 달관적으로 결정하는 방법이다.

② 시간, 비용이 절약되고 능률적인 면이 있으나, 주관개입 가능성이 높다는 점에 유의해야 한다.

2) 채점식

① 토지가치형성요인을 가로계수, 접근계수, 택지계수, 환경계수, 행정계수로 분석하여 채점한 결과를 모두 합산하여 노선가를 결정하는 방법으로 가중치를 두는 경우와 두지 않는 경우가 있다.

② 객관적, 논리적이나, 각각의 세부적인 요인을 파악하는 것이 어렵고 주관개입 가능성이 있다.

(3) 노선가 설정 시 유의사항

제반 가치형성요인을 적절하게 구분하고 개별적인 영향력을 정확하게 파악해야 한다. 그리고 기존 시가지에 있어서는 같은 노선이라고 하더라도 번화가와 이를 벗어난 지역의 가치 차이가 심하므로 주요 가로와 기타의 가로로 나누어 그 값을 결정하여야 한다.

3. 획지계산

(1) 획지계산의 의의

획지계산이란 주어진 노선가에 깊이가격 체감률을 곱하고, 여기에 대상토지의 가로조건과 토지의 형태 및 개별적 요인 등의 증감보정을 가하는 것으로, 노선가식 평가법의 핵심을 이룬다.

(2) 각종 가산 및 보정률

각종 획지의 조건에 따라 적용하는 각종 가산 및 보정률은 미리 작성해 놓아야 하며, 이것은 부동산의 지역특성을 반영한 것이어서 지역마다 같을 수 없고, 또 용도별로도 같지 않다. 획지계산에 이용하는 각종 가산 및 보정률에는 깊이가격체감률, 측면노선영향가산율, 삼각지보정률, 방위가산 및 보정률, 맹지보정률, 자루형획지보정률 등이 있다. 이 중 깊이가격체감이란 획지는 가로에서 멀어질수록 가격이 체감된다는 것이며, 가로의 깊이에 따라 가격에 영향을 주는 정도를 비율화한 것을 깊이가격체감률이라 한다.

Ⅴ 노선가식 평가법의 장단점[8)]

1. 장점

① 과학적이고 설득력이 있다.
② 평가사의 주관이 개입될 여지가 적어 가격편차가 적다.
③ 노선에 연접하고 있는 택지의 평가를 단기간에 기계적으로 대량·공평하게 처리할 수 있다.
④ 과세가격 산정, 재개발사업, 수용보상에 따른 평가 등에 유익하게 사용할 수 있다.

2. 단점

① 각 획지는 지형이 각양각색이므로 토지의 형상에 따른 보정률이나 깊이가격체감률 등의 파악이 어렵다.
② 건부지 등과 같이 이미 이용 중인 택지의 경우, 건물과의 관련성이 반영되기 어렵다.
③ 나지와 건부지 등과 같이 이용상황이 다른 경우에는 정상적인 대비가 어렵다.
④ 시장성의 문제가 반영되기 어렵다. 따라서 시장가치와 괴리되는 현상이 나타날 수 있다.
⑤ 대상획지의 가치가 과연 수식 몇 가지의 결합으로 평가될 수 있는 것인가라는 문제점이 있다.

Ⅵ 결

같은 선상의 노선이라 할지라도 번화가와 이를 벗어난 지역의 가격은 차이가 심하므로 대상물건의 특성, 종류에 따라 적정한 노선가의 적용 범위를 결정하여야 할 필요성이 있다.
노선가식 평가법은 적정한 노선가에 각종 체감률, 보정률 등을 적용하여 이루어지는 것이므로 깊이가격체감률표 등에 대하여는 일본의 그것을 가져다가 조정 없이 사용한 것이 지금까지의 모습으로서, 노선가식 평가법이 갖는 장점을 고려할 때 우리나라 실정에 맞는 독자적, 주체적인 보정률, 체감률 표의 산정이 시급하다고 사료된다.

---

8) 이창석 외, 부동산감정평가론, 형설출판사 / 최태규, 감정평가이론연습, 부연사

04 절 가산방식과 공제방식 및 개발법

Ⅰ 의의

조성택지와 택지예정지는 이제 막 개발이 완료되었거나 예정되어 있는 토지로서 개발주체의 입장에서 볼 때 의사결정에 도움이 될 수 있는 다양한 정보가 절실하게 요구된다. 이러한 특수한 유형의 토지에 관해 정확한 가치를 평가하기 위한 방안으로 제시된 것이 바로 가산방식과 공제방식 및 개발법이다.

먼저, 가산방식은 소지가액에 개발비용을 더하여 조성택지의 가치를 평가하는 방법이고, 공제방식은 분양예정가격에서 개발비용을 차감함으로써 택지예정지의 가치를 평가하는 방법이다. 개발법은 대상획지를 개발하였을 때 예상되는 분양예정가격의 현재가치에서 개발비용의 현재가치를 뺌으로써 가치를 평가하는 방법으로 개발을 전제로 토지의 가치를 평가한다는 것에 착안하여 개발법이라는 명칭이 붙여진 것이다. 이러한 개발법은 공제방식과 기본적인 논리구조는 동일하지만 구체적인 접근방식에 있어 다소 차이가 있다.

Ⅱ 성격

가산방식과 공제방식 및 개발법은 평가과정에서 전통적인 3방식의 논리를 혼용하고 있다. 가산방식이나 공제방식 및 개발법에서 소지가액은 비교방식이나 원가방식으로, 개발비용은 원가방식이나 비교방식으로, 분양예정가격은 비교방식이나 수익방식으로 각각 산정하게 된다.

여기서 가산방식은 원가의 적산이라는 측면에서 볼 때 원가방식으로 볼 수 있고, 공제방식과 개발법은 수익에서 비용을 차감한다는 산정구조를 볼 때 수익방식으로 볼 수도 있을 것이다. 그러나 소지가액에서 개발비용을 더한 판매총액을 가치로 측정하는 가산방식이나 분양예정가격에서 개발비용을 공제함으로써 가치를 구하는 공제방식 및 개발법이나 근본적으로는 토지를 가공하여 부가가치를 창출한다는 점에 착안한 것으로 모두 원가방식의 사고를 바탕으로 하고 있다.

Ⅲ 가산방식

1. 소지가액

소지가액은 소지자체의 가격과 소지매입에 따른 부대비용의 합으로 계산되는데, 이때 소지매입에 따른 부대비용으로는 부동산취득세와 등기비용 및 중개수수료 등이 있다.

소지가액의 결정과 관련하여 문제가 되는 것은 측정기준의 시점을 언제로 할 것인지와 측정기준의 시점과 감정평가의 기준이 되는 기준시점 간의 불일치에 대한 처리를 어떻게 할 것인가 있다. 측정기준의 시점은 원시취득시점과 공사착공시점 및 공사준공시점 등이 고려될 수 있으나 일반적으로 원시취득시점을 측정기준의 시점으로 소지가액을 결정하는 방식이 사용되고 있다.

2. 개발비용

(1) 조성공사비

조성공사비란 택지의 조성에 소요되는 공사비로서 도급건설을 기준으로 한 표준적인 건설비를 말하며, 직접공사비, 간접공사비, 수급인의 적정이윤 등을 합하여 구한다.

(2) 공공 공익시설 부담금

공공 공익시설 부담금은 도로, 상하수도시설 등 간선시설의 설치에 소요되는 비용을 말한다. 최근 조성원가에서 공공 공익시설 부담금이 차지하는 비중이 점차 증가하고 있다. 이러한 공공 공익시설 부담금은 국가나 지방자치단체가 부담하여야 할 부분을 개발업자가 사업시행의 대가로 대신 부담하여야 할 경우도 생기기 때문에 지역별·사업별로 큰 차이가 날 수 있음에 유의해야 한다. 개발사업에 따르는 비용부담은 당연한 것이지만, 국가나 지방자치단체의 예산부족으로 개발업자가 과도하게 부담을 하게 되는 경우 이러한 공공 공익시설 부담금까지 조성원가에 포함하는 것이 바람직한가에 대해서는 논란의 여지가 있다.

(3) 개발부담금 등

개발부담금은 개발에 따르는 토지가액의 증가분 중 일부를 환수함으로써 개발과 관련한 투기를 억제하고 소득구조를 개선함으로써 토지의 건전한 이용질서를 확립하기 위하여 도입된 부담금의 하나이다.

이외에도 분할비용 등 통상적으로 인정되는 각종 비용과 세금 등도 조성원가에 포함된다.

(4) 판매비와 일반관리비

판매비는 조성택지의 분양에 따른 광고선전비, 기타 판매에 소요되는 비용을 말하며, 일반관리비는 기업의 유지 목적으로 관리사업 부문에서 발생하는 제반 비용을 말한다.

(5) 자본비용 및 개발업자의 적정이윤

개발기간 동안의 투자하본에 대한 자본비용과 개발사업에 대한 기여 및 위험에 대한 보상인 개발업자의 적정이윤도 개발비용으로 계상해야 한다.

소지가액에 대한 자본투하기간은 해당 소지의 취득시점에서 준공시점까지로 보아야 하고, 조성공사비는 공사대금 지불시점에서 준공시점까지로 보아야 할 것이다.

개발업자가 부동산시장 내 치열한 경쟁과정 속에서 개발사업을 진행하기 위해서는 그에 대한 충분한 경제적 보상이 이루어져야 한다. 또한, 개발사업자가 개발과정에서 기여한 노력의 대가는 기회비용의 관점에서 분명히 비용의 성격을 지니고 있다. 다만, 부동산시장에서 수용가능한 적정이윤만을 개발비용으로 고려해야 한다.

자본비용과 개발업자의 적정이윤은 기본적으로 투입된 자본을 토대로 산정한다. 그런데, 공공 공익시설 부담금, 개발부담금 등과 판매비 및 일반관리비와 같은 항목은 자본의 성격이 아니라 비용의 성격으로 자본비용 및 개발업자의 적정이윤 책정 시 고려사항이 되지 않는다는 의견이 있다. 반면, 개발사업을 진행하기 위해 소요되는 제반 비용은 개발사업의 추진을 위해 필수불가결한 요소이기 때문에 비용의 성격을 지닌 항목을 제외하는 것은 비합리적이라는 의견도 있다. 시장상황과 시장참가자들의 행태를 토대로 결정할 사항이라 본다.

3. 유효택지면적

유효택지면적이란 총사업 면적에서 분양이 가능한 면적을 말하는데, 여기서 총면적은 개발대상이 되는 소지의 전체면적을 의미하고, 분양가능면적은 도로용지, 공원용지, 하천 등의 공공시설용지를 제외한 나머지로서 주거용지, 근린생활시설용지, 업무용지 등 제3자에게 매각할 수 있는 면적을 의미한다. 여기서 총면적에서 유효택지면적이 차지하는 비율을 유효택지율이라고 한다.

4. 성숙도 수정

성숙도 수정이란 공사준공시점부터 기준시점까지의 시간경과에 따른 택지로서의 성숙도를 고려하여 가치를 적정화하는 작업을 말한다. 이러한 성숙도 수정을 하기 위해서는 먼저 각각의 투하비용을 준공시점으로 보정하는 작업이 필요하다.

Ⅳ 공제방식과 개발법

1. 공제방식과 개발법의 절차

(1) 분양예정가격

분양예정가격은 조성된 택지를 매각함에 있어 그 기초가 되는 가격으로서 거래사례비교법과 수익환원법을 적용하여 산정할 수 있다.

(2) 개발비용

개발비용은 가산방식에서의 내용과 기본적으로 동일하다. 그러나 자본비용 및 개발업자의 적정이윤의 계상에 있어 유의해야 할 사항이 있는데 그 내용은 다음과 같다.

전형적인 가산방식과 공제방식에서는 자본비용과 개발업자의 적정이윤은 별도의 항목으로 분류하여 비용의 항목에 포함하고 있다. 그러나 개발법에서는 자본비용과 개발업자의 적정이윤과 관련해서 이중계산할 우려가 있기 때문에 유의해야 한다. 개발법에서는 일반적으로 자본비용과 개발업자의 이윤은 별도 항목으로 처리하지 않고, 자본비용과 개발업자의 적정이윤을 고려한 투자수익률을 기초로 한 복리현가율로서 처리하게 된다. 따라서, 개발법에서는 별도의 자본비용 및 개발업자의 이윤을 계상할 필요가 없다. 다만, 시장상황과 시장참가자들의 행태에 따라 일부 항목은 별도의 항목으로 처리하는 경우도 있으므로 유의해야 한다.

(3) 총면적

총면적은 개발대상이 되는 소지의 전체면적을 말한다.

(4) 성숙도 수정

성숙도 수정은 공제방식에서 착공시점과 기준시점 간의 불일치가 발생하는 경우 이를 보정함으로써 가치를 적정화하는 작업을 말한다. 그런데 여기서의 성숙도 수정은 실제 개발사업을 착수할 수 있는 시점에서 기준시점으로 행하는 역수정으로서 대상토지가 택지화되기 이전의 미성숙에 대한 수정이기 때문에 엄밀한 의미에서 미성숙도 수정이라 할 수 있다. 이는 가산방식에서 성숙도 가산의 의미를 가진 성숙도 수정과 차이가 있다. 이러한 성숙도 수정을 하기 위해서는 먼저 각각의 투하비용을 공사착공시점으로 보정하는 작업이 필요하다.

2. 공제방식과 개발법의 차이점

(1) 화폐의 시간적 가치 고려

공제방식은 화폐의 시간적 가치를 고려하지 않는 방법이나 개발법은 화폐의 시간적 가치를 고려하는 방법이다.

(2) 개발업자의 적정이윤 처리방법

공제방식에서는 자본비용과 개발업자의 적정이윤을 명시적으로 고려하나 개발법에서는 자본비용과 개발업자의 적정이윤을 별도 항목으로 처리하지 않고, 자본비용과 개발업자의 적정이윤을 고려한 투자수익률을 기초로 한 복리현가율로 처리하는 것이 일반적이다.

(3) 적용대상 차이 여부

일반적으로 공제방식은 사회적·경제적·행정적 요인으로 인해 개발사업을 즉시 착수할 수 없는 경우에 소지의 가치를 개략적으로 구하는 방법인 데 비해 개발법은 즉시 사업을 실시할 수 있는 충분히 성숙된 토지를 대상으로 소지의 가치를 구하는 방법으로 활용되고 있다.

(4) 성숙도 수정 고려 여부

공제방식에서는 성숙도 수정이 평가과정에서 중요한 절차로 활용되나 개발법에서는 성숙도 수정을 필요로 하지 않는다.

05 절 새로운 감정평가방법[9] ▶ 기출 3회, 15회, 18회

Ⅰ 개설

다양한 수요에 부합하기 위하여는 전통방식의 응용 및 새로운 평가기법의 개발이 대안이라 할수 있다. 회귀분석법(특성함수가격법)은 근래 토지나 주택의 과세평가방법으로 많이 활용되고 있다. 개발상정법은 수익방식의 응용방식이고, 장기추세법은 통계학의 다양한 평균개념을 활용하는 방법이다. CVM법이나 토지생태안전평가법은 환경가치를 평가하는 새로운 방법이다.

Ⅱ CVM

1. 의의

조건부가치측정법 등으로 부르는 CVM(Contigent Valuation Method)은 가상적인 상황을 설정하고 이 상황하에서 각 개인이 어떤 선택을 할 것인지를 설문조사하여 환경재 등의 가치를 평가하는 방법이다. 사람들이 환경개선(외부경제)에 표명하는 최대지급의사나, 혹은 환경악화(외부불경제)에 희망하는 최소보상의 의사표시를 포착하는 것이다.

2. 장점 및 단점

① 사용가치뿐만 아니라 비사용가치를 모두 추정할 수 있기 때문에 다양한 대상에게 사용할수 있다는 장점이 있다.

② 조건부 가치측정법은 다른 추정방법들과는 달리 가상적인 상황이나 정책을 제시하고 이에대한 소비자들의 지불의사를 추정하는 방법을 취하고 있기 때문에 응답자들이 제시된 상황을 어떻게 인식하느냐에 따라 결과가 달라질 수 있다.

---

9) (논문) 부동산평가방식 적용의 재고(방경식, 감정평가학논집)

Ⅲ 여행비용접근법(TCM)

1. 의의

여행비용접근법은 비시장재화의 가치를 그 재화와 관련되어 있는 시장에서의 소비행위가 연관시켜서 간접적으로 측정하는 방법을 말한다. 예를 들어, 수변공간 휴양지에 대해 사람들이 어느 정도의 가치를 부여하는가를 추정하기 위해 휴양지에 도달하는데 소요된 시간과 비용에 대한 정보를 이용하는 것이다.

2. 장점 및 단점

① 사용가치뿐만 아니라 비사용가치를 모두 추정할 수 있기 때문에 다양한 대상에게 사용할 수 있다는 장점이 있다.

② 조건부 가치측정법은 다른 추정방법들과는 달리 가상적인 상황이나 정책을 제시하고 이에 대한 소비자들의 지불의사를 추정하는 방법을 취하고 있기 때문에 응답자들이 제시된 상황을 어떻게 인식하느냐에 따라 결과가 달라질 수 있다.

Ⅳ 회피행동분석법(ABM)

1. 의의

회피행동분석법은 피해를 줄이거나 회피하기 위해 지불된 비용을 해당 재화의 가치로 간주하는 감정평가방법을 말한다. 이러한 회피행동에 지출된 비용은 해당 재화에 대한 가치로 간주될 수 있다.

2. 장점 및 단점

① 회피행동분석법은 위험을 회피하는 선택을 통해 사람들이 느끼는 경제적인 가치를 측정할 수 있다는 점에서 이론적으로 우수하다.

② 회피행동이 나타나거나 이에 대한 관측이 용이한 경우에만 적용이 가능한 어려움이 있으며, 사용가치는 측정할 수 있지만 비사용가치는 측정해 낼 수 없는 한계가 있다는 단점이 있다. 또한, 회피행동으로 위험을 완전히 피할 수 없는 경우 잔여오염으로 인한 효용감소분은 여전히 측정 불가능한 부분이라는 단점이 있다.

V 새로운 감정평가방법 적용의 타당성[10)

1. 평가대상 및 시장의 변화

감정평가사는 기타의 감정평가방법을 이용하여 시산가액의 조정 가능성을 넓히는 것이 매우 중요한 과제이다. 왜냐하면 오늘날 전통적인 평가방법만으로는 급변하는 경제현실에서 요구하는 유용한 감정평가결과를 일반에 서비스하기 어려운 상황에 놓여 있기 때문이다. 특히 부동산시장과 자본시장의 통합화 현상에 따른 증권화 상품(ABS, MBS, REITs 등)의 평가나 환경의 가치가 갈수록 높아지는 현실을 반영한 환경가치 평가 등은 새로운 과제가 되고 있다.

2. 새로운 평가영역

부동산 증권화 상품의 감정평가, 환경오염부동산의 평가, 개발사업 프로젝트의 가치평가, 각종 투자대안의 옵션가치 평가, 각종 공공재 및 자연환경가치의 평가, 기업가치, 특허권, 상품권, 영업권 등 무형자산 가치평가, 국제회계기준 IFRS의 도입에 따른 유형자산 평가 등이 있다.

3. 새로운 평가방법의 필요성

시산가치 조정과정에서 새로운 평가과제에 대응하여 전통적인 감정평가방법 이외에 다양한 평가방법을 적용할 수 있는가를 사전에 검토하였는지, 그리고 적용하였다면 그 적용과정 및 결과에 대한 타당성을 검토하여야만 한다. 오늘날 사회, 경제, 국제적 환경은 급격히 변화하고 있다. 감정평가업계도 이에 능동적으로 대처하여 다양한 평가방법을 개발하고 새로운 과제에 적용하여 감정평가 서비스 수요에 대응해야 할 것이다.

---

10) 경응수, 제6판 감정평가론, 나무미디어, 2021

임대료 및 임대차평가

01 절 임대료의 개념과 종류 ▶기출 6회, 7회

> **감정평가에 관한 규칙 제22조(임대료의 감정평가)**
> 감정평가법인등은 임대료를 감정평가할 때에 임대사례비교법을 적용해야 한다.

Ⅰ 임대료의 개념

1. 의의

임대료라 함은 임대차계약에 기초한 대상물건의 사용대가로서 지급되는 금액으로 대상물건의 원본가격의 과실에 해당한다.

2. 가격과 임대료의 관계

(1) 원본과 과실관계

① 부동산의 임대료는 해당 부동산의 경제적 가치를 적정하게 파악함으로써 구해지고, 반대로 경제적 가치는 임대료를 정확하게 파악함으로써 구해진다.

② 즉, 임대료는 적산법에 의해 '교환의 대가 × 기대이율 + 필요제경비 = 적산임대료'로 산정할 수 있고, 반대로 교환의 대가는 '임대료(순이익) ÷ 환원율'로 하는 수익환원법으로 구할 수 있다.

(2) 기간의 차이

① 부동산가격은 부동산이 물리적·기능적·경제적으로 소멸하기까지의 전 기간에 걸쳐 부동산을 사용·수익하는 것을 기초로 발생하는 경제가치(교환의 대가)이다.

② 부동산 임대료는 위의 기간의 일부, 즉 임대차 등의 계약기간 내에 사용·수익할 것을 기초로 발생하는 경제적 가치(사용가치)이다.

3. 임대료의 기준시점과 실현시점

(1) 임대료의 기준시점

임대료의 기준시점은 임대료를 평가하는 경우 임대료 결정의 기준이 되는 날로서 임대차 기간에 있어 수익발생 개시시점으로 그 기간의 초일이 된다. 즉, 임대료의 시초시점이 기준시점이 된다.

(2) 임대료의 실현시점

임대료의 실현시점이란 임대차기간에 있어 수익이 종국적으로 실현되는 시점으로서 임대차에 있어서는 기간 말에 모든 수익이 실현되므로 임대차기간의 종료시점이 된다. 즉, 임대차기간이 월로 되어 있는 경우에는 매월의 말일이, 연 단위로 되어 있는 경우에는 매년의 말일이 임대료의 실현시점이 된다.

▋ 임대료의 감정평가방법

임대료의 평가는 임대사례비교법에 의한다. 다만, 임대사례비교법에 의한 감정평가가 적정하지 아니한 경우에는 대상물건의 종류 및 성격에 따라 적산법 또는 수익분석법에 의할 수 있다. 임대료의 감정평가는 계약내용 등을 고려하여 결정되는데, 통상 기간은 월 단위 또는 연 단위로 의뢰인이 의뢰한 내용을 미리 파악하여야 한다.

02 절 실질임대료와 지불임대료 ▶기출 6회

Ⅰ 개요

임대료는 지불방식, 임대료구성 내용에 따라 실질임대료와 지불임대료 등으로 구분되며, 감정 평가에서 구하여야 할 임대료는 원칙적으로 실질임대료이나 조건부로 지불임대료를 의뢰받은 경우에는 지불임대료를 구할 수 있으며, 이 경우는 실질임대료와의 관계를 감정평가서에 명기 하여야 한다.

Ⅱ 의의

1. 실질임대료

실질임대료는 종류의 여하를 불문하고 임대인에 지불되는 모든 경제적 대가를 말하며, 순임대 료 및 필요제경비 등으로 구성된다. 이러한 실질임대료는 지불임대료뿐만 아니라 권리금 등 임대료의 선불적 성격을 갖는 일시금의 상각액과 운용익 및 보증금, 협력금 등 임대료의 예금 적 성격을 갖는 일시금의 운용익까지 포함한다.

2. 지불임대료

지불임대료는 각 지불시기에 지불되는 임대료로서 대상 부동산의 순임대료의 일부 또는 전부 와 대상 부동산의 사용 수익을 위한 필요제경비 등으로 구성된다. 지불임대료는 실질임대료에 서 임대료의 선불적 성격을 지닌 일시금의 운용익 및 상각액과 임대료의 예금적 성격을 갖는 일시금의 운용익을 공제하여 구한다. 이러한 지불임대료를 산정해야 하는 경우에 유의할 점은 관례상 건물 및 그 부지의 일부를 임대차할 경우 수도, 광열비, 청소비, 위생비, 냉난방비 등 부가사용료와 공익비 등의 명목으로 지불되는 금액 중에는 실제비용을 초과하는 부분이 있는 데, 이것도 실질적으로 임대료에 해당한다는 점이다.

Ⅲ 실질임대료의 구성

실질임대료	일시금	ⓒ ① 예금적 성격을 갖는 일시금의 운용익 ② 선불적 성격을 갖는 일시금의 상각액 ③ 선불적 성격을 갖는 일시금의 미상각액에 대한 운용익	
	지불임대료	ⓐ ① 각 지불시기에 일정액씩 지불되는 임대료 중 순임대료액 ② 부가사용료, 공익비 중 실비를 초과하는 금액	ⓑ ① 감가상각비 ② 유지관리비 ③ 조세공과금 ④ 손해보험료 ⑤ 대손준비금 ⑥ 공실손실상당액 ⑦ 정상운영자금이자
	순임대료		필요제경비

① 지불임대료 = ⓐ + ⓑ
② 실질임대료 = ⓐ + ⓑ + ⓒ = 순임대료 + 필요제경비

Ⅳ 임대료평가 시 원칙적으로 실질임대료를 구해야 하는 이유

① 지불임대료는 명목상의 임대료로서 대상 부동산의 사용·수익에 대한 정확한 대가를 표시하기 어려운 데 반해, 실질임대료는 임차인의 실질적으로 부담하게 되는 모든 경제적 대가를 포함하고 있기 때문이다.

② 평가실무에서는 평가목적 및 의뢰인의 요구에 따라 지불임대료를 산정해야 하는 경우가 많다. 이때는 감정평가서에 지불임대료 외에 실질임대료를 함께 제시해 줌으로써 평가의 일관성과 적정성을 유지해 나갈 수 있을 것이다.

③ 순임대료는 실질임대료에서 필요제경비를 공제하여야 하나, 필요제경비의 정확한 파악이 현실적으로 곤란하며, 파악한다 하더라도 임대차계약의 조건 또는 제반상황에 따라 필요제경비의 개별성이 커서 필요제경비를 공제하고 난 뒤 남게 되는 순임대료의 기복이 심해 안정성이 저해된다.

Ⅴ 실질임대료와 지불임대료의 관계

① 실질임대료란 지불임대료 및 그 외에 임대인에게 귀속되는 모든 경제적 대가를 말하므로 실질임대료의 구성 속에 지불임대료 구성이 포함된다.

② 부동산의 임대차에 있어서의 실질적인 경제대가는 실질임대료이므로 임대료의 평가에 있어서 구하는 임대료는 원칙적으로 실질임대료이다. 그러나 일정한 조건하에서는 지불임대료의 산정도 가능하므로 평가 시 양자의 구분을 명확하게 평가서에 표시하여 혼란을 방지하여야 할 것이다.

03 절 임대사례비교법

Ⅰ 서

1. 의의

"임대사례비교법"이란 대상물건과 가치형성요인이 같거나 비슷한 물건의 임대사례와 비교하여 대상물건의 현황에 맞게 사정보정, 시점수정, 가치형성요인 비교 등의 과정을 거쳐 대상물건의 임대료를 산정하는 감정평가방법을 말한다(감정평가에 관한 규칙 제2조 제8호). 이 방법에 의한 임대료를 비준임대료 또는 유추임대료라 한다.

2. 이론적 성립근거

임대사례비교법은 비교방식 중 임대료를 구하는 것이므로 거래사례비교법과 마찬가지로 시장성의 사고방식과 대체의 원칙에 근거하며 기타의 적용원리도 유사하다. 즉, 합리적인 부동산 사용자는 대상 부동산과 유사한 부동산보다 높은 임대료를 주고 사용하지 않으며, 부동산 임대자는 유사한 부동산보다 낮은 임대료로 임대하지 않는다는 경제주체의 행동에 근거한다.

Ⅱ 임대사례비교법에 있어 사례수집의 기준과 유의점[1]

1. 개요

임대사례비교법은 대상물건과 동일 또는 유사한 물건의 임대사례를 시점, 사정 등의 각 요인

---

[1] (특강) 임대사례비교법의 임대사례 선택기준과 임대료 산정에 유의할 사항(노용호, 건대특강)

비교에 의하여 대상물건의 임대료를 구하는 방식으로서 시장성 및 대체 원칙에 근거하고 있다. 임대사례비교법은 임대료의 특성상 일반적 사례의 선택, 수집기준 외에 계약 내용의 유사성이 요구된다.

2. 사례자료의 중요성[2]

① 임대사례비교법은 임대차 사례에 착안한 것이기 때문에 가급적 풍부한 사례를 선택해야 함은 물론, 사례의 적절한 선택 역시 무엇보다 중요한 것이다. ② 그러나 우리나라의 부동산 임대차의 관행이 임대차의 조건, 내용, 기간, 임대료의 종류 등 경우에 따라 다양하게 이루어지고 있으며, 특히 임대료에 있어서도 지불임대료 외에 보증금, 권리금 등과 수도광열비, 청소위생비, 냉난방비 등 부가사용료와 공익비 등의 명목으로 징수되는 경우도 있다. ③ 그러므로 임대사례 임대료의 수집에서도 비교성이 있는 자료여야 함은 물론, 임대차계약의 내용에 있어서도 비교성이 있는 것이어야 한다. 그것과 같은 물건이라도 계약의 내용에 따라 사례의 내용이 달라지기 때문이다.

3. 사례수집의 기준[3]

〈감정평가 실무기준〉
3.3.2.2 임대사례의 수집 및 선택
임대사례비교법으로 감정평가할 때에는 임대사례를 수집하여 적정성 여부를 검토한 후 다음 각 호의 요건을 모두 갖춘 하나 또는 둘 이상의 적절한 임대사례를 선택하여야 한다.
1. 임대차 등의 계약내용이 같거나 비슷한 사례
2. 임대차 사정이 정상이라고 인정되는 사례나 정상적인 것으로 보정이 가능한 사례
3. 기준시점으로 시점수정이 가능한 사례
4. 대상물건과 위치적 유사성이나 물적 유사성이 있어 지역요인・개별요인 등 가치형성요인의 비교가 가능한 사례

(1) 위치의 유사성

대상물건과의 위치적 유사성은 인근지역과 동일수급권 내의 유사지역에 위치하여 비교가능성 있는 것을 의미한다. 이러한 위치적 유사성은 단순한 지리적 위치의 접근성이 아니라 용도적 관점에서 파악해야 한다.

(2) 물적 유사성

대상물건의 물적 유사성은 부동산의 물리적・기능적 상태・용도・구조・설계 구성재료,

---

2) 노용호, 아카데미 부동산 감정평가론, 부연사, 2021
3) (연습문제) 임대사례비교법과 거래사례비교법의 사례선정기준의 차이는 무엇이며, 그러한 차이를 발생시키는 가장 큰 이유는 무엇인가? (경응수, 감정평가론, 나무미디어, 2021)

경과연수, 설비, 규모 등의 유사성을 의미한다. 특히 건물의 경우는 건물구조에 따라 용도가 결정되는 경우가 많으며, 효용의 창출 정도가 달라지므로 사례를 선정할 때 유의하여야 한다.

(3) 시점수정 가능성

부동산의 가치는 시간에 따라 변동하므로 임대시점과 기준시점의 임대료가 차이가 나는 것이 일반적이며, 이 경우 임대사례는 임대시점의 임대료를 기준시점의 임대료로 수정이 가능한 사례를 수집한다. 여기서 시점수정이 가능한 임대사례란 임대시점과 기준시점의 임대료에 대한 임대료지수 또는 임대료상승률의 파악이 가능한 사례를 말한다.

(4) 사정보정 가능성

부동산의 임대차에서 거래의 자연성을 해치는 특수한 사정 또는 동기가 개입된 사례는 정상적이라고 인정되는 사례나 정상적인 것으로 보정이 가능한 사례로 보기 어렵다. 여기서 정상적인 것으로 보정이 가능하다는 것은 사정이 개입된 임대료가 정상적인 임대료로부터 괴리된 정도에 대한 계량적인 파악이 가능하다는 것을 의미한다.

(5) 계약의 내용이나 조건의 유사성

임대차사례는 평가대상 부동산과 임대사례 부동산의 임대차계약 내용이나 조건이 유사하여야 하는데, 이는 임대차계약의 내용이나 조건이 임대차기간 동안 계약임대료 수준에 계속적으로 영향을 미치기 때문이다. 임대차계약의 내용이나 조건이 다른 사례는 평가대상 부동산의 임대료와 근본적으로 차이가 발생하며, 결과적으로는 신뢰성이 떨어지는 평가결과를 산출하게 된다.

(6) 임대사례에 의한 임대료의 기준

임대차계약기간 동안 지불되고 있는 계약임대료는 일정하지만 그때그때의 임대시장을 나타내는 시장임대료는 항상 변동하기 때문에 신규계약사례의 실질임대료를 수집해야 한다. 감정평가에 있어서 파악하여야 하는 임대료는 기준시점의 시장임대료인 반면, 감정평가의 자료로서 파악되는 것은 계약임대료이므로 계약임대료와 시장임대료가 일치되는 기준시점 현재 신규계약의 임대사례를 수집하는 것이 필수적이다.

4. 유의점

(1) 임대료의 비교시점 및 임대료의 종류

임대료의 기준시점은 기간 초이고 실현시점은 기간 말이지만 임대료의 비교시점은 기간 초임을 인식하여야 한다. 또한 임대료에는 실질임대료, 지불임대료, 순임대료 등이 있는바 개념을 명백히 파악하여야 한다.

(2) 계속임대료와 신규임대료 및 부동산가격과의 관계

임대료에는 신규로 체결하는 신규임대료와 지속적 재갱신되는 계속임대료가 있는바 대상의 임대료 종류에 따라 분명히 구분되어 선택되어야 하며, 지역에 따라 부동산가격과 연동함에 있어 지연성, 경직성이 상이할 수 있음을 인식하여야 한다.

III 장단점

1. 장점

① 시장성 원리에 근거하므로 실증적, 객관적이고, 설득력이 있다.
② 임대사례가 있는 모든 부동산에 적용이 가능하다.
③ 산식이 간편하고 의뢰인이 이해하기 쉽다.

2. 단점

① 임대사례가 없으면 적용이 불가능하며, 임대사례 수집이 어렵다.
② 각 요인비교 시 평가주체의 주관개입 가능성이 높다.
③ 임대사례의 임대료는 과거의 임대료로서 현재의 임대료를 평가하는 데 근본적 한계가 있다.

IV 결

시장성의 원리에 착안하여 임대료를 구하는 임대사례비교법은 임대료 평가에 있어 원칙적인 방법으로 설득력이 강하고 실증적이나 주관적이라는 비판을 받고 있는바, 평가사의 주관성을 배제할 수 있는 과학화, 객관화가 강하게 요청된다.

임대료 평가의 신뢰성 향상을 위하여 객관적, 과학적 평가기법에 대한 연구, 개발은 감정평가사에게 부여된 과제라 할 수 있으며, 아울러 감정평가사는 부단히 자질 향상에 노력하고 책임감과 윤리의식을 지니고 평가에 임하여야 할 것이다.

04 절 적산법

Ⅰ 서

① 「감정평가에 관한 규칙」 제22조에서 임대사례비교법을 원칙으로 하고 있으며, 예외적으로 적산법 및 수익분석법의 적용이 가능하다. 실무적으로는 임대사례비교법과 함께 적산법이 널리 활용되고 있다. 적산법이란 대상물건의 기초가액에 기대이율을 곱하여 산정된 기대수익에 대상물건을 계속하여 임대하는 데에 필요한 경비를 더하여 대상물건의 임대료를 산정하는 감정평가방법을 말한다(감정평가에 관한 규칙 제2조 제6호). 적산임대료란 적산법에 따라 산정한 임대료를 말한다.

② 적산법은 임대료의 평가에 있어서 실무상 널리 활용되고 있는 방법(부당이득금반환청구소송과 관련한 평가라든가 토지의 사용료 보상평가 등) 중의 하나이지만 아쉽게도 이에 대한 명확한 이론적 개념정립과 시장자료에 의한 실증분석 등은 충분히 이루어지지 못하고 있는 것이 현실이다. 이로 인해 적산법의 기본요소인 기초가액과 기대이율의 구체적 산정방법에 대해 여러 견해가 대립되고 있을 뿐만 아니라 실무에 있어서는 이론상 적산법과는 별개로 그 기본산식은 같지만 접근방법이 전혀 다른 새로운 방법이 일반적으로 적용되고 있다. 이렇듯 적산법의 기본개념의 미정립과 이론상·실무상 적용방법의 괴리는 적산법 평가실무에 있어 기초가액 및 기대이율의 구체적 산정과 관련하여 많은 혼동을 초래하고 있다.

③ 일례로 대법원의 판결에서조차도 적산법에 대한 이론적 접근방법과 실무상 적용방법의 차이점을 충분히 이해하지 못하고 혼동하여 판시하는 사례가 발생하였다. 판례의 대상이 된 평가에서는 기초가액은 시장가치로 산정하고 기대이율은 실제 이용상황을 참작하여 산정하였는데, 이는 실무상 적용방법을 사용한 적정한 평가였음에도 불구하고 대법원 판결에서는 이론적 적산법과 혼동하여 기대이율의 산정에 있어서는 실제 이용상황을 참작할 필요는 없다고 하면서 해당 평가가 부적정한 것으로 판결한 것이다. 이와 같은 판례로 인해 소송과 관련한 적산임대료 평가실무에 있어서는 많은 혼란이 야기되고 있는 것이 현실이다.

> ● 대법원 판례(대판 2000.6.23, 2000다12020)
>
> 대법원 판시의 주요 내용은 "해당 부동산 기초가액에다 그 기대이율을 곱하는 이른바 적산법에 의한 방식으로 임대료를 산정함에 있어 기대이율이란 임대할 부동산을 취득함에 있어 소요되는 비용에 대한 기대되는 이익의 비율을 뜻하는 것으로서, 원칙적으로 개개 토지의 소재지, 종류, 품등 등에 따라 달라지는 것이 아니고 국공채이율, 은행의 장기대출금리, 일반시중금리, 정상적인 부동산 거래이윤율, 국유재산법과 (구)지방재정법이 정하는 대부료율 등을 참작하여 결정되는 것이며, 따라서 위와 같은 방식에 의한 임대료 산정 시 이미 기초가액이 구체적인 개개의 부동산의 실제 이용상황이 참작되어 평가·결정된 이상 그 기대이율을 산정함에 있어서 다시 위 실제 이용상황을 참작할 필요는 없다."는 것이다.

Ⅲ 성립근거 및 적용대상

1. 의의

적산법이란 대상물건의 기초가액에 기대이율을 곱하여 산정된 기대수익에 대상물건을 계속하여 임대하는 데에 필요한 경비를 더하여 대상물건의 임대료를 산정하는 감정평가방법을 말한다. 이 방식에 의해 산정된 임료를 적산임료라 한다.

2. 성립근거

적산법은 원가방식에 속하는 임대료 평가방법으로 비용성의 원리와 대체의 원칙 및 고전학파에 그 이론적 근거가 있다. 기초가액이 지니는 자본가치의 대체투자기회가 이 방법의 이론적 근거가 된다. 또한, 필요제경비는 비용에 해당하기 때문에 비용성의 원칙에 근거한다.

3. 적용대상

비준임대료, 수익임대료 평가가 용이하지 않은 비시장성, 비수익성 물건에 적용되며 건물의 사용료 평가에 적용된다. 특히, 쟁송목적의 임대료 평가에 있어서는 대부분 과거에서 기준시점까지의 평가 중 적산임대료가 많이 활용된다.

Ⅲ 장단점

1. 장점

① 원본과 과실의 관계에 따라 기초가액에 기대이율을 승하여 산정되므로 이론적으로 타당하다.
② 원가방식에 착안하므로 비수익성, 비시장성 물건의 임대료 평가에 유용하다.

2. 단점

① 기성시가지의 수익성 물건이나 경기변동이 심한 경우의 임대료 등은 현실적인 임대료가 반영되지 않는다.
② 시장성의 반영이 어려워 수익을 목적으로 하는 물건에는 활용될 수 없다.
③ 기대이율과 기초가액 산정이 용이하지 않다.
④ 기대이율 산정 시 감정평가 주체의 주관개입이 있을 수 있다.

Ⅳ 기초가액

1. 의의

기초가액이란 적산법을 적용하여 적산임대료를 구하는 데에 기초가 되는 대상물건의 원본가치를 말하며, 비교방식이나 원가방식으로 산정한다. 기초가액은 시장가치와는 개념적으로 차이가 있으나 실무적으로는 이론적인 기초가액을 산정하기가 어렵기 때문에 시장가치로 산정하게 된다.

2. 기초가액 산정의 필요성[4]

(1) 원본과 과실의 관계

교환의 대가인 가격과 용익의 대가인 임대료와의 사이에는 원본과 과실의 상관관계를

---

4) 최태규, 감정평가이론연습, 부연사

인정할 수 있으므로, 임대료를 구하기 위해서는 원본가치로서의 기초가액을 구할 필요가 있다.

(2) 비용성(원가성)

적산법은 부동산에서 일정한 양의 용익을 얻기 위하여 소비된 원가에 착안하여 임대료를 구하는 것이므로, 투하된 가치인 기초가액을 구할 필요가 있다.

3. 기초가액을 산정하는 방법

① 적산법은 부동산의 재조달원가에 착안하는 원가방식에 의한 방법이므로 적산법의 적용에 있어서의 기초가액은 대상 부동산의 재조달에 소요되는 원가에 착안하여 구해진 적산가격으로 함이 타당하다.

② 그러나 기성시가지의 토지와 같이 원가법의 적용이 곤란한 부동산에 대해서는 거래사례비교법을 적용하여 구해진 비준가격도 일종의 취득원가이므로 기초가액으로 삼을 수 있다.

③ 그러나 임료(과실)를 알고 있다는 전제하에서 구해진 수익가액은 임료를 모르기 때문에 적용하는 적산법과 모순되므로 기초가액으로 사용하는 것이 불가능하다.

4. 기초가액 산정 시 유의점

① 임대료의 기준시점에서 대상물건이 갖는 가격이지만 반드시 대상물건의 최유효이용을 전제로 하는 경제가치는 아니고, 임대차계약 내용이나 조건에 따른 사용수익을 전제로 한 가격임에 유의한다. ② 만일 10층 빌딩 중 5층까지만 사용계약을 한 경우에는 해당 빌딩 10층의 원본가격이 아니고, 5층까지의 원본가치가 기초가액이 된다. ③ 최유효이용 미달 시 계약감가를 고려한다.

5. 시장가치와 비교[5](방최기범)

(1) 의의

기초가액은 적산법을 적용하여 적산임대료를 구하는 데 기초가 되는 가격이나, 시장가치는 통상적인 시장에서 대상물건의 내용에 정통한 당사자 간에 성립될 가능성이 가장 높다고 인정되는 대상물건의 가액이다.

(2) 구하는 방법

기초가액은 수익방식은 순환논리의 모순으로 적용할 수 없고, 비교방식, 원가방식으로 산정하는 반면, 시장가치는 비교방식, 원가방식, 수익방식 모두 적용 가능하여 3방식 병용을 통하여 산정한다.

---

5) 경응수, 감정평가론 제6판, 나무미디어, 2021

(3) 최유효이용의 전제 여부

기초가액은 기준시점에서 대상물건이 갖는 가액이지만, 반드시 대상물건의 최유효이용을 전제로 하는 경제가치는 아니고, 임대차계약 내용이나 조건에 따른 사용수익을 전제로 한 가액이다. 반면, 시장가치는 대상 부동산의 최유효이용을 전제로 파악되는 가격이다.

(4) 대상기간

기초가액은 계약기간 범위 내에서 성립되는 반면, 시장가치는 물건전체의 잔존내용연수 전 기간에 걸쳐 성립되는 가격이다.

(5) 물건의 범위

가격산정의 기초가 되는 물건의 범위는 기초가액은 임대부분에 한정되는 반면, 시장가치는 물건전체이다.

구분	기초가액	시장가치
의의	적산법을 적용하여 적산임대료를 구하는 데 기초가 되는 가격	통상적인 시장에서 대상물건의 내용에 정통한 당사자 간에 성립될 가능성이 가장 높다고 인정되는 대상물건의 가액
구하는 방법	원가방식 또는 비교방식 적용 (수익방식은 순환론이 되므로 적용 불가)	원가방식, 비교방식, 수익방식 적용 가능, 3방식을 병용하여 산정함
최유효이용의 전제	계약내용이나 조건에 따른 사용수익으로 최유효이용에 미달된 때에는 이에 상당하는 계약감가를 고려한 가격	대상 부동산의 최유효이용을 전제로 파악되는 가격
대상기간	계약기간 범위 내에서 성립	물건전체의 잔존내용연수 전 기간
물건범위	임대부분에 한정	물건전체

> **기초가액의 성격 문제[6]**
> 현행 「감정평가에 관한 규칙」은 기초가액에 대해 별도로 규정하고 있지 않으므로 그 성격에 대해서는 다툼이 있다. 기초가액의 성격과 관련해서 시장가치로 보는 견해, 임대차조건 등에 부응하는 사용가치로 보는 견해, 자본이득으로 인한 가치를 공제한 가치로 보는 견해 등이 대표적이다. 기초가액을 대상물건의 최유효이용을 전제로 한 시장가치로 본다면, 자본이득으로 인한 가치 또는 임대차계약 내용 등에 의해 대상물건을 한정적으로 사용함에 따른 가치의 제한은 기대이율에 반영하여야 하며, 기초가액을 대상물건의 사용조건 등에 따른 한정된 가액으로 본다면, 기대이율은 통상적인 투자수익률이 되어야 할 것이다.
> 다만, 이론적으로는 기초가액을 임대차조건 등에 부응하는 사용가치로 보는 견해가 타당하나, 실무적으로는 대상물건의 시장가치에서 자본이득으로 인한 가치 등을 공제하고 임대차조건에 부응하는 사용가치만을 감정평가한다는 것은 대단히 어렵다. 특히 토지의 경우 기초가액은 공시지가기준법으로 감정평가하는 경우가 대부분으로 사용가치만의 감정평가가 어려운 경우가 많다.

---

6) 감정평가 실무기준 해설서(Ⅰ), 2014, p133, 134

그러므로 임대차조건 등에 부응하는 사용가치의 감정평가가 가능한 경우에는 이러한 가액을 기초가액으로 하여 투자수익률의 개념에 부합하는 기대이율을 적용하고, 사용가치만의 감정평가가 불가능한 경우에는 시장가치를 기초가액으로 하되, 통상적인 투자수익률에서 자본이득으로 인한 가치 또는 임대차계약 내용 등에 의해 대상물건을 한정적으로 사용함에 따른 가치의 제한을 반영한 기대이율을 적용하는 것이 바람직한 것으로 보인다.

Ⅴ 기대이율

1. 의의

기대이율이란 임대차에 제공되는 대상물건을 취득하는 데에 투입된 자본에 대하여 기대되는 임대수익의 비율을 말한다. 기대이율은 대상물건의 용도, 실제 이용상황, 임대사례, 금리 등을 고려하여 산정한다.

2. 성격

① 기대이율은 부동산 투자에 대한 투자자의 기대보수율이라 할 수 있으므로 최소한의 투자수익률인 금융시장의 이자율과도 밀접한 관계를 가지고 있다. 또한, 투자수익률인 점에서 환원율과도 긴밀한 관계를 가지고 있다.

② 이론적으로 기대이율은 시장에서 금융시장의 이자율과 관련하여 정해지는 이율이지만 실무적으로 기초가액이 시장가치로 산정됨을 고려하여 순임대료율로 적용된다.

> ❷ 기대이율 산정방법[7]
>
> 현실적으로 부동산은 그 고유한 자연적 특성(부동성, 영속성, 부증성, 개별성)과 인문적 특성(용도의 다양성, 사회적·경제적·행정적 위치의 가변성, 분할 합병의 가능성)을 가지므로, 기대이율은 대상물건의 종류, 지목 및 용도 등에 따라 차이를 보일 수 있다. 즉, 기대이율은 높은 양도차익 기대, 지가나 임대료에 대한 행정적 규제의 영향, 일반경제상황과 일치하지 않는 일부 임대시장의 호황 등이 반영될 수 있다.
>
> ⟨기대이율 산식⟩
>
> $$r = a \ / \ V \ ⌜a = (R - E)⌟$$
>
> (R : 임대료, V : 기초가액, r : 기대이율, E : 필요제경비 a : 임대수익(순임대료))

---

7) 감정평가 실무기준 해설서(Ⅰ), 2014, p136

3. 기대이율과 환원율의 차이점[8](개적 시 전산상종)

(1) 개념

기대이율은 투입자본에 대한 수익의 비율인 반면, 환원율은 대상물건의 가격에 대한 수익의 비율이다.

(2) 적용

기대이율은 적산법에서 기대수익 산정 시 적용되는 반면, 환원율은 수익환원법에서 평가가액 산정 시 적용된다.

(3) 시간

기대이율은 대상물건의 임대차기간에 적용되는 단기적 이율인 반면, 환원율은 대상물건의 내용연수 만료 시까지 적용되는 장기적 이율이다.

(4) 전제

기대이율은 해당 계약조건을 전제로 하며 물건의 종별에 따라 차이가 없는 반면, 환원율은 대상물건의 최유효이용을 전제로 하며 물건의 종별 간에 차이가 있다.

(5) 산정기준

기대이율은 금융기관의 정기예금이율 등이 산정의 기초가 되는 반면, 환원율은 무위험률에 위험할증률을 가산한 이율이다.

(6) 상각 및 세공제

기대이율은 항상 상각후, 세공제전 개념인 반면, 환원율은 상각 전후, 세공제 전후의 구별이 있다.

(7) 종합이율

기대이율은 종합기대이율의 개념이 없는 반면, 환원율은 2개 이상 물건의 경우 종합환원율이 적용된다.

---

8) 경응수, 감정평가론 제6판, 나무미디어, 2021
   (특강) 기대이율과 환원이율의 차이점(노용호, 건대특강)

Ⅵ 필요제경비(감유공손대공정)

1. 의의

(1) 의의

필요제경비는 임차인이 사용·수익할 수 있도록 임대인이 대상물건을 적절하게 유지·관리하는 데 필요한 제반 비용을 말한다. 이러한 필요제경비는 원래 임대인이 부담하는 것이 원칙이나 현실적으로 임대인은 대상 부동산의 임대차를 통해 일정한 투자수익을 확보하려는 목적하에 임대료라는 명목으로 임차인에게 제반 비용을 전가하게 된다.[9]

(2) 자본적 지출과의 구별

필요제경비는 대상 물건의 가치에 영향을 미칠 수 있는 자본적 지출과는 구별되는 개념이다.

2. 구성요소

(1) 감가상각비

1) 내용

감가상각비란 상각자산에 있어 시간의 흐름 등에 따라 발생하는 물리적·기능적·경제적 요인에 의한 가치감소분으로 임대인은 투하자본에 대한 사용·수익에 대한 대가 외에 임대차기간에 해당하는 감가상각비도 회수해야 한다. 임차인이 임대차 대상 부동산을 사용하여 수익을 얻고 있으므로 수익을 얻고 있는 자가 비용을 부담한다는 수익자 비용부담의 원칙에 따라 임대인은 임차인에게 감가상각비를 부과할 수 있는 것이다.

2) 유의사항

감가상각비와 관련하여 유의해야 할 사항으로 감가상각비와 기대이율 간의 논리적 일관성 유지의 문제가 있다. 즉, 감가상각비가 필요제경비에 포함되므로 기대이율은 상각후기대이율을 적용해야 한다.

(2) 유지관리비

1) 내용

유지관리비는 대상 부동산의 유용성을 유지하고 회복시키는 데 들어가는 비용과 임대료 징수 등에 소요되는 인건비 등을 말한다. 유지관리비는 유지비·수선비·관리비 등으로 구분되는데 대상물건의 구조와 용도 및 규모 등에 따라 그 내용은 다양하다.

---

9) 필요제경비는 임대인이 부담하게 되므로 임대인은 이것을 임료에 포함시켜 임차인에게 전가함으로써 투자수익을 확보하게 된다.

2) 유의사항

① 실비적 성격의 비용 제외

유지관리비의 산출과 관련하여 유의해야 할 사항이 있는데 실비적 성격의 비용은 유지관리비로 계상해서는 안 된다는 것이다. 수도광열비와 냉난방비 등의 전유부분에 관계되는 부가사용료와 청소비, 승강기보수비, 주차장관리비 등의 공용부분에 관계되는 공익비가 대표적인 실비적 성격의 비용으로 이는 유지관리비에 포함해서는 안 된다. 다만, 실비적 비용을 초과하여 임대인에게 귀속되는 부분은 실질임대료에 포함되는 부분이 된다.

② 자본적 지출과의 비교

자본적 지출에 해당하는 대수선비 또한 유지관리비에 포함시켜서는 안 된다. 이것은 부동산의 가치를 증가시키는 항목으로 처리된다.

(3) 조세공과금(= 공조공과)

1) 내용

조세공과금은 대상 부동산의 보유에 따라 발생하는 각종 세금과 부담금을 말하는 것으로 재산세, 종합부동산세, 공동시설세, 도시지역분 재산세 등의 세금과 도로점용료, 과밀부담금, 교통유발부담금 등 공과금이 대표적이다.

2) 유의사항

① 세금과 관련하여 부동산의 취득과 관련한 세금(취득세, 상속세, 증여세 등)은 대상 부동산의 취득원가에 포함되는 항목으로 필요제경비 항목에는 해당되지 않는다는 점에 유의해야 한다.

② 그리고 부동산임대소득과 관련한 세금(임대소득세, 법인세 등) 또한 임대료가 확정된 후 임대료를 기준으로 납세의무가 발생하게 되므로 필요제경비 항목에 해당하지 않는다.

③ 부동산 양도 관련 세금(양도소득세 등) 역시 부동산의 임대와는 관련이 없는 항목으로 필요제경비 항목이 아니다.

(4) 손해보험료

화재보험료, 기계나 설비에 대한 보험료 등과 같이 임대차를 계속하는 데 통상적으로 필요한 경비는 필요제경비에 포함하여야 한다. 특히 손해보험료의 경우에는 소멸성 보험료만을 필요제경비에 포함한다.

(5) 대손준비금(= 대손충당금, 결손준비비)

1) 내용

대손준비금은 임차인이 임대차기간 중 임대료를 지급하지 않을 상황에 대비하여 계상되는 금액으로 이러한 대손준비금은 경제상황 및 지역경제여건, 임차인의 신용 등에 의해 영향을 받는다.

2) 유의사항

① 신용도가 좋은 임차인이라고 하더라도 운영하고 있는 사업의 위험성이 높은 사업이라면 평균 이상의 대손준비금을 설정하여야 한다.

② 보증금 등에 의해 대손에 대한 보전이 충분히 담보된 경우에는 대손준비금을 별도 계상할 필요가 없음에 유의해야 한다.

(6) 공실손실상당액

1) 내용

공실손실상당액은 공실로 인하여 발생하는 손실분을 계상하는 것으로 이러한 공실은 임차인들의 정상적인 전출입이나 부동산시장 내 수급의 변화로 인해 발생한다.

2) 유의사항

기준시점 현재 공실이 전혀 없이 점유율이 100%라 하더라도 최소한의 공실률은 계상해야 한다. 점유율이 100%라고 하는 것은 해당 부동산시장 내에 충분한 수요가 있다는 방증으로 장래에 대체·경쟁 부동산의 공급이 이루어지리라는 것을 충분히 예측할 수 있기 때문이다.

(7) 정상운영자금이자(= 정상운전자금이자)

1) 내용

정상운전자금이자는 임대업의 운영을 위하여 소요되는 정상적인 운전자금에 대한 이자 상당액을 말하는데 세금의 일시납, 종업원에 대한 상여금의 일시지급 등과 같은 상황에 사용되는 자금이 운전자금의 대표적인 형태이다. 이러한 운전자금도 대상 부동산의 임대와 직접적인 관련이 있는 것으로 그에 해당하는 이자상당액은 필요제경비에 해당한다.

2) 유의사항

대상 부동산의 취득에 소요된 자금에 대한 이자, 1년 이상의 장기차입금에 대한 이자, 임대인의 자기자금이자상당액 등은 임대와 관련이 없는 것으로 필요제경비로 계상해서는 안 된다.

3. 필요제경비와 운영경비와의 관계

운영경비 항목은 기본적으로 감가상각비와 대손준비금 및 공실손실상당액이 포함되지 않는다는 점에서 필요제경비와 차이가 있다. 이는, 적산법에서의 필요제경비는 임대차계약에 의해 일정기간 대상 부동산을 임대함으로써 발생되는 비용인데 반해, 순수익 산정을 위한 운영경비는 순수하게 대상물건의 현금흐름을 계산하기 위한 개념이기 때문이다. 따라서 운영경비에는 현금유출을 수반하지 않는 건물의 감가상각비나 공실 등에 의한 손실 및 대손준비금 등이 포함되지 않지만, 필요제경비에는 포함된다.

그러나 감가상각비의 경우에는 수익환원법의 적용모델에 따라 자본환원율과의 일관성 유지 차원에서 운영경비에 포함되기도 한다는 점에 유의해야 한다.

4. 유의사항

임대차계약의 내용 및 대상물건의 종류에 따라 적산법 적용 시 포함하여야 할 필요제경비 항목의 세부적인 내용은 달라질 수 있다는 점에 유의하여야 한다.

Ⅶ 결

① 이론상의 적산법과 실무상 적용방법은 개념적으로 다른 방법이고, 그 구성요소의 개념과 산정방법 또한 다르기 때문에 이를 혼동하여 적용하는 경우에는 부적정한 평가가 될 수 있다. 기대이율의 적용과 관련한 대법원의 판례는 이론적 적산법과 실무상 적용방법에 대한 개념과 구체적 산정방법에 있어서 구성요소 간의 차이를 충분히 인식하지 못하고 이를 혼동하여 판시된 결과라고 할 수 있다. 즉 판례대상의 임대료 평가에서는 기초가액을 시장가치로 산정하고 기대이율은 용도에 따라 달리 구하여진 순임대료비율을 적용한 통상의 실무상 적용방법을 사용하였으므로 적정한 평가임에도 불구하고 이론적 적산법의 개념과 혼동하여 기대이율은 토지의 용도별로 달리 적용될 수 없다고 판시하는 결과가 발생한 것이다.

② 따라서 적산임대료의 평가실무에 있어서는 이론상의 적산법과 실무상 적용방법에 있어서 이러한 차이가 있다는 것을 충분히 인식하고 어떤 방법을 적용할 것인가를 분명히 하여야 하며, 그에 맞는 기초가액과 기대이율을 산정하고 적용하여야 할 것이다. 이때 유의할 점은 당연한 이야기가 될 수도 있겠지만 이론상의 적산법과 실무상 적용방법 중 어느 방법에 의하든지 평가된 임대료액은 동일하여야 한다는 것이다.

▼ 이론상 적산법과 실무상 적용방법의 비교

구분		이론상 적산법	실무상 적용방법
접근		비용접근방식	시장접근방식
기초 가액	개념	- 적산임대료를 구하는 데 기초가 되는 가격 - 시장가치에서 자산가치는 배제, 용익가치 만 고려된 개념이며, 최유효이용에 미달될 때에는 이용제약에 따른 감가고려	- 시장가치 - 시장가치는 자산가치와 용익가치로 구성
	산정방법	기초가액 = 시장가치 - 자산가치 - 이용제약	감정평가 3방식(순환논리 모순상 수익환원 법 부적합)
기대 이율	개념	- 임대차에 제공되는 물건을 취득하는 데 투입된 일정액의 자본에 대하여 기대되는 임대수익의 자본에 대한 비율 - 요구수익률	- 현실시장에 있어서 해당 부동산의 시장가 치에 대한 임대료의 비율(자산가치가 배 제되고 이용이 제약된 상태의 임대료율) - 시장임대료비율
	산정방법	순수이율 + 위험률	시장에서 직접 조사(시장임대료비율 = 임대 료 ÷ 시장가치)
필요제 경비	개념	대상물건을 계속하여 임대차하는 데 필요한 경비	
	산정방법	감가상각비 + 유지관리비 + 조세공과 + 기타 비용	

05 절 수익분석법

I 의의 및 성립근거

1. 의의

"수익분석법"이란 일반기업 경영에 의하여 산출된 총수익을 분석하여 대상물건이 일정한 기간에 산출할 것으로 기대되는 순수익에 대상물건을 계속하여 임대하는 데에 필요한 경비를 더하여 대상물건의 임대료를 산정하는 감정평가방법(감정평가에 관한 규칙 제2조 제11호)이다. 수익분석법은 해당 물건의 수익이 그 기업 수익의 대부분을 구성하고 있는 경우와 경영 주체에 의한 기업수익에 미치는 영향이 적은 경우 등 대상물건에 귀속되는 순수익액 등을 적정하게 구할 수 있는 경우에 유효하다.

> 기업 전체의 순이익 = 총수익 − 총비용
> 토지에의 귀속순이익(수익순임대료) = 기업 전체의 순이익 − 경영, 노동, 자본에의 귀속이익 수익임대료
> = 수익순임대료 + 필요제경비

2. 성립근거[10]

① 수익분석법은 기업용 부동산의 임대차거래에 있어서 임차인이 부동산을 사용·수익하여 얻는 수익 중에서 얼마까지를 임대료로 지불할 수 있는가의 수준을 구하여 임대료를 평정하려는 것으로, 기업용 부동산에 있어서는 대상 부동산에 귀속되는 순수익을 일반수요자 가격으로서의 임대료 결정요소로 보려는 것이 기본적 사고이다.

② 수익성의 사고방식에 기초하며, 순수익은 각 생산요소의 유기적 결합에 의해 발생되는 것이므로 그 기여도에 따라 이자, 임금, 지대 등으로 수익이 배분되므로 수익배분의 원칙에 그 근거를 두고 있다.

---

10) 홍길성, 신부동산감정평가원론, 법문사 / 이창석 외, 부동산감정평가론, 리북스, 2013

Ⅱ 적용방법

1. 수익임대료를 구하는 방법

수익임대료를 구하는 방법에는 ① 총수익을 분석하여 대상물건이 일정기간에 발생한다고 기대되는 상각후·세공제전 순수익을 구하여, 여기에 필요제경비를 가산하여 구하는 방법과, ② 일반 기업경영에 의한 총수익을 분석하여 수익순임대료와 필요제경비를 포함한 임대료상당액을 수익임대료로써 직접 구하는 방법의 두 가지가 있다.

2. 순수익

순수익은 대상물건의 총수익에서 그 수익을 발생시키는 데에 드는 경비(매출원가, 판매비 및 일반관리비, 정상운전자금이자, 그 밖의 생산요소 귀속 수익 등을 포함)를 공제하여 산정한 금액을 말한다. 따라서 수익분석법에 의한 수익임대료를 산정할 때 순수익은 객관적·표준적·합법적이고 안정성이 확보된 것이어야 하나, 순수익을 발생시키는 부동산의 사용수익 상태는 반드시 최유효이용일 필요가 없다.

3. 필요제경비

필요제경비란 임대차계약에 따라 임차인이 임대 목적 부동산을 사용·수익할 수 있도록 임대인이 대상물건을 적절하게 유지·관리하는 데 필요로 하는 제 경비를 말한다. 여기에는 감가상각비, 유지관리비, 조세공과금, 손해보험료 및 대손준비금 등이 있다.

Ⅲ 수익분석법의 장단점

1. 장점

① 수익성에 바탕을 둔다는 점에서 적산법이나 임대사례비교법보다 논리적이다.
② 거래사례수집이 어렵고 투하비용을 알기 힘든 수익성 부동산의 평가에 유리하다.

2. 단점

① 수익이 발생하지 않는 부동산 평가에 적용이 곤란하여, 일반기업용 부동산평가에만 한정적으로 적용된다.
② 일반경기변동이나 산업추이동향 등의 변화로 순이익의 예측이 곤란한 경우에는 신뢰성이 결여된다.
③ 각 요소별로 귀속하는 순이익의 파악이 곤란하여 정도가 떨어질 우려가 있다.

Ⅳ 수익분석법 적용상 유의점

1. 순수익 산정 시 유의점

① 대상 부동산에 귀속하는 순수익은 수익배분의 원칙에 의해 타 생산요소에 적정배분된 후 잔여수익의 성질을 갖는다.

② 수익분석법에서의 순수익은 대상물건의 임대차 내용·조건에 따른 일정기간에 기대되는 순수익이다.

2. 필요제경비 산정 시 유의점

① 수익분석법에서의 순수익은 상각후·세공제전의 순수익이므로 필요제경비에는 감가상각비가 항상 포함되어야 한다.

② 소득세·법인세 등과 차입금이자, 자기자본이자 상당액 등은 계상되지 않는다.

Ⅴ 주거용 부동산에 적용이 곤란한 이유

① 주거용 부동산은 원칙적으로 수익발생을 목적으로 하는 부동산이 아니므로, 수익성을 기본사고로 하는 수익분석법으로는 적용이 힘들다.

② 주거용의 임대부동산에서 수익분석의 기초가 되는 것은 임대료인데, 이미 구해진 임대료에서 순수익을 분석하여 다시 임대료를 구함은 순환논리상 모순이 된다. 즉, 주거용 부동산에도 임대료 분석이 가능하지만 그 자체에서 임대료를 알 수 있으므로 부동산 이외의 총수익을 분석하여 부동산에 귀속하는 임대료를 추출하는 수익분석법의 적용이 무의미하다.

Ⅵ 수익환원법과 수익분석법의 비교

구분	수익환원법	수익분석법
유사점	순수익을 기준으로 가격 또는 임대료를 산정하는 수익방식에 의한 평가방법	
순수익의 산정기간	전 내용연수 동안 장기적으로 발생	임대차기간 동안의 단기간에 발생
최유효이용 여부	최유효이용상태를 전제로 한 순수익	임대차의 계약내용이나 조건에 맞는 순수익
감가상각비·조세 포함 여부	상각전·후, 세공제전·후의 순수익	항상 상각후, 세공제전 순수익
적용대상	기업용·임대용 부동산에 적용	기업용 부동산에 적용

06 절 임대권과 임차권 평가[11]

Ⅰ 개설

임대차란 대상토지나 구조물을 일정한 기간 동안 점유하고 사용할 권한을 일정한 대가에 의해 소유자로부터 임차자에게 이전하는 서면계약이다. 임대차의 유형은 임대료산정방법, 영업경비의 부담방법 등에 의해 여러 가지로 나누어진다.

이상과 같이 임대차에는 다양한 종류가 있으며, 각 임대차계약마다 여러 가지 독특한 양상을 보이고 있다. 그러나 장기 임대차의 경우, 공통되는 양상을 분석하게 되면 매우 표준화된 평가 기법을 도출할 수 있다.

---

11) 안정근, 부동산평가이론(제22장 임대차평가), 양현사, 2013
(특강) 임대차평가에 대한 논의(나상수)

Ⅲ 임대차의 유형

1. 임대료 산정방법

고정 임대차	• 임대기간 동안 고정된 임대료를 지불하는 임대차계약 • 안정된 경제상황에서 일반적, 인플레하에서는 비교적 단기 임대
재평가 임대차	일정기간마다 부동산가치를 재평가하여 임대료 산정하는 임대차계약 (시장가치의 %로 산정될 경우)
점변 임대차	임대차기간 중에 임대료가 점점 변하는 임대차계약 • 점증임대차 - 예 기업창업 • 점감임대차 - 예 소득감소확실, 임차자비용으로 약속된 개량물을 설치한다는 조건하의 장기 임대계약
비율 임대차	• 임대료의 전부나 일부를 임차자의 매상고·생산성의 일정비율로 산정하는 계약 　예 매장용(고객증가, 매상고 높아짐에 따라 훼손, 손상의 정도가 심해짐) • 기본임대료와 추징임대료에는 각기 다른 자본환원율 적용 　- 기본임대료 : 임차자의 신용상태에 따라 　- 추징임대료 : 구매력, 경쟁 정도에 따라(보다 위험이 큰바 일반적으로 높은 환원율 적용)

2. 영업경비 부담방법

조임대차	영업경비를 임대자가 직접 지불하는 임대차이다. 실질적으로는 임차자가 내는 임대료에 이미 영업경비가 포함되어 있기 때문에 임차자가 간접 지불하는 것이 된다. 주거용 부동산에 일반적으로 사용된다.
순임대차	영업경비를 임차자가 직접 지불하는 임대차이다. 임차자가 영업경비의 어디까지 부담하느냐에 따라 　① 1차 순임대차(임차자가 전기, 가스, 전화와 같은 편익시설 사용료와 부동산세금, 기타 특별부담금을 자기 비용으로 직접 지불) 　② 2차 순임대차(① + 보험료까지 임차자가 직접 지불) 　③ 3차 순임대차(② + 유지수선비까지 임차자가 직접 지불) 셋으로 나누어지며, 공업용 부동산의 경우 3차 순임대차가 가장 일반적으로 사용된다.
비율임대차	사전에 정해진 계약내용에 따라 임대자와 임차자가 영업경비를 분담하는 것으로, 매장용 부동산에는 비율임대가 일반적으로 사용된다.

3. 기타

중요임대차	대규모 부동산에서 중요임차자(정박임차자)와 맺은 계약
위성임대차	군소임차자와 맺은 계약
전대차	임차자가 다른 임차자에게 다시 임대계약 = 샌드위치 임대차
재대차	임대자가 다시 임대하는 것
매후환대차 (Sales-lease back)	1) 의의 매후환대차란 특별한 계약에 의해서 대상 부동산을 매도한 소유자가 다시 그것을 임차하는 것을 말한다. 계속 사용하는 경우에는 전형적인 보유기간 말에 자본이득 효과와 감가상각비 절세 효과를 보게 되고, 매후환대차 시에는 현재 시점에서 자본이득효과와 임차료 절세효과를 갖는다. 2) 효과 ① 토지에 대해서 실질적으로 100% 자금조달이 가능하다. ② 저당대출의 경우에는 이자지급분만 세금이 공제되나, 임차료는 전액 공제대상이다. ③ 토지 매후환대차는 투입자본에 대한 감가상각의 비율이 더 커지게 하는 효과를 가진다. ④ 부동산의 매도자는 임차만기에 토지를 재매수할 수 있는 옵션을 가질 수 있으므로, 필요한 경우 토지소유권을 회복할 수 있다.
토지개발 임대차	임차자가 토지를 임차, 개량물 설치 사용, 기간 말에 임대자에게 임차자개량물의 소유권을 넘기는 형식의 임대차 계약 임대권가치 = 계약임대료 × PVIFA + (토지 + 임차자개량물) × PV

Ⅲ 임대권의 평가

1. 의의

임대권의 가치는 매 기간의 임대료와 기간 말의 복귀가치를 현재가치로 환원한 값이다. 임대차에 있어서, 소유자가 대상 부동산에 대해 가지는 법적권리로서, 권리자를 임대권자라 한다.

2. 임대권자의 권리

임대자는 대상 부동산에 대해 다음 두 가지 금융적 권리를 가진다.
① 임대기간 동안 지불받는 계약 임대료
② 기간 말에 돌려 받게 되는 임대부동산의 복귀가치
계약기간이 끝나면 임대자는 대상 부동산에 대해 무제한적이고 배타적인 절대소유권을 돌려받는다.

3. 임대권의 평가

> 임대권 = 임대기간 동안의 계약임대료(순임대료) × PVAF + 계약기간 말 복귀가치 × PVF

4. 평가 시 유의사항

① 시장임대료가 아닌 임대자가 실질적으로 받게 되는 계약임대료에 의해 평가된다.

② 따라서 대상 부동산의 시장가치는 불변이라 하더라도, 임대권가치는 임대차계약 내용에 따라 달라질 수 있다.

③ 임대권가치는 임대료가 기간 초 또는 기간 말 등의 지급방법에 따라 달라짐에 유의해야 한다. 즉 이를 현가화 차이라 할 수 있다.

Ⅳ 임차권의 평가

1. 의의

임차권의 가치는 시장임대료가 계약임대료를 초과할 때 획득되는 귀속소득을 현재가치로 환원한 값이다. 임대차에 있어서 임차자가 대상 부동산에 대해 가지는 법적권리로, 권리자를 임차권자라 한다.

2. 임차자의 권리

임차자는 매 기간마다 임대자에게 계약임대료를 지불하는 대신에 대상 부동산을 주어진 기간 동안 배타적으로 사용할 수 있는 권한이 있다. 그러므로 계약기간 동안에 시장임대료가 계약임대료보다 상승하게 되면 임차자는 실질적으로 그 차액만큼 이익을 보는 셈이 된다. 즉 귀속소득(시장임대료 - 계약임대료)을 향유할 수 있는 권리가 있다.

3. 임차권의 평가

임차권 = 귀속소득(시장임대료 - 계약임대료) × PVAF + 임차자개량물 × PVF

4. 평가 시 유의사항

① 대상 부동산에 대한 위험의 정도나 예상되는 인플레이션율은 시간에 따라 달라지므로 자본환원율은 평가시점에 따라 달라진다. 따라서 평가사는 평가시점을 기준으로 대상 부동산에 가장 전형적인 자본환원율을 적용해야 한다.

② 임차자개량물이 존재 시, 그 잔존가치를 더해야 함이 일반적이다.

③ 귀속소득은 매 기간 말에 발생하므로 기간 말을 기준으로 할인한다.

V 임대차 평가 시 유의사항

1. 자본환원율의 결정

자본환원율을 구하기 위해서, 평가사는 지역시장, 대상 부동산 그리고 유사부동산에 관한 자료를 수집하고, 임대차에 따르는 수익과 위험을 분석하여, 대상 부동산에 가장 적합한 자본환원율을 결정한다.

2. 소유권의 가치 ≠ 임대권가치 + 임차권가치

대상 부동산의 시장가치, 즉 소유권 가치는 대상 부동산의 임대차 여부에 관계없이 일정하다는 것이다. 그 이유는 자본환원율 차이, 임차자의 질적 차이, 그리고 최고최선의 이용의 문제 등이 있다.

3. 임차자조건과 임차권의 가치

임대차조건에는 임차자의 권리를 제한하는 것이 많이 있다. 대규모 상업용 건물의 경우 취급 품목, 사업종류, 업체 간의 공간적 배열문제 등으로 그 건물 자체로서 최대의 효용을 얻을 수 있도록 하는데, 이것은 임차자혼합이라 한다. 평가사는 임대차조건을 충분히 검토하여, 임차권의 가치를 평가해야 한다.

VI 등식 불성립의 이유[12]

1. 개설

대상 부동산의 시장가치, 즉 소유권의 가치가 임대권과 임차권가치를 합한 것과 현실적으로 일치하지 않는 데에는 여러 가지 이유가 있다. 임대권과 임차권에 적용되는 자본환원율의 차이, 임차자의 질적 차이, 최고최선의 이용 문제 등이 있다.

2. 자본환원율의 적용문제

(1) 임대환원율과 임차환원율

임대권의 가치는 계약임대료와 복귀가치를 현재가치로 환원한 값이다. 이때의 환원율을 임대환원율이라 한다. 임차권의 가치는 귀속소득을 현재가치로 환원한 값으로, 이때의 환원율을 임차환원율이라고 한다. 만약, 임대환원율과 임차환원율이 같은 경우에는 '소유권의 가치 = 시장임대료의 현가 + 복귀가치의 현가'이고, '시장임대료 = 계약임대료 + (시장임대료 − 계약임대료)'인바, 소유권의 가치는 임대권의 가치와 임차권의 합이 된다.

---

12) (특강) 임대차 평가와 관련하여 다음의 각 항을 설명하시오. 1) 현행임대료의 적절성 판단, 2) 임대권, 임차권, 소유권에 각각 상이한 자본환원율을 적용하는 이유, 3) 임차자의 질이 임대권의 가치에 미치는 영향(김상한)

(2) 자본환원율의 차이

① 계약임대료와 귀속소득을 할인하는 환원율은 서로 다르다. 자본환원율은 매 기간마다 기대되는 소득에 대한 위험의 정도와 밀접한 관계가 있다. 계약임대료와 귀속소득은 그 성격상 위험의 정도가 다르므로 같은 자본환원율을 적용할 수 없다.

② 계약임대료는 시장상황에 관계없이 계약기간 동안 상대적으로 안전하게 획득될 수 있다. 그러나, 귀속소득은 시장상황에 따라 수시로 변동될 수 있는 것이므로 더 많은 위험에 노출되어 있다. 따라서, 평가사는 계약임대료에 대해서는 낮은 환원율, 귀속소득에 대해서는 높은 환원율을 적용하고 있다.

3. 임차자의 질

(1) 임차자의 질

시장가치, 즉 소유권의 가치는 대상 부동산에 대한 시장의 전형적인 임차자와 임대료를 기준으로 해서 추계되지만, 임대권의 가치는 계약임대료를 기준으로 해서 추계된다는 사실을 명심할 필요가 있다. 대상 부동산의 계약임대료가 비록 전형적인 시장임대료와 일치한다고 하더라도, 계약임대료에 대한 위험의 정도는 임차자의 질에 따라 달라진다. 그러므로 비록 지불받는 임대료 수준은 같더라도, 임차자의 질이 다르면 서로 다른 환원율을 적용해야 한다.

(2) 임대권의 가치가 소유권의 가치보다 큰 경우

① 임대료가 동일함에도 불구하고 임대권의 가치가 달라진다는 것은, 임차자의 질적 차이에 따라 적용되는 환원율이 다르다는 것을 뜻한다. 평가사는 양질의 임차자로부터 창출되는 계약임대료에는 낮은 환원율을, 그렇지 않은 임대료에는 상대적으로 높은 환원율을 적용한다.

② 경우에 따라서는 임대권의 가치가 오히려 소유권의 가치보다 클 수도 있다. 예를 들어, 대상 부동산이 양질의 임차자에게 임대되고 있는데, 현재의 시장에서는 그 이상 좋은 임차자를 구할 수 없는 경우이다. 이는 계약임대료가 시장임대료를 초과하고 있을 때에도 발생한다. 이때 임대권의 가치는 초과임대료를 현재가치로 환원한 값만큼 소유권의 가치보다 커지게 된다.

4. 최고최선의 이용

(1) 최고최선의 이용 여부

평가사가 추계하는 시장가치는 대상 부동산의 최고최선의 이용을 전제하고 있다. 따라서 현재 대상 부동산이 최고최선의 이용에 있지 않을 경우에는, 임대권의 가치와 소유권의 가치는 달라질 수밖에 없다. 왜냐하면 소유권의 가치는 최고최선의 이용을 전제하지만, 임대권의 가치는 현재의 이용을 전제로 하기 때문이다.

(2) 저지임대차

현재의 임대료가 최고최선의 이용에 의한 것이 아닐 경우, 임대권과 임차권의 가치를 합한다고 하더라도 소유권의 가치와 일치하지 않는다. 이 같은 현상은 장기의 저지임대차에서 많이 발생하는데, 저지임대차란 대상부지만을 임대차하는 것을 의미한다. 대상부지가 장기의 저지임대차에 제공되고 있을 때에는 과거에는 최고최선의 이용이었지만 시간이 지남에 따라 현재에는 최고최선의 이용이 아닌 경우가 많기 때문이다.

5. 소결

임대권의 가치와 임차권의 가치의 합이 소유권가치는 아니므로, 임대권, 임차권가치를 별도로 추계해야 한다. 결코, 소유권가치에서 임차권이나 임대권의 가치를 제함으로써, 구하고자 하는 가치를 추계해서는 안 된다.

◎ 심화논점

01 절 보증금 성격에 따른 운용이익 ▶기출 23회

Ⅰ. 개요

Ⅲ. 금융상품 등 포트폴리오로 운용한다는 시각

Ⅱ. 대상 부동산의 사업자금에 충당한다는 시각

Ⅳ. 원금보장형으로 운용한다는 시각

Ⅰ 개요

예금적 성격의 보증금의 운용이익은 임대차로부터 생기는 실질적인 경제적 이익의 일부를 구성한다. 따라서 수익환원법에서 순수익을 산출하거나 임대료 평가를 할 때 보증금을 월세로 전환하는 이율을 산정하여야 한다. 이때 보증금의 성격에 따라 전환율이 달라지므로 보증금을 어떻게 볼 것인가가 중요하다.

Ⅱ 대상 부동산의 사업자금에 충당한다는 시각

이는 보증금을 은행의 대출금과 같이 차입금으로 보아 이것을 부동산 경영에 필요한 자금으로 사용한다는 관점이다. 이때 보증금은 대상 부동산의 투자자금의 상환에 사용하거나 그 투자자금과 동등한 자본효율이 생기는 것으로 간주하기 때문에 금융기관의 대출금리와 같은 이율로 운용되는 것으로 보게 된다.

그러나 대출금리는 소유자의 개인적인 능력에 따라 차이가 발생하므로 부동산가격의 객관화를 위해서는 부동산의 용도, 수익성에 의해 세분화된 대출금리수준이 운용이율이 될 것이다.

Ⅲ 금융상품 등 포트폴리오로 운용한다는 시각

이 경우는 위험과 수익은 상쇄관계에 있다는 것에 근거해서 원금보장형에 가까운 금융상품에 투자하는 경우에는 운용이율이 낮아지고, 위험이 커질수록 운용이율은 높아지게 된다. 일반적으로 회사채금리 등이 주요한 기준으로 이용된다.

Ⅳ 원금보장형으로 운용한다는 시각

이는 계약 만료 시 임차인에게 반환할 보증금이 안전하다는 것을 분명히 하기 위해 국공채 등 원금보장형 상품을 구입하여 운용한다는 시각이다. 원금보장형 이율로서 국공채, 은행 정기예금 등이 있지만, 상품마다 다양한 이율이 있고 대상 부동산의 유형이 나대지, 주택, 상가 등으로 다양하여 운용기관 간의 관련성을 함께 고려해야 한다.

> ▶ **전환율과 구별**
>
> "전환율"이라 함은 임대형태에 있어서 월세조건을 전세조건으로 변경하는 경우에 적용되는 이율을 말한다.
> 전월세 전환율 = 월세 × 12 / (전세금 − 보증금)
> 예를 들어 전세보증금이 1억일 때, 보증금을 4,000만원으로 줄이고, 월세를 60만원으로 전환할 경우
> 전월세 전환율 = 60만원 × 12 / (1억 − 4,000만원) = 0.12(12%)

02 절 공익비와 부가사용료 ▶기출 7회

I. 개념
III. 회계처리방법

II. 지불임대료 포함 여부
IV. 유의사항

I 개념

공익비란, 공용공간에 소요되는 공통비나 공용부분 관리비를 말한다. 공용부분의 청소비, 승강기비용, 주차비 등이 있다. 부가사용료란 임차자 전용공간의 가스료, 전기료, 수도료, 냉난방비 등 임차자가 공급회사에 직접 지불하지 않고 임대자에게 지불한 것을 말한다.

II 지불임대료 포함 여부

통상적으로 임대자는 지불임대료를 산정함에 있어, 임차자들의 전기나 가스, 상수도 등에 대한 평균적 사용량을 감안하여 이보다 약간 높게 설정하고 있다. 임대자는 수집된 지불임대료 중에서, 공익비와 부가사용료 등을 경비로 지출하고 나머지는 수입으로 수취하고 있다.

III 회계처리방법

부가사용료와 공익비 중 실비에 해당하는 부분은 경비로 취급하고, 실비 초과분은 임대료로 취급한다. 임대자가 받은 전체 수입 중 어느 부분까지가 경비로 취급되느냐는, 세금계산에 있어 구분실익이 있다. 부가사용료와 공익비 중 실비를 초과하는 부분은 임대료에 속하므로 다른 필요제경비 항목과는 별도로 처리할 필요가 있다.

IV 유의사항

부가사용료와 공익비 자체는 유지관리비에 속하며, 유지관리비는 당연히 필요제경비 항목에 포함된다. 순임대차의 경우에는 부가사용료와 공익비는 임차자가 직접 지불하는 것이므로 임대자의 경비항목에 해당되지 않는다. 그러나 조임대차의 경우에는 임대자가 수령한 지불임대료 중에서 이를 지불하므로, 임대자의 경비항목에 해당한다.

03 절 계속임대료 평가[13][차이슬임] ▶기출 3회, 7회

Ⅰ 서

계속임대료란, 임대차계약이 계속적으로 갱신되어 임대료를 개정해야 하는 경우 다시 조정된 임대료를 말하는데, 한번 임대차계약이 체결된 후 다시 똑같은 임대인과 임차인이 재계약을 한다는 측면에서 시장이 제한되므로 시장임대료 외의 임대료(한정임대료)의 성격을 지닌다. 동일 부동산을 동일 임차인에게 재임대하는 경우 임대료는 점착성이 있어 동일 부동산을 신규로 임대할 때보다 임대료 수준이 낮게 책정되며 이에 따라 임차인에게는 그만큼의 차익이 발생하게 된다. 일본에서는 계속임대료를 산정하는 방법으로 차액배분법, 이율법, 슬라이드법, 임대사례비교법 등이 있다.

Ⅱ 차액배분법

1. 의의

차액배분법은 시장임대료와 실제 임차인이 부담하게 되는 임대료 간에 발생한 차액에 대하여 계약의 내용과 조건, 계약체결 경위 등을 종합적으로 판단하여 차액 중 임대인에게 귀속되는 부분을 적정하게 배분 후 이를 실제의 계약임대료에 반영하여 계약임대료를 구하는 방법을 말한다. 이 방법은 임대료 상승에 따른 차액은 임대인과 임차인의 경제적 기여도에 따라 배분할 수 있다는 것에 근거한다.

---

13) 서광채, 감정평가방법론, 윌비스, 2015

$$계속임대료 = 계약임대료 + (시장임대료 - 계약임대료) \times 임대인 귀속 배분비율$$

2. 장단점

(1) 장점

① 시장임대료를 상한선으로 하여 차액을 임대인과 임차인에게 적절하게 배분하므로 설득력이 있다.

② 원본가치를 기초로 한 시장임대료에 근거하므로 원본가치의 변동 시 효용의 변화를 적절하게 반영할 수 있다.

(2) 단점

① 배분비율의 결정에 있어 주관이 개입될 여지가 있다.

② 원본가치의 변동이 심한 경우에는 임대료의 편차가 심하게 날 가능성이 있다.

Ⅲ 이율법

1. 의의

이율법은 투하된 자본(기초가액)에 계속임대료이율을 곱하여 구한 금액에 임대를 계속하는 데 필요한 필요제경비를 가산하여 계속임대료를 구하는 방법이다. 이는 재계약시점의 기초가액에 기대이율을 조정하여 계속임대료를 산정하는 것으로 적산법의 논리에 따른다.

$$계속임대료 = 기초가격 \times 계속임대료이율 + 필요제경비$$

2. 장단점

(1) 장점

① 원본가치가 계속임대료의 결정에 직접적으로 반영된다.

② 계약의 내용 및 조건, 계약체결 경위 등에 따른 개별성을 이율 측면에서 반영할 수 있다.

(2) 단점

① 임대인의 입장에 치우친 방법으로 임차인의 지불능력이나 영업권적 특수성을 반영하기 어렵다.

② 부동산시장이 급변하는 경우에는 기초가액 및 계속임대료이율의 파악 및 보정이 곤란하다.

IV 슬라이드법

1. 의의

슬라이드법은 임대료 수준의 변동, 필요제경비의 변동 등을 적절하게 나타낼 수 있는 슬라이드지수를 파악하여 이를 계약임대료에 곱함으로써 계속임대료를 산정하는 방법이다. 여기서 슬라이드지수는 토지 및 건물가격의 변동, 물가수준의 변동, 소득수준의 변동 등을 나타내는 각종 지수를 종합적으로 참작하여 구한다.

> 1) 계속임대료 = 계약 당시 실질임대료 × 슬라이드지수
> 2) 계속임대료 = 계약 당시 순임대료 × 슬라이드지수 + 필요제경비(기준시점)

2. 장단점

(1) 장점

① 부동산가격, 임대료 수준, 물가수준, 소득수준의 변동을 반영함으로써 적정한 계속임대료 산정에 기여할 수 있다.

② 적용방법이 간편하고 쉽다.

③ 다양한 지수를 선택하여 적용함으로써 임대인과 임차인의 주장에 대한 한계를 정할 수 있다.

(2) 단점

① 지수 자체가 일반적이고 표준적인 것으로 대상물건의 지역성이나 개별성을 반영하기 곤란하다.

② 계약 당시의 임대료가 불합리한 경우에는 그것을 기준으로 한 계속임대료 또한 불합리해진다.

V 임대사례비교법

1. 의의

임대사례비교법은 인근지역 또는 동일수급권 내 유사지역에 소재하는 동 유형의 계속임대료의 사례를 기초로 하여 사정보정, 시점수정, 지역요인 및 개별요인의 비교와 임대차계약 내용 및 조건을 비교하여 계속임대료를 산정하는 방법이다. 이 방법은 전통적인 임대사례비교법의 논리에 따른다.

> 계속임대료 = 유사사례의 계속임대료 × 사정보정 × 시점수정 × 지역요인 비교 × 개별요인 비교

2. 장단점

(1) 장점

① 대체의 원칙에 근거하여 현실성이 있고, 실증적이며 설득력이 있다.

② 적절한 사례가 있으면 적용 가능하므로 토지, 건물, 동산 및 권리 등 거의 모든 자산에 활용될 수 있다.

③ 산식이 이해하기 쉽고, 간편하다.

(2) 단점

① 거래가 잘 이루어지지 않는 농촌 등의 지역에 소재하는 물건과 거래사례가 부족한 대저택 및 거래가 거의 없는 사찰, 학교와 같은 특수목적 부동산에 적용하기 곤란하다.

② 임대사례 선택 및 비교 과정에서 평가사의 주관이 개입될 여지가 많아 경험이나 숙련도 정도에 따라 편차가 크다.

③ 경기변동이 심한 경우에는 적정한 임대사례의 수집이 곤란하고 수집된 사례의 경우에도 시점수정 등에 있어 어려움이 있다.

Ⅵ 결

임대료와 부동산가격과의 관계는 원본과 과실의 관계라고 할 수 있으나, 임대료 평가 시 계약기간의 장기성, 임대인과의 연고관계 및 임대료 변동의 경직성과 지연성 등으로 인해 정확한 비례관계의 성립은 사실상 힘들므로 다양한 계약내용과 임대료의 성격을 면밀히 파악하여 개별·구체적으로 평가에 임해야 한다.

물건별 감정평가

01 절 무형자산의 평가

감정평가에 관한 규칙 제23조(무형자산의 감정평가)

① 감정평가법인등은 광업권을 감정평가할 때에 제19조 제2항에 따른 광업재단의 감정평가액에서 해당 광산의 현존시설 가액을 빼고 감정평가해야 한다. 이 경우 광산의 현존시설 가액은 적정 생산규모와 가행조건(稼行條件) 등을 고려하여 산정하되 과잉유휴시설을 포함하여 산정하지 않는다.

② 감정평가법인등은 어업권을 감정평가할 때에 어장 전체를 수익환원법에 따라 감정평가한 가액에서 해당 어장의 현존시설 가액을 빼고 감정평가해야 한다. 이 경우 어장의 현존시설 가액은 적정 생산규모와 어업권 존속기간 등을 고려하여 산정하되 과잉유휴시설을 포함하여 산정하지 않는다.

③ 감정평가법인등은 영업권, 특허권, 실용신안권, 디자인권, 상표권, 저작권, 전용측선이용권(專用側線利用權), 그 밖의 무형자산을 감정평가할 때에 수익환원법을 적용해야 한다.

I 서

무형자산은 물리적 실체가 없는 것으로서, '미래의 경제적 효익을 표상하는 자산' 또는 '기업에 권리나 특권을 허용하여 업체와 분리되어 존재하기 곤란한 자산' 등 여러 개념요소가 통용되고 있다. 한편, 무형자산을 '기업이 금융자산과 유형자산 이외에 보유하고 있는 모든 자산'으로 포괄적인 정의를 하는 경우도 있다. 이러한 무형자산은 평가요소를 확인하기도 어렵고 유형자산에 비하여 상당한 정도의 위험이 개입되어 있어서, 최근 무형자산의 평가의 중요성이 강조되고 있음에도 가치를 평가하는 데 있어 상당한 난점이 존재하고 있다.

II 무형자산의 특징과 종류

1. 무형자산의 특징(장비 확보 소식)

① 본질적으로 물리적 실체가 없는 비물리적 속성을 지닌다.

② 장래 획득 가능한 경제적 효익을 창출할 것으로 기대되는 자산이다.

③ 자산의 일종이므로 당연히 법적·사실적 관계에 의한 보호를 받는다.

④ 무형자산의 평가 시 평가 목적상 해당 무형자산이 확인되어야 한다.

⑤ 또한, 다른 자산과 분리·식별이 가능하다.

⑥ 기업의 성장·발달 시에는 가장 늦게 발생하지만, 쇠퇴·종말 시 가장 빨리 소멸되는 성질을 지니고 있다.

2. 무형자산의 종류(권관집지)

① 권리와 관련하여 인허권・등록권・계약권 등이 있고, ② 기업 내부・외부와의 관계에서 고용인의 조직과 피고용인의 숙달, 고객, 판매망 확충, 인력선발, 훈련유지 등이 있으며, ③ 영업권 또는 계속기업가치 등 집단 무형권으로서 기업에 대한 애사심, 초과이익, ④ 지식재산권으로서 특허, 발명, 저작, 디자인 등이 있다.

Ⅲ 무형자산의 평가방법

1. 「감정평가에 관한 규칙」상의 평가방법(제23조)

「감정평가에 관한 규칙」 제23조 제3항에서는 영업권, 특허권, 실용신안권, 디자인권, 상표권, 저작권, 전용측선이용권, 그 밖의 무형자산을 감정평가할 때에 수익환원법을 주 방법으로 한다고 규정하고 있다. 그러나 감정평가실무기준에서는 수익환원법으로 감정평가하는 것이 곤란하거나 적절하지 아니한 경우에는 거래사례비교법이나 원가법으로 평가할 수 있다고 규정하고 있다.

2. 일반적인 무형자산의 평가방법

(1) 수익환원법

무형자산이 창출할 것으로 기대되는 장래 기대이익을 환원 또는 할인하는 직접환원법과 DCF분석법, 그리고 로열티방법, 이율분할법, 초과이익환원법, 사업가치차감법 등을 말한다. 경제적 가치의 예측가능성, 경제적 이익의 지속기간, 경제적 이익의 장래증감 여부, 수반되는 위험분석 등에 유의해야 한다.

> ① 로열티방법(relief from royalty method) : 대상무형자산의 기대 잔존수명 동안에 발생할 것으로 기대되는 가상적인 소득 흐름의 현재가치로 대상무형자산의 가치를 구하는 방법이다.
> ② 이율분할법(profit split method) : 대상무형자산에 대하여 가상적으로 임대자와 임차자를 설정하고 대상무형자산에 의하여 소득의 가상적인 분할비율을 추정하여 자본환원율로 환원하여 대상무형자산의 가치를 구하는 방법이다.
> ③ 초과이익환원법(capitalized excess earning method) : 대상무형자산을 활용하는 사업체가 산출하는 초과 경제적 이익을 적절한 수익률로 나누거나 자본환원하여 대상무형자산의 가치를 구하는 방법이다.
> ④ 사업가치차감법(residual from business enterprise method) : 대상무형자산을 활용하는 사업의 가치에서 순금융자산, 순유형자산, 확인된 무형자산을 차감하여 대상무형자산의 가치를 구하는 방법이다.[1]

---

1) 노용호, 백일현 외, 감정평가론, 부연사, 2003, p411, 412

(2) 원가법

무형자산을 취득하기 위한 재조달원가에서 감가수정액을 차감하여 무형자산의 가치를 산정하는 방법을 말한다. 새로운 자산을 구입, 개발하는 비용 및 그 자산의 내용연수가 그 기간 동안 얻을 수 있는 이익의 경제가치와 일치한다고 가정하며, 특정 무형자산의 개발비용에 대한 역사적 비용을 현재의 화폐가치로 환산하여 재조달원가를 산정한다는 것과 지적재산이나 무형자산과 같은 특수한 자산은 특정 사업 이외에는 거의 이용되지 않고, 경쟁업체의 등장으로 경제적 감가가 큰 점을 유의해야 한다.

(3) 거래사례비교법

직접 무형자산의 사례를 수집하여 대상 무형자산과 비교 후 요인보정 등의 절차를 거쳐 가치를 산정하는 방법을 말한다. 특정 지적재산만의 거래가 드물고, 거래조건이 명확하지 않아 비교가능성의 확보가 어려운 문제가 있으며, 비교가능성 확보를 위해 고려해야 할 중요 요소인 유사산업분야 여부, 이익과다, 시장점유율, 신기술의 내용, 진입장벽의 높이, 시장전망, 법적보호가능성, 경제적 잔존내용연수 등에 유의해야 한다.

Ⅳ 무형고정자산의 감정평가 시 유의할 사항

① 무형고정자산이 공장사업체와 관련하여 감정평가가 의뢰되었을 때 초과수익이 장차 계속적으로 발생할 것이 확실시되는 경우에 한하여 감정평가하여야 하며 무형고정자산만의 평가는 수익성이 확실한 경우에 한한다.

② 영업권은 유상으로 승계취득한 경우에 한하여 평가하여야 하며, 무형고정자산의 감정평가에 따른 모든 관계 자료는 신뢰성 있는 최근의 것을 확인할 수 있는 것에 한하여 채택하여야 한다.

③ 수익가격에 의하여 감정평가가격을 결정할 경우에는 특허권, 전용측선이용권, 상표권, 영업권 등을 일괄하여 하나로 감정평가하여야 한다. 그러나 이를 구분할 필요가 있을 때, 수익가격의 구분이 사실상 곤란할 경우는 취득원가의 비율에 따라 배분하여 구분하도록 한다.

④ 취득원가에 의하여 감정평가가격을 결정할 경우에는 특허권, 실용신안권, 의장권, 상표권, 전용측선이용권, 영업권 등의 무형고정자산평가액의 합계액은 총고정자산에서 유형고정자산평가액을 공제한 금액보다 초과할 수 없다.

Ⅴ 무형자산의 평가가 현실적으로 잘 이루어지지 않는 이유

1. 무형자산의 평가대상으로서의 특징

(1) 비교방식 적용 시

무형자산의 경우 특정 기업에 대해서만 그 가치가 있으며, 독점적 지위를 누리는 경우 그 대체성의 미비로 비교방식의 적용이 불가능한 것이다. 즉, 시장을 형성하기 곤란한 면이 있다는 것이다.

(2) 원가방식 적용 시

무형자산은 투하된 비용보다 부가가치를 훨씬 더 발생시킬 수 있으므로 단지 투하된 비용만으로 가치를 결정할 수 없으며, 내용연수를 결정하기 힘들기 때문에 감가상각의 어려움도 있다.

(3) 수익방식 적용 시

무형자산은 미래의 경제적 효익의 발생에 불확실성이 내포되고, 그 가치의 변동이 심하므로 장래 기대이익을 자본환원하여 수익가격을 결정하기가 현실적으로 불가능하며, 환원율의 결정에 있어서도 대체성의 미비로 어려움이 존재한다.

2. 감정평가의 목적상

① 감정평가의 목적이 보상과 담보, 경매평가가 주를 이루고 있어, 현실적으로 무형자산의 평가가 잘 이루어지지 않고 있다. 즉, ② 보상평가 시 장래 기대이익은 보상의 대상이 되지 못하고, ③ 담보평가의 경우에는 안전성을 전제로 하므로 무형자산의 평가가 어렵다. ④ 경매평가의 경우에는 처분가치 내지 청산가치를 산정하므로, 장래 기대이익의 발생을 목적으로 하는 무형자산의 평가는 이루어지지 않는다. 즉, 계속기업가치의 평가가 이루어지지 않는 한 무형자산의 평가는 이루어지지 않는 것이다.

3. 현실적인 평가관행

토지는 공시지가, 건물은 원가법을 원칙으로 하는 현실적인 평가관행은 무형자산의 평가를 어렵게 만든다. 그러나 무형자산은 장래 기대이익의 발생을 목적으로 한다. 즉, 수익방식을 적용해야 하는 것이다. 따라서, 상업용 토지나 건물의 경우 수익방식의 적용이 널리 보편화되고, 평가기법이 발달하지 않는 한 무형자산의 평가는 기대하기 어렵다.

Ⅵ 결

후기 산업사회에서 지식정보화사회로 변화하면서 기업의 인수·합병, 무형자산과 관련된 과세, 각종 무형자산의 증가 등 무형자산의 중요성이 대두되고 있다. 물론 무형자산은 각 3방식의 적용에 어려움이 있어 평가가 현실적으로 잘 이루어지지 않고 있지만, 앞으로 무형자산의 중요성은 더욱 더 커질 것이다.

02 절 영업권의 감정평가

Ⅰ 영업권

1. 영업권의 중요성

영업권은 무형자산임에도 불구하고 회사의 수익성과 기업가치에 결정적인 영향을 미치는 자산으로 꼽힌다. 기업합병 또는 기업경영 측면에서 영업권이 이렇듯 중요한 자산으로서 주목받고 있는 이유는 영업권이 곧 기업의 수익성과 가치를 좌우하기 때문이다.

2. 영업권의 의의

대상기업이 경영상의 유리한 관계 등 배타적 영리 기회를 보유하여 같은 업종의 다른 기업들에 비하여 초과수익을 확보할 수 있는 능력으로서 경제적 가치가 있다고 인정되는 권리를 말한다.

3. 영업권의 특징

① 기업회계상으로는 자가창설 영업권은 인정되지 않고 있으며, 외부에서 유상으로 매입한 매입 영업권에 대하여만 무형자산으로 인식되고 있다.

② 영업권은 시장에서 거래의 객체로 인정되고는 있으나, 법률적인 보호는 없다.

③ 영업권은 타 업체와 차별적인 우수한 경영능력, 효율적인 인적 구성, 대외적 신인도, 입지적 우위 등으로 결정되며 실질적으로 사업체를 구성하는 기타의 자산과 구분하여 개별적으로 식별할 수는 없다.

④ 영업권은 특정 기업이 동종 산업에 종사하는 타 기업과 비교하여 정상적인 투자수익률 이상의 이윤을 획득할 수 있는 초과이윤 창출능력, 즉 초과이익력을 화폐가치로 표시한 것이다.

> ◉ 영업권의 초과이윤 창출능력 산정 방법
>
> 일반적으로 영업권은 식별할 수 없는 무형자산으로서 ① 기업이 다른 기업을 취득·합병·인수할 경우 원가(매입가액)가 취득한 순자산의 공정시장가치를 초과한 초과액 또는 ② 기업이 동종의 다른 기업보다 초과수익력을 갖고 있는 경우 이를 자본화하여 계산한 것으로 볼 수 있다.

4. 영업권의 평가방법

(1) 수익방식

1) 대상기업의 영업 관련 기업가치에서 영업투하자본을 차감하는 방법

① 대상기업의 영업 관련 기업가치(단, 비영업용 자산은 제외)에서 영업투하자본(영업자산에서 영업부채를 차감하여 산정)을 차감하여 산정하는 평가방법이다. ② 여기서 영업투하자본이란 영업자산에서 영업부채를 차감한 금액을 말한다.

> • 영업권 = 기업가치 − (유동자산 + 투자자산 + 유형자산 + 식별가능한 무형자산)
> • 기업가치 = $\dfrac{\text{대상기업 전체의 순수익}}{\text{같은 업종 다른 기업의 정상수익률}}$

2) 초과이익을 환원하는 방식

① 대상기업이 달성할 것으로 예상되는 지속가능기간의 초과수익을 현재가치로 할인하거나 환원하는 방법이다. ② 초과이익은 유사한 자산 규모를 가진 통상의 기업의 정상이익을 상회하는 이익을 뜻한다. ③ 이때 초과이익이란 매출의 증가뿐만 아니라 비용의 감소 또는 투자의 감소 등을 모두 포괄하는 개념이다. ④ 초과이익을 환원하는 방법에는 직접환원법과 유기환원법이 있다.

> • 직접환원법 : 영업권의 가치 = 초과수익 / 환원율
> • 유기환원법 : 영업권의 가치 = 초과수익 × $[(1 + r)^n − 1] / [r(1 + r)^n]$

(2) 비교방식

1) 제1호에 의한 방법

① 영업권만의 거래사례가 있는 경우 적용 가능한 방법으로, 영업권이 다른 자산과 독립하여 거래되는 관행이 있는 경우에는 ② 같거나 비슷한 업종의 영업권만의 거래사례를 이용하여 대상 영업권과 비교하는 방법이다.

2) 제2호에 의한 방법

① 영업권을 포함한 기업 전체에 대한 거래사례가 있는 경우 영업권만의 거래가격을 추출한 후, 거래사례비교법을 적용하는 방법이다. ② 같거나 비슷한 업종의 기업 전체 거래가격에서 영업권을 제외한 순자산 가치를 차감한 가치를 영업권의 거래사례가격으로 보아 대상 영업권과 비교하는 것이다.

3) 제3호에 의한 방법

① 상장기업의 경우에는 시장에서 거래가 되고 있는 것으로 볼 수 있는바, 해당 정보를 참고하여 영업권만의 가격을 구한 후 거래사례비교법을 적용하는 방법이다. ② 대상기업이 유가증권시장이나 코스닥 시장에 상장되어 있는 경우에는 ③ 발행주식수에 발행주식의 주당가격을 곱한 가치에서 ④ 영업권을 제외한 순자산가치를 차감하는 것이다.

(3) 원가방식

1) 제1호에 의한 방법

기준시점에서 새로 취득하기 위해 필요한 예상비용에서 감가요인을 파악하고 그에 해당하는 금액을 공제하는 방법이다.

> ● 영업권의 재조달원가 산정
>
> 원가법으로 영업권을 감정평가하는 방법은 기준시점 현재 대상 영업권을 재생산하거나 재취득하는 데에 드는 비용으로 산정하는 것이다. 이는 대상 영업권을 기회비용의 측면에서 접근하여 파악하는 것으로, 영업권을 감정평가하는 경우에는 해당 영업권 구축에 소요되는 기간 동안에 취득할 수 있었던 상대적 경제적 이윤으로 산정한다. 예를 들어 해당 영업권을 구축하는 데 든 시간이 2년이라고 가정한다면, 그 2년 동안 소요된 비용은 설비의 구입 및 설비, 부동산 구입, 협력업체 선정, 유동시스템 구축, 종업원에 대한 교육실시, 고객의 인지도와 신뢰도 제고를 위한 노력 등이 모두 포함된다. 이 경우 영업권은 동일한 유형자산으로 벌어들일 수 있었던 금액, 즉 2년간의 기회비용의 현재가치로 추산된다.

2) 제2호에 의한 방법

대상 무형자산의 취득에 든 비용을 물가변동률 등에 따라 기준시점으로 수정하는 방법이다.

5. 유의사항

(1) 수익방식

영업권에 대한 감정평가업무를 수행하는 경우에는 우선적으로 회사 측이 제시한 영업 자료를 기준으로 하여 참작하되, 관련 업종 및 시장 전반에 관한 외부 자료를 통해 자료의 적정성 여부를 검토하는 것이 필요하다.

(2) 비교방식

영업권은 식별가능하지 않아 독자적으로 거래의 대상이 되지 않는다. 따라서, 사례수집의 어려움이 있다.

(3) 원가방식

1) 제1호에 의한 방법 적용 시 유의사항

① 재조달원가

㉠ 원가법을 적용하여 영업권을 감정평가할 때에는 재생산비용을 원본의 재연으로 설정할 것인지, 원본 효용의 재연으로 할 것인지에 대한 결정이 필요하다.

㉡ 이 방법 적용 시 원가에는 인건비와 제조비 등의 생산비, 간접비와 생산자의 적정이윤 등이 포함되는 것에 유의한다.

② 감가수정

초과이익이 발생하는 한 영속적으로 존재하는 영업권에 대하여 감가수정의 적용에 문제가 있을 수 있다.

2) 제2호에 의한 방법 적용 시 유의사항

과거의 취득비용에서 물가상승률을 반영할 경우, 영업권의 가격 변동이 경기변동과 반드시 일치하지 않아 가격산정에 왜곡이 있을 수 있으므로 이 점에 유의하여야 한다.

6. 장점 및 단점

(1) 수익방식

영업권을 초과이익의 현재가치 환원 또는 잔여가치 개념으로 이해할 때, 영업권의 정의상 가장 이론적으로 합당한 방법이다.

초과이익을 환원하는 방식의 경우 영업권만을 단독으로 감정평가할 때 기업가치와 영업권을 제외한 자산의 가치를 모두 산정해야 하는 잔여방식을 활용한 방식에 비해 상대적으로 간단하다는 장점이 있다.

(2) 비교방식

거래사례비교법의 경우 사업체 또는 영업권 자체의 거래에 대한 품등비교가 실질적으로 어렵다는 점, 유가증권 시장 등에서의 주당가격에 의할 경우 사업체 이외의 외부요인에 의한 보정이 어려운 점 등의 이유로 적용에 문제가 있다는 단점이 있다.

(3) 원가방식

기업 활동의 노하우 및 효율성, 경영능력 등에 의하여 발생하는 영업권에 대하여 취득비용을 감안하여 수익성을 반영하기 어렵다는 단점이 있다.

03 절 지식재산권 감정평가

I 지식재산권의 중요성

현대 시대에는 종래의 유형자산 이외에도 다양한 무형의 권리가 존재한다. 특히, 최근에는 산업사회에서 지식사회로 탈바꿈하면서 무형자산의 중요성이 부각되고 있다. 특히 정보화로 대표되는 IT 기술 등의 발달로 특허에 관한 독점적 권리를 주장하게 되며, 이에 따른 분쟁도 점차 증대되는 추세이다.

II 지식재산권의 의의 및 종류

1. 특허권

「특허법」에 따라 발명 등에 관하여 독점적으로 이용할 수 있는 권리를 특허권이라 규정한다. 기술적 사상의 창작이나 발명을 일정기간 독점적, 배타적으로 소유 또는 이용할 수 있는 권리로서, 특허권이 부여되면 특허권자를 제외한 사람은 특허권자의 동의를 득하여 사용하게 되며 특허권이 침해되면 민・형사소송을 제기할 수 있다.

2. 실용신안권

실용신안권은 공업소유권의 일종으로 실용신안을 등록한 자가 독점적으로 가지는 지배권으로, 여기서 실용신안이란 산업상 이용할 수 있는 물품의 형상・구조 또는 조합에 관한 고안으로서 특허청에 이를 등록함으로써 권리에 대한 효력이 발생한다(실용신안법 제21조).

3. 디자인권

디자인을 창작한 자 또는 그 승계인은 「디자인보호법」에 따라 디자인등록을 받을 수 있는 권리가 있다. 2인 이상이 공동으로 디자인을 창작하여 등록한 경우에는 이 디자인권은 공유로 한다(디자인보호법 제3조). 디자인권자 또는 디자인등록출원자는 자기의 등록디자인 또는 등록출원디자인만이 아니라 유사한 디자인에 대해서도 이를 유사디자인이라 하여 디자인등록을 받을 수 있다.

4. 상표권

상표권은 등록상표를 지정상표에 독점적으로 이용할 수 있는 권리를 말한다. 상표는 상품이나 제품을 생산・제조・가공 또는 판매업자가 자사의 상품을 다른 업자 등의 상품과 구별하기 위해 사용하는 기호 또는 도형이나 문자 등의 결합을 말한다. 상표권은 설정등록에 의하여 발생한다.

5. 저작권

「저작권법」에 따라 저작권자가 가지는 권리를 저작권이라 하며, 이는 인간의 사상이나 감정 등을 표현한 창작물에 대한 독점적인 권리를 말한다. 이러한 저작물에는 소설·시·논문·강연 등과 음악·연극·무용·회화·서예 및 조각·공예·건축물·사진·영상·도형·컴퓨터 프로그램 등이 있다.

Ⅲ 지식재산권의 특징

① 지식재산권은 독점력으로 미래의 경제적 효익발생을 목적으로 한다. 따라서, 이에 따라 수익방식을 원칙적인 평가방법으로 적용하게 된다. ② 또한, 통상 지식재산권은 관련 법령에서 주어진 권리의 독점적·배타적 기간이 존재한다.

Ⅳ 지식재산권의 평가방법

1. 수익방식

(1) 현금흐름을 할인하거나 환원하는 방법

① 기업이나 개인이 창출하는 전체 현금흐름에서 지식재산권만의 현금흐름이 파악되고, 이에 대한 할인율과 환원율을 구할 수 있는 경우에 적용하는 감정평가방법이다. 이때, 지식재산권으로 인한 현금흐름은 ② 해당 지식재산권으로 인해 절감 가능한 사용료를 기준으로 산정하는 방법과 ③ 증가된 현금흐름을 기준으로 산정하는 방법 및 ④ 기업의 총이익 중에서 해당 지식재산권에 일정비율을 배분하여 현금흐름을 산정하는 방법이 있다.

(2) 기술기여도를 곱하여 산정하는 방법

① 기업 전체에 해당 영업가치를 산정하고, ② 산정된 영업가치를 기준으로 해당 지식재산권의 기술기여도를 곱하여 산정하는 방법을 말한다. ③ 여기서 기술기여도는 기업의 경제적 이익창출에 기여한 유·무형의 기업자산 중에서 해당 지식재산권이 차지하는 상대적인 비율을 말한다. ④ 이때, 기술기여도는 비슷한 지식재산권의 기술기여도를 해당 지식재산권에 적용하는 방법과 산업기술요소·개별기술강도·기술비중 등을 고려한 기술요소법으로 산정할 수 있다.

2. 비교방식

(1) 유사 거래사례와 비교하는 방법

동종 또는 유사한 지식재산권이 실제 거래된 사례가 있는 경우에는 거래사례비교법을 적용할 수 있다.

(2) 매출액이나 영업이익에 실시료율을 적용하고 환원하는 방법

① 매출액이나 영업이익 등에 시장에서 형성되고 있는 실시료율을 곱하여 산정된 현금흐름을 할인하거나 환원하여 산정하는 방법을 말한다.

② 여기서 실시료율은 지식재산권을 배타적으로 사용하기 위해 제공하는 기술사용료의 산정을 위한 것이다.

③ 사용기업의 매출액이나 영업이익 등에 대한 비율을 말한다.

④ 실시료율 산정 시 고려사항은 지식재산권의 개발비, 지식재산권의 특성, 지식재산권의 예상수익에 대한 기여도, 실시의 난이도, 지식재산권의 사용기간 및 그 밖에 실시료율에 영향을 미치는 요인 등이다.

3. 원가방식

(1) 새로 취득하기 위한 예상비용에 감가수정하는 방법

대상 지식재산권을 기준시점에서 새로 취득하기 위해 필요한 예상비용, 즉 재조달원가를 산정하고 이에 적용될 수 있는 감가요인을 파악하여 감가수정의 방식으로 감정평가하는 방법을 말한다.

(2) 제작 또는 취득에 소요된 비용을 물가변동률 등으로 수정하는 방법

대상 지식재산권을 제작하거나 취득하는 데 들어간 비용을 파악하고 기준시점까지의 물가변동률 등을 적용하여 수정하는 방법을 말한다.

Ⅴ 유의사항

1. 수익방식

① 미래 수익발생의 예측 시 제품의 라이프사이클, 산업환경 등을 종합 고려하여 합리적으로 예측해야 함에 유의해야 한다.

② 대상 지식재산이 가지는 위험을 면밀히 파악하여 위험조정할인율로 반영해야 한다.

③ 옵션가치평가법이 사용될 때는 사용된 가정이나 절차의 근거에 대해 충분히 설명해야 한다.

2. 비교방식

① 비교대상이 동일 또는 유사한 지식재산권인지를 확인해야 한다.

② 사례자료가 공정한 거래가격인지 점검해야 한다.

③ 또한, 평가대상 지식재산권의 소득흐름이 안정적이지 못하면 이 방법은 회피되어야 함에 유의한다.

3. 원가방식

① 이 방법은 지식재산권의 비중이 낮은 비즈니스, 매출예상이 어렵거나 지식재산이 매출에 크게 기여하지 못하는 비즈니스에 적합한 방식이다.

② 계속기업에서는 자산의 가치가 시장가치보다 크다 할지라도 자산접근법이 강조될 수 없다.

VI 장단점

1. 수익방식

① 지식재산권은 미래의 경제적 효익발생의 불확실성이 내포되고, 그 가치의 변동이 심하므로 장래 기대이익을 자본환원하여 수익가격을 결정하기가 현실적으로 어렵다.

② 환원이율의 결정에 있어서도 대체성의 미비로 어려움이 존재한다.

2. 비교방식

① 비슷하다고 여겨질 만한 지식재산권이 존재하고 실제 거래된 경우에는 거래사례비교법은 유용한 감정평가방법이 될 수 있다는 장점이 있다.

② 현실적으로 지식재산권은 배타적이고 독점적인 권리이기 때문에 완벽히 동일한 유사 거래가 존재하지 않는 경우 적용이 어렵다는 단점이 있다.

③ 또한, 지식재산권의 경우 특정 기업에 대해서만 그 가치가 있으며, 독점적 지위를 누리는 경우 그 대체성의 미비로 비교방식의 적용이 불가능한 단점이 있다.

3. 원가방식

① 무형자산은 투하된 비용보다 부가가치를 훨씬 더 발생시킬 수 있으므로 단지 투하된 비용만으로 가치를 결정할 수 없다는 단점이 있다.

② 내용연수를 결정하기 힘들기 때문에 감가상각의 어려움이 있다는 단점이 있다.

04 절 유가증권 감정평가

> **감정평가에 관한 규칙 제24조(유가증권 등의 감정평가)**
> ① 감정평가법인등은 주식을 감정평가할 때에 다음 각 호의 구분에 따라야 한다.
> 1. 상장주식[「자본시장과 금융투자업에 관한 법률」 제373조의2에 따라 허가를 받은 거래소(이하 "거래소"라 한다)에서에서 거래가 이루어지는 등 시세가 형성된 주식으로 한정한다] : 거래사례비교법을 적용할 것
> 2. 비상장주식(상장주식으로서 거래소에서 거래가 이루어지지 아니하는 등 형성된 시세가 없는 주식을 포함한다) : 해당 회사의 자산·부채 및 자본 항목을 평가하여 수정재무상태표를 작성한 후 기업체의 유·무형의 자산가치(이하 "기업가치"라 한다)에서 부채의 가치를 빼고 산정한 자기자본의 가치를 발행주식 수로 나눌 것
> ② 감정평가법인등은 채권을 감정평가할 때에 다음 각 호의 구분에 따라야 한다.
> 1. 상장채권(거래소에서 거래가 이루어지는 등 시세가 형성된 채권을 말한다) : 거래사례비교법을 적용할 것
> 2. 비상장채권(거래소에서 거래가 이루어지지 아니하는 등 형성된 시세가 없는 채권을 말한다) : 수익환원법을 적용할 것
> ③ 감정평가법인등은 기업가치를 감정평가할 때에 수익환원법을 적용해야 한다.

I 유가증권의 중요성

자본주의 시장경제에서 기업의 주식가치가 합리적이고 적정하게 결정된다는 것은 매우 중요한 일이다. 주식의 가치가 올바르게 형성되어야 자원의 분배 및 투자를 적정하게 할 수 있기 때문이다. 경제사회의 발전에 따라 이해관계인 또는 정보이용자는 다양화되고 있는 추세이며, 합리적이고 객관적인 주식가치의 평가의 필요성은 더욱 증대된다고 할 수 있다.

II 상장주식

1. 상장주식의 의의

「자본시장과 금융투자업에 관한 법률」에서 정하는 증권상장 규정에 따라 증권시장에 상장된 증권 중 주권을 말한다. 이때, 상장이란 허가를 받고 개설된 거래소에서 주권을 매매할 수 있도록 인정하는 것을 의미한다.

2. 상장주식의 중요성

회사는 상장을 통하여 자금조달능력을 증대시키고 기업의 홍보효과 및 공신력을 제고하며, 각종 세제상의 혜택과 경영의 합리화를 도모할 수 있기 때문에 중요하다.

3. 상장주식의 평가방법

(1) 원칙

상장주식을 감정평가할 때 거래사례비교법을 원칙으로 적용하도록 규정하고 있으며, 거래
사례비교법 적용에 대하여 구체적으로 "대상 상장주식의 기준시점 이전 30일간 실제거래
가액의 합계액을 30일간 실제 총 거래량으로 나누는 방법"을 제시하고 있다.

(2) 예외

상장주식 중 거래소에서 매매가 이루어지지 않거나, 특정한 이유로 인하여 매매가 정지되
어 있는 경우가 있다. 이 경우에는 거래사례비교법을 적용하는 것이 곤란하므로, 비상장주
식의 감정평가방법에 따라 감정평가한다.

4. 감정평가 시 유의사항

주권의 상장은 해당 주권이 증권시장을 통하여 자유롭게 거래될 수 있도록 허용하는 것을 의
미할 뿐, 해당 주권의 가치를 보증받는 것은 아님에 유의하여야 한다.

▥ 비상장주식

1. 비상장주식의 의의

「자본시장과 금융투자업에 관한 법률」에서 규정하고 있는 주권상장법인을 제외한 법인의 주
권을 의미한다.

2. 비상장주식 감정평가의 중요성

① 비상장주식의 감정평가는 상장주식의 감정평가보다 복잡하고 어렵기 때문에 많은 문제가
발생한다. 거래소에 상장된 주식은 거래된 가격이 객관적으로 이용될 수 있는 데 비해 비
상장주식은 이와 같은 객관적 자료가 없기 때문이다.

② 비상장주식의 감정평가는 회사 경영권을 매입하는 투자의 경우, 국유주식의 처분, 상장을
위해 공개되는 경우의 공모가격, 상속세 과세를 위한 경우 등에 필요하게 되며, 이러한 경
우 투자자, 채권자, 경영자, 정부 등 이해관계인에게는 첨예한 대립이 예상될 수 있다.

3. 비상장주식의 평가방법

(1) 순자산가치법

해당 회사의 자산, 부채 및 자본항목을 기준시점 현재의 가액으로 평가하여 수정재무상태
표를 작성한 후, 자산총계(이하, 기업가치)에서 부채총계를 공제한 기업체의 자기자본가치
(순자산가치)를 발행주식수로 나누어 비상장주식의 주당가액을 평가하는 방법이다. 각각

의 자산과 부채에 대하여 기준시점 현재의 공정가치를 평가하고, 이를 토대로 수정재무상태표를 작성하여 여기서의 총자산에서 총부채를 차감하여 평가를 하여야 한다.

기업가치를 감정평가하는 방법으로는 수익환원법(할인현금흐름분석법, 직접환원법, 옵션평가모형 등), 거래사례비교법(유사기업이용법, 유사거래이용법, 과거거래이용법 등), 원가법(유·무형의 개별자산의 가치를 합산하는 방법) 등이 있다.

(2) 주당가치를 직접 산정할 수 있는 경우

대상 주식의 거래가격이나 시세 또는 시장배수 등을 파악할 수 있는 경우에는 기업가치의 산정 과정을 거치지 않고, 비상장주식의 가치를 직접 산정할 수 있다.

> ❯ 기타 법령의 비상장주식 규정내용
>
> 1. 「상속세 및 증여세법」의 규정
>   순손익가치와 순자산가치를 가중평균한 가액을 시가로 평가하되, 순손익가치와 순자산가치의 비율은 3 : 2로 가중평균하도록 규정하고 있다.
> 2. 「유가증권 발행 및 공시에 관한 규정」
>   보통주식은 본질가치(수익가치 및 자산가치로 한다)의 내용을 분석하도록 정하고 있으며, 또한 보통주식의 본질가치는 자산가치와 수익가치를 각각 1과 1.5로 하여 가중 산술평균한 가액으로 한다고 정하고 있다.
> 3. 「국유재산법」의 규정
>   비상장주식의 처분예정가격은 기획재정부령이 정하는 산출방식에 따라 산정된 자산가치·수익가치 및 상대가치를 고려하여 산출한 가격 이상으로 한다.

(3) 감정평가 시 유의사항

1) 실지조사의 생략

감정평가의 절차 중 조사·확인 절차는 사전조사와 실지조사로 구분할 수 있으나, 유가증권의 경우 실물을 확인할 수 없는 경우가 많고 실물을 확인한다 하더라도 그 증권의 물리적인 측면은 감정평가의 고려대상이 아니므로, 대상물건인 상장주식을 확인할 필요가 없다. 「감정평가에 관한 규칙」 제10조 제2항 제2호에서도 "유가증권 등 대상물건의 특성상 실지조사가 불가능하거나 불필요한 경우"에는 실지조사를 생략할 수 있다고 규정하고 있다.

2) 계속기업의 전제 확인

기업의 가치는 기업활동을 통한 지속적인 수익이 창출될 때 의미를 가지기 때문에, 비상장주식을 감정평가할 때 특별한 경우를 제외하고는 계속기업을 전제로 하여야 할 것이다. 따라서, 기업에 대해 적용되는 상황과 환경을 파악하여 계속기업을 전제로 할 것인지 청산기업을 전제로 할 것인지를 확인하여야 한다.

3) 기업 재무제표의 활용 및 분석

재무제표를 활용할 때 주의할 점은 재무제표상의 내용은 기업의 역사적 가치를 나타내는 반면, 비상장주식을 감정평가하기 위해 파악해야 할 기업가치는 실제로 해당 기업이 가지는 내재적 가치 또는 시장에서 평가를 받는 실재적 가치이므로 재무제표를 면밀히 분석하여야 한다.

4) 소유지분의 비중에 따른 지배력

기업의 지배구조와 관련하여 소유지분의 비중은 기업의 전반적인 경영활동에 많은 영향을 미친다. 주주별 소유지분의 비중은 기업의 의사결정에 대한 지배력과 관련되며, 내국인과 외국인 간의 상대적 비율, 개인투자자와 기관투자자 간의 상대적 비율 역시 중요한 참고사항이 될 수 있다.

(4) 장점 및 단점

1) 순자산가치법의 장점

① 기업의 재무제표를 기초로 평가가 이루어지므로 회계적 시각을 반영함과 동시에 재무제표상의 자산이 갖는 원가성의 한계를 감정평가를 통해 보완하는 과정이 이루어짐으로써 기준시점에 현실성 있는 가치를 산정한다는 장점을 갖는다.

② 주식가치의 기반이 되는 기업가치에 근거하여 주식가치를 평가한다는 점에서 설득력이 높다.

2) 순자산가치법의 단점

① 재무제표는 과거의 값이며, 이를 수정하는 과정에 있어서 오류가 발생할 가능성이 높다는 단점이 있다.

② 설립된 지 얼마 되지 않은 신규 기업의 경우 안정적인 매출이 확보되지 않아 기업가치를 수익환원법으로 평가하기 어려우므로 정확한 주식가치를 산정하기 어렵다는 단점이 있다.

05 절 기업가치 감정평가

I 기업가치의 중요성

과거의 토지 및 건물과 같은 유형자산 중심의 감정평가와 달리 산업사회·지식사회로 시장상황이 변화함에 따라 무형자산에 대한 평가가 중요시되고 있다. 특히, 기업가치를 구성하고 있는 무형자산의 비중이 증가하고 있으며, 다양한 경제활동으로 인해 그 중요성도 높아지고 있다.

II 기업가치의 의의

해당 기업체가 보유하고 있는 유·무형의 자산가치를 말하며, 자기자본가치와 타인자본가치로 구성된다. 기업체의 유·무형의 자산가치는 영업 관련 기업가치와 비영업용 자산의 가치로 구분할 수 있다.

> **기업가치의 정의**
>
> 회계학적인 관점에서 볼 때 「자산 = 부채 + 자본」이라는 회계방정식에 따라 ① 기업가치를 해당 기업이 소유하고 있는 총자산의 측면에서 본다면, 유·무형 자산의 가치의 총합계는 이러한 자산이 어떠한 경로로 유입된 재무적 자원으로 구성되어 있는지를 보여준다. ② 기업의 자산은 채권 등의 일정한 이자를 발생시키는 부채와 주식과 같이 기업에 투자된 자본으로 구성되며, 그와 같은 부채와 자본의 총계는 기업의 총자산과 일치한다.

III 기업가치의 특징

1. 기업 전체의 일괄가치를 구하는 과정의 관점

기업가치는 개별자산 평가액의 단순한 합계가 아니다. 즉, 대상 업체가 가지고 있는 유·무형의 가치를 포함하는 기업 전체의 일괄가치를 구하는 일련의 과정이라는 특징이 있다.

2. 원칙적인 감정평가방법으로 수익환원법의 적용

기업의 자산은 회계적으로 유형자산과 무형자산, 투자자산의 합으로도 표시되지만, 이외에도 기술자산, 상표·브랜드 등 마케팅 관계자산, 고객관련자산 등의 무형자산을 포함하는 개념이다. 정보통신기업이나 바이오기업 등 첨단기업일수록 재무제표에 드러나지 않는 이러한 지적재산이나 무형자산의 비중이 유형자산보다 훨씬 크고, 오늘날에는 그 증가율도 가팔라지고 있다.

3. 새로운 감정평가방법으로서의 옵션평가모형의 적용

감정평가 대상으로서 기업은 부동산보다 더욱 강한 개별성을 지닌다. 그러므로 기업가치 평가기법은 부동산의 평가기법보다 더 다양하다.

Ⅳ 기업가치의 평가방법

1. 일괄평가 및 개별평가

기업가치가 단순한 개별자산의 합계가 아닌 이유는 재무제표상에 열거되어 있는 자산 등의 가치는 할인과 프리미엄 등에 의하여 다르게 영향을 받기 때문이다. 즉, 기업가치평가를 기술기반 자산, 상표 등 마케팅자산, 고객관련자산, 그리고 영업권 등 무형자산에 대한 정확한 산정과정 없이 전통적인 회계 방식으로만 접근하는 것은 한계를 가질 수밖에 없다. 기업의 수익은 이러한 각종 유·무형자산이 결합한 결과로써 나타나는 수치이기 때문이다.

2. 3방식 감정평가방법

(1) 수익방식

1) 할인현금흐름분석법

대상기업의 현금흐름을 기준으로 한 단계별 예측 기간의 영업가치와 예측기간 후의 영구영업가치를 합산하여 전체 영업가치를 산정한 후, 비영업용 자산가치를 더하여 기업가치를 산정하는 방법이다.

> ● **기업가치 감정평가 시 할인현금흐름분석법의 적용**
>
> **1. 현금흐름의 산정**
> 현금흐름은 기업의 영업활동으로 인하여 발생하는 영업이익을 기준으로 추정재무제표에 의한 실질적인 영업이익에서 법인세를 차감하여 세후영업이익을 산정한 후 감가상각비 등 비현금항목 영업부문 순운전자본증감액 및 순투자금액을 가감하여 산정한다.
>
> **2. 할인율의 산정**
> 할인율은 타인자본과 자기자본에 대한 자본비용을 각 자본의 시장가치를 기준으로 한 가중평균자본비용(WACC)을 적용하는 것을 원칙으로 하되, 필요하면 적절한 다른 방식으로 구하여 적용할 수 있다.
>
> $$WACC = K_e \times \frac{S}{S+B} + K_d \times (1 - T) \times \frac{B}{S+B}$$
>
> (K_e : 자기자본비용, K_d : 타인자본비용, T : 법인세율,
> S : 자기자본총액, B : 이자지급부채총액)

3. 자기자본비용의 산정

자기자본비용은 자본자산가격결정모형(CAPM)에 의하여 산정한다. 다만, 자본자산가격결정모형에 의하여 산정하는 것이 적절하지 아니한 경우에는 별도의 위험을 반영하거나 다른 방법으로 산정할 수 있다.

$$K_e = R_f +\{E(R_m) - R_f\} \times \beta_{해당기업}$$
$$[K_e : 자기자본비용, \ R_f : 무위험이자율,$$
$$E(R_m) : 시장기대수익률, \ \beta_{해당기업} : 해당기업의 \ 체계적 \ 위험]$$

여기서 무위험이자율은 국고채의 수익률을 고려하여 산정하고, 시장기대수익률은 주식시장의 수익률을 고려하여 산정할 수 있으며, 자기자본비용의 산정을 위한 베타계수는 시장수익률의 변화에 대한 해당기업의 민감도로서 개별주식의 수익률이 시장수익률의 변동에 어느정도 민감하게 반응하는지를 나타낸다.[2] 베타계수는 상장기업 중 유사기업의 베타계수를 사용하되, 유사기업이 없는 경우에는 산업별 베타계수를 사용할 수 있다. 이 경우 해당기업의 성격에 따라 KOSPI지수나 KOSDAQ지수를 고려하여 베타계수를 산정할 수 있다.

◉ 가중평균자본비용 산정 시 고려사항

가중평균자본비용은 가중치, 즉 자본구성비율을 장부가치를 기준으로 할 것인가, 또는 시장가치를 기준으로 할 것인가에 따라 달라질 수 있다. 장부가치를 기준으로 가중평균자본비용을 구해야 한다는 주장은 시장가치는 자본시장의 상황에 따라서 수시로 변할 수 있기 때문에 객관적 기준을 정하기 어려우므로 객관성을 위해 역사적 원가인 장부가치를 기준으로 해야 한다고 주장한다. 그러나 이는 자본의 경제적 가치를 반영하지 못하기 때문에 미래의 의사결정에 유용한 정보를 얻을 수 없다. 장부가치와 시장가치에 큰 차이가 있을 경우 장부가치에 의해 자본비용을 구하는 것은 매우 비합리적이다. 이는 가치평가가 왜곡되기 때문이다. 따라서, 시장가치에 의해서 측정하는 것이 바람직하다고 볼 수 있다.

2) 직접환원법

대상기업의 단일 연도의 예상이익 추정액이나 몇 년간의 예상이익의 연평균액을 환원율로 환원하여 기업가치를 감정평가하는 방법이다.

◉ 직접환원법의 단점

직접환원법은 실무적으로 단일 연도의 예상이익을 추정하기도 어렵고, 급변하는 기업의 경영환경하에서 몇 년간의 예상이익 평균치를 구하여 적정한 기업가치를 구한다는 것도 어려운 일이다.

---

2) 어느 주식의 수익률이 시장수익률의 변화와 같은 크기로 변화할 때 그 주식의 β는 1이 된다. 어느 주식의 β가 1보다 크면 그 주식은 시장수익률에 비해 변화가 큰 것을 의미하며, 1보다 작으면 시장수익률의 변화보다 작은 것을 의미한다.

> **● 할인현금흐름분석법의 보조적 수단으로서의 직접환원법**
>
> 직접환원법은 기업가치 평가에 있어서 할인현금흐름분석법과 같이 주방식에 대한 보조적 수단으로 이용되어야지, 주방법으로 사용되기에는 부적합하다고 본다. 왜냐하면, 직접환원법은 대상기업의 단일 연도의 예상이익이나 몇 년간의 예상이익 연평균액을 단일의 환원율로 환원하여 기업가치를 평가하는 방법이므로, 실무적으로 단일 연도의 예상이익을 추정하기도 어렵고, 급변하는 기업의 경영환경하에서 몇 년간의 예상이익 평균치를 구하여 적정한 기업가치를 구한다는 것도 어려운 일이기 때문이다.

(2) 비교방식

거래사례비교법을 적용할 경우 감정평가 과정에서 비교기준의 역할을 충실히 할 수 있는 비교대상의 선정이 가장 핵심이다. 거래사례비교법을 적용할 때 사용되는 유사기업은 대상기업과 동일한 산업에 속하거나, 동일한 경제 요인에 의해 영향을 받는 산업에 속해야 한다. 유사기업의 선정을 위해서는 합리적인 기준이 설정되어야 하며, 선정과정에서 고려해야 할 요소들은 다음과 같다.

– 사업의 유형이 비슷할 것
– 규모 및 성장률이 비슷할 것
– 자료의 양이 풍부하고 검증 가능할 것
– 시장점유율, 경쟁관계, 판매처 및 구매처와의 관계 등 영업환경이 비슷할 것
– 영업이익률과 부채비율 등 재무지표가 비슷할 것

1) 유사기업이용법

대상기업과 비슷한 상장기업들의 주가를 기초로 산정된 시장배수를 이용하여 대상기업의 가치를 감정평가하는 방법이다.

2) 유사거래이용법

대상기업과 비슷한 기업들의 지분이 기업인수 및 합병거래시장에서 거래된 가격을 기초로 시장배수를 산정하여 대상 기업의 가치를 감정평가하는 방법이다.

> **● 유사기업이용법과 유사거래이용법의 차이점**
>
> 유사기업이용법에서 평가되는 대상기업의 주식은 시장성은 있으나 경영권이 없는 소수주주의 주식인 반면, 유사거래이용법에서는 대상기업 전체 또는 사업단위의 경영권이 매매되는 가액을 평가한다. 물론 이때 인수되는 경영권이 있는 대주주의 주식은 주식시장에서 매일 거래되는 주식이 아니므로, 시장성이 없는 주식으로서 평가된다.
> 유사기업이용법과 유사거래이용법의 기본적인 차이는 기업평가의 출발점으로서 이용하는 자료가 다르다는 것이다. 유사기업이용법은 공개시장에서 거래되는 시장성 있는 소수지분의 거래자료를 이용하는 반면에, 유사거래이용법에서는 경영권 이전에 관한 자료를 이용한다는 것이다.

3) 과거거래이용법

대상기업 지분의 과거 거래가격을 기초로 시장배수를 산정하여 대상기업의 가치를 감정평가하는 방법이다. 과거거래이용법으로 감정평가할 때에는 해당 거래가 이루어진 이후 기간에 발생한 상황 변화에 대한 검토와 조정을 하여야 한다.

> ● 과거거래이용법의 장점 및 단점
>
> ① 과거거래이용법의 장점
> 과거거래이용법은 대상기업의 과거 매매사례를 적용하는 것이므로, 가장 안정적이고 편리한 방법이라는 장점이 있다.
>
> ② 과거거래이용법의 단점
> 과거거래이용법은 과거의 매매환경과 가격시점현재의 매매환경은 유사할 수가 없는데, 이를 보정하는 지수와 과거의 가치를 현재가치로 변형하는 것에 어려움이 있다는 단점이 있다.

(3) 원가방식

1) 의의

대상기업의 유·무형의 개별자산의 가치를 합산하여 감정평가한다. 이때 모든 자산은 기준시점에서의 공정가치로 측정되어야 한다. 만약, 매각을 전제로 한 감정평가인 경우에는 매각과 관련된 비용이 고려되어야 한다.

2) 원가법을 적용하는 일반적인 절차

① 회계기준에 따라 작성된 재무상태표를 입수한다.
② 취득원가로 기록된 자산과 부채의 가액을 공정가치로 조정한다.
③ 재무상태표에 누락되어 있는 부외자산 및 부외부채의 공정가치를 산정한다.
④ 공정가치로 측정된 개별자산과 부채를 기초로 수정재무상태표를 작성한 후 개별자산의 가치를 합산한다.

3. 새로운 감정평가방법으로서의 옵션평가모형

환경변화에 의한 경영자의 의사결정에 따라 변동하는 미래현금흐름과 투자비용을 감안하여 대상기업의 가치를 감정평가하는 방법이다.

> ● 옵션평가모형 적용 시 유의사항 및 장단점
>
> 1. 옵션평가모형 적용 시 유의사항
> 각 의사결정의 합리성이나, 신뢰성 등에 대한 고려가 이루어져야 한다.

> **2. 옵션평가모형 장점 및 단점**
>   **1) 옵션평가모형의 장점**
>   경영관리상의 의사결정에 따른 유연성을 평가에 반영한다는 논리로서 현실적 불확실성을 고려하여, 이를 기초로 실질적인 기업 의사결정에 따른 미래 현금흐름과 투자비용을 가치에 반영할 수 있다는 장점이 있다.
>   **2) 옵션평가모형의 단점**
>   기업의 경영주체 또는 의사결정의 방법에 따라 감정평가금액이 달라지는 문제가 발생하며 경우에 따라 수 개의 감정평가액이 제시됨으로써 평가정보이용자들에게 혼란을 야기할 수도 있다는 단점이 있다.

Ⅴ 기업가치평가 시 유의사항

1. 일반적인 유의사항

(1) 전문적 가치판정 능력

전문가로서 가치평가원칙과 이론에 대한 일정 수준의 지식, 관련 자료를 파악·수집·분석할 수 있는 능력, 적절한 가치평가접근법 및 평가방법을 적용할 수 있는 기술, 가치의 추정치를 결정할 때 전문가적 판단을 할 수 있는 자질을 갖추어야 한다.

(2) 공정성과 객관성

가치평가업무를 수행할 때 공정·불편의 자세를 유지하여야 하고, 가치평가업무를 수행하는 과정에서 객관성을 유지해야 한다. 객관성의 원칙이라 함은 편파적이지 않고, 이해관계에 있어 중립적이고, 이해상충이 없어야 함을 의미하며, 정당한 주의의무를 가지고, 성실하게 업무를 수행해야 한다는 것을 말한다.

(3) 비밀업무

가치평가자가 재무제표 작성회사 외의 제3의 기관일 경우 가치평가업무 수행과정에서 획득한 정보와 가치평가 결과를 정당한 사유 없이 누설하거나 의뢰받은 목적 이외에 사용하여서는 아니 되며, 성공보수 조건의 감정평가업무 수임은 금지되어야 한다.

(4) 재무정보의 분석을 통한 경제적 재무제표로 변환

기업가치평가는 기본적으로 재무제표의 분석에서 출발을 하지만, 기업체의 진정한 경제적 재무상태와 영업성과를 반영하고, 시장가치에 접근하기 위한 기초로 삼기 위해서는 감가상각, 재고자산, 무형자산, 유형자산 등에 대한 조정을 함으로써 경제적 재무제표로 변환하여야 한다.

(5) 비재무적 정보의 분석

비재무적 정보의 분석은 대상기업에 대한 이해를 높이고 이후의 감정평가 절차를 수행하기 위한 기본적 평가근거자료를 마련하기 위하여 대상기업을 둘러싼 경제여건, 해당 산업동향 등에 관한 정보를 수집·분석하는 것을 말한다. 일반적으로 고려되는 비재무적 정보는 경쟁사현황·시장 및 고객현황·경영인의 자질·경제와 산업 및 회사에 대한 전망 등이 있다.

2. 감정평가 3방식 적용 시 유의사항

(1) 수익방식

1) 현금흐름의 추정

① 현금흐름을 추정할 때 예측기간은 5년 이상 충분히 길게 하여야 한다.
② 과거 장기간의 추세분석을 바탕으로 기업이 속한 산업의 경기순환주기를 결정하는 경우 경기순환주기상 중간점에서의 이익수준에 근거하여 영구가치를 산출하여야 한다.
③ 영구가치 산출 시 적용하는 영구성장률은 과거 5년치 평균성장률을 넘지 않도록 추정한다.

2) 환원율 또는 할인율의 결정

① 자본환원율이나 할인율은 감정평가에 사용되는 이익 또는 현금흐름의 정의와 일관성이 있어야 한다.
② 환원율이나 할인율은 감정평가 대상으로부터 기대되는 현금흐름이 발생되는 시점, 위험요소, 성장성 및 화폐의 시간가치 등을 종합적으로 고려하여 결정하여야 한다.
③ 미래현금흐름 또는 배당흐름을 현재가치로 환산하기 위해서는 기업의 영업위험과 재무위험을 모두 반영한 할인율로 할인하여야 한다.

(2) 비교방식

1) 유사기업 선정

거래사례비교법을 적용할 때 사용되는 유사기업은 대상기업과 동일한 산업에 속하거나, 동일한 경제 요인에 의해 영향을 받는 산업에 속해야 한다. 유사기업의 선정을 위해서는 합리적인 기준이 설정되어야 하며, 선정과정에서 고려해야 할 요소들은 다음과 같다. ① 사업 특성상의 정성적·정량적 유사성 ② 유사기업에 대하여 입수 가능한 자료의 양과 검증가능성 ③ 유사기업의 가격이 독립적인 거래를 반영하는지 여부 등을 고려해야 한다.

2) 가치형성요인 비교

비교방식을 적용하여 기업가치를 감정평가하는 경우에는 비교가 된 기업의 배경과 매매금액을 문서로 확인하고, 이를 보정하여 대상기업에 적용을 하여 감정평가하게 되는데, 인수 및 합병의 거래구조와 배결, 거래조건 등에 대한 검토와 조정을 하여야 한다.

(3) 원가방식

① 원가법을 적용함에 있어서 모든 자산과 부채는 기업평가를 위하여 선택된 가치기준과 일치하는 가치기준으로 재평가되어야 한다.

② 계속기업을 전제로 한 가치평가에서 원가법만을 유일한 방법으로 적용해서는 안 되며, 만일 원가법을 적용하여 감정평가한 경우에는 그에 대한 정당한 근거를 제시하여야 한다.

Ⅵ 장점 및 단점

1. 수익방식

(1) 장점

① 유·무형의 모든 자산을 이용하여 얻을 수 있는 미래의 예상수익을 예측하여 이를 현재가치화하는 수익방식이 이론적으로는 가장 타당하다.

② 현대 기업의 수익원천인 시장경쟁력 우위와 경영혁신을 가능하게 하는 기술력, 정보능력, 인적자산 등을 비롯한 무형의 자산을 평가내용에 포괄할 수 있다는 점에서 장점이 있다.

(2) 단점

① 미래수익과 현금흐름의 추정은 주관적 예측에 기초를 두고 이루어지는 것으로 평가자의 주관이 개입될 수 있어, 객관성 확보가 어렵고, 영속적 기업의 수익을 어느 시점까지 예측하는 것이 타당한가라는 실무상 어려움도 크다.

② 급변하는 기업환경 속에서 기업의 영업위험과 재무위험을 모두 반영한 자본환원율의 선택이 어려운 단점을 가지고 있다.

2. 비교방식

(1) 장점

① 평가대상 기업과 유사한 기업의 주식이 시장에서 거래되는 현실적인 가격을 대상기업의 주식가치 산정에 반영할 수 있다는 점에서 장점이 있다.

② 현실적으로 시장의 투자자들의 경제활동의 결과로 나타난 실증적인 시장성의 반영이라고 볼 수 있으므로, 현실성이 있고 설득력이 높다.

(2) 단점

① 상장기업 중에서 유사기업을 선정하는 데에 평가자의 자의성이 개입될 수 있고, 유사기업을 발견하기 어려운 경우 적용이 불가능한 문제점이 있다.

② 실제 거래사례의 수집이 어렵고, 더구나 기업은 부동산보다 더 강한 개별성을 갖고 있어 거래가격을 적절히 보정하는 것도 현실적으로 쉬운 일이 아니다.

③ 유사기업의 주식이 거래되는 시장이 비효율적인 경우, 오히려 평가대상 주식의 진정한 주식가치를 왜곡시킬 수도 있다는 약점이 있다.

3. 원가방식

(1) 장점

① 대상기업이 영업활동을 수행하지 않고, 부동산이나 타 회사의 지분을 보유함으로써 이익을 얻는 지주회사이거나 청산을 전제로 한 기업인 경우에 적절한 감정평가방법이다.

② 기업이 보유한 유·무형의 개별자산의 가치를 합산하기 때문에, 현재 재무상태를 잘 반영한다는 장점이 있다.

③ 청산가치 산출이나 채권자 보호를 위한 최소평가액 산출이라는 측면에서 객관성을 인정받고 있다.

(2) 단점

① 기업의 이익창출능력을 전혀 고려하지 못하는 근본적인 단점이 있다. 즉, 기업가치는 기업이 보유하고 있는 개별자산의 화폐적 가치의 총합으로만 발휘되는 것이 아니라, 여러 가지 유·무형 자산들의 유기적 결합으로 창출되는 무형자산도 포함되어야 한다. 그러나 원가법은 이러한 가치를 고려하지 못한다.

② 평가자의 관점 차이와 평가목적에 따라 각기 다른 자산가액이 산출될 수 있어 자산가치에 의한 기업가치평가는 객관성을 확보하기 어렵다는 문제점이 있다.

> ▶ **기업가치 감정평가 시 원가법의 단점**
>
> 원가방법은 정태론의 입장에서 기업의 정지 또는 청산을 가정하고 있으며, 기업은 자산과 부채 및 수익 등이 유기체로서 살아 움직이는 생명체처럼 부단히 변하고 있다는 점이 간과되고 있다. 또한, 이 방법은 기업이라는 실체는 미래의 수익 또는 현금흐름의 창출을 목적으로 존재하는 영속체라는 점에서의 미래 수익창출능력을 반영하지 못하는 단점을 가지고 있다. 따라서, 원가법은 기업의 진정한 실질가치를 산출하는 데에는 한계가 있다.

Ⅶ 기업평가와 부동산평가의 비교

1. 용어

부동산평가의 시장가치는 일정제약 조건하에서 최고최선의 이용 상태를 기준으로 하는 성립될 가능성이 많은 가격이나, 기업평가의 공정가치는 평가시점 상황을 그대로 반영한 가치로서, 매도자와 매수자가 기꺼이 협상하여 성립되는 가격이다.

2. 평가의 대상

부동산평가는 주로 유형자산을 대상으로 하며 무형자산의 비중이 크지 않지만, 기업평가는 상당부분 무형자산으로 구성되어 있으며 그 비중이 큰 경우도 있다.

3. 평가방법

3방식과 대체로 유사하다고 볼 수 있는데 ① 소득접근법의 경우 환원대상소득, 환원이율의 구조, 환원방법 등이 유사하나, 기업평가 시에는 기업운영에 따른 위험이 부동산보다 더 많고 부동산 가치상승이라는 추가수익을 기대할 수 없기 때문에 할인율이 부동산의 경우보다 더 높게 산정된다. ② 시장접근법의 경우 동일, 유사한 사례를 활용한다는 점에서 유사하나 기업시장은 부동산시장보다 더 빠르게 변화한다고 볼 수 있다. ③ 비용접근법의 경우 자산항목의 개별평가 합인 자산접근법과 방법적으로 유사하나, 개별자산의 값은 결국 3방식에 의해 구하게 된다.

4. 기타

부동산가치는 지분가치, 저당가치의 합으로 평가한다. 그러나 기업가치는 대체로 총자산에서 부채를 차감한 지분가치로 평가한다(다만, 실무기준은 지분가치와 저당가치의 합계로 보고 있음). 또한, 부동산평가는 위치, 행정적 규제 등이 가치에 큰 영향을 미치나, 기업평가에서는 크게 고려되지 않고, 다만 급격한 시장상황의 변화에 큰 영향을 받는다.

Ⅷ 결

우리나라의 감정평가사 집단은 기업가치평가 시장에서 매우 경쟁력 있는 전문가 집단이라 할 수 있다. 왜냐하면 과거 수십 년간 자산재평가업무 등 각종 자산평가 실무경험을 통한 기업가치평가의 전문성이 이미 확보되어 있기 때문이다. 다만 이러한 바탕 위에 미래 예상 수익의 정교한 분석기법이나 내재가치 탐구에 대한 부단한 연구개발과 데이터베이스 구축이 있어야 할 것이다.

06절 토지의 감정평가

Ⅰ 토지의 감정평가

> **감정평가에 관한 규칙 제14조(토지의 감정평가)**
> ① 감정평가법인등은 법 제3조 제1항 본문에 따라 토지를 감정평가할 때에는 공시지가기준법을 적용해야 한다.
> ② 감정평가법인등은 공시지가기준법에 따라 토지를 감정평가할 때에 다음 각 호의 순서에 따라야 한다.
> 　1. 비교표준지 선정 : 인근지역에 있는 표준지 중에서 대상토지와 용도지역·이용상황·주변환경 등이 같거나 비슷한 표준지를 선정할 것. 다만, 인근지역에 적절한 표준지가 없는 경우에는 인근지역과 유사한 지역적 특성을 갖는 동일수급권 안의 유사지역에 있는 표준지를 선정할 수 있다.
> 　2. 시점수정 : 「부동산 거래신고 등에 관한 법률」 제19조에 따라 국토교통부장관이 조사·발표하는 비교표준지가 있는 시·군·구의 같은 용도지역 지가변동률을 적용할 것. 다만, 다음 각 목의 경우에는 그러하지 아니하다.
> 　　가. 같은 용도지역의 지가변동률을 적용하는 것이 불가능하거나 적절하지 아니하다고 판단되는 경우에는 공법상 제한이 같거나 비슷한 용도지역의 지가변동률, 이용상황별 지가변동률 또는 해당 시·군·구의 평균지가변동률을 적용할 것
> 　　나. 지가변동률을 적용하는 것이 불가능하거나 적절하지 아니한 경우에는 「한국은행법」 제86조에 따라 한국은행이 조사·발표하는 생산자물가지수에 따라 산정된 생산자물가상승률을 적용할 것
> 　3. 지역요인 비교
> 　4. 개별요인 비교
> 　5. 그 밖의 요인 보정 : 대상토지의 인근지역 또는 동일수급권 내 유사지역의 가치형성요인이 유사한 정상적인 거래사례 또는 평가사례 등을 고려할 것
> ③ 감정평가법인등은 법 제3조 제1항 단서에 따라 적정한 실거래가를 기준으로 토지를 감정평가할 때에는 거래사례비교법을 적용해야 한다.
> ④ 감정평가법인등은 법 제3조 제2항에 따라 토지를 감정평가할 때에는 제1항부터 제3항까지의 규정을 적용하되, 해당 토지의 임대료, 조성비용 등을 고려하여 감정평가할 수 있다.

1. 조성원가법

(1) 조성원가법의 의의

소지가액에 개발비용을 더하여 조성택지의 가치를 평가하는 방법이다.

(2) 조성원가법의 특징

소지가액은 비교방식이나 원가방식으로, 개발비용은 원가방식으로 구하는 면에서 3방식의 논리를 혼용한다. 하지만, 근본적으로 토지를 가공하여 부가가치를 창출한다는 점에 착안한 것으로 원가방식의 사고를 바탕으로 한다.

(3) 조성원가법의 평가방법

일반적으로 원시취득시점을 측정기준의 시점으로 하여 소지가액을 산정한 뒤, 조성공사비 · 공익시설부담금 · 개발자의 적정이윤 · 개발부담금과 같은 개발비용을 가산한다. 이후, 공사준공시점부터 기준시점까지의 시간경과에 따른 택지로서의 성숙도를 고려하는 성숙도 수정 절차를 거치게 된다.

> ❍ **가산방식(준공시점 이후 토지가치)**
>
> 조성택지의 평가는 우선적으로 택지조성시점을 기준으로 평가액을 산정하여야 한다. 즉, 조성시점을 기준으로 소지의 취득가액을 구한 다음에 조성공사비 및 개발업자의 부대비용을 구하고, 필요한 경우에는 각각에 대하여 사정보정 및 시점수정을 행하여 조성완료시점의 표준적인 가액을 구한 후, 조성완료시점과 기준시점의 차이가 있는 경우에는 지가변동률 등을 이용하여 시점수정을 행하여 기준시점에서의 감정평가액을 산정한다.
>
> - 조성택지 준공시점의 감정평가액 = 소지가격 + 조성공사비 + 공공시설부담금 + 판매관리비 + 개발부담금 + 업자이윤
> - 대상토지의 가액 = 조성택지 준공시점의 감정평가액 × 시점수정(지가변동률)

2. 공제방식 및 개발법

(1) 공제방식

1) 공제방식의 의의

분양예정가격에서 개발비용을 공제함으로써 택지예정지의 가치를 평가하는 방법이다.

2) 공제방식의 특징

공제방식은 수익에서 비용을 차감하는 산정구조상 수익방식으로도 볼 수 있을 것이나, 근본적으로는 토지를 가공하여 부가가치를 창출한다는 점에 착안한 것으로 원가방식의 사고를 바탕으로 한다.

3) 공제방식의 평가방법

조성된 택지를 매각함에 따른 분양예정가격에서 개발비용을 공제한다. 이후, 착공시점과 기준시점 간에 불일치가 발생하는 경우 가치를 적정화하기 위해 성숙도 보정을 거친다. 다만, 이 경우 대상토지가 택지화되기 전의 미성숙에 대한 수정이기 때문에 엄밀한 의미에서 미성숙도 수정이라 할 수 있다.

4) 공제방식 적용 시 유의사항

① 공제방식은 화폐의 시간가치를 고려하지 않는다.
② 개발업자의 적정이윤을 명시적으로 고려해야 한다.

③ 공제방식은 개발사업을 즉시 착수할 수 없는 경우에 소지가액을 개략적으로 구하는 방법이므로, 성숙도 수정과정을 거쳐야 한다.

(2) 개발법

1) 개발법의 의의

대상획지를 개발하였을 때 예상되는 분양예정가격의 현재가치에서 개발비용의 현재가치를 차감함으로써 가치를 평가하는 방법이다. 개발을 전제로 하여 토지를 평가하는 방법에 해당한다.

2) 개발법의 특징

개발법 역시 수익에서 비용을 차감하는 산정구조상 수익방식으로도 볼 수 있을 것이나, 근본적으로는 토지를 가공하여 부가가치를 창출한다는 점에 착안한 것으로 원가방식의 사고를 바탕으로 한다.

3) 개발법의 평가방법

조성된 택지를 매각함에 따른 분양예정가격을 현가한 뒤 개발사업을 수행하는 데 필요한 개발비용의 현가를 차감하여 산정한다.

4) 개발법 적용 시 유의사항

① 개발법은 화폐의 시간가치를 고려한다.

② 개발업자의 적정이윤을 별도 항목으로 처리하지 않고, 이윤을 고려한 투자수익률을 기초로 한 복리현가율로 처리한다.

③ 개발법은 즉시사업을 실시할 수 있는 충분히 성숙된 토지를 대상으로 소지가치를 구하는 방법이기 때문에 성숙도 수정을 하지 않는다.

> ▶ 성격
> 1) 가산방식, 공제방식, 개발법은 평가과정에서 전통적인 3방식의 논리를 혼용하고 있다. 〈소지가격 + 개발비용〉 형태의 가산방식과 〈분양예정가격 − 개발비용〉 형태의 공제방식 및 개발법에서 소지가액은 비교방식이나 원가방식으로, 개발비용은 원가방식이나 비교방식으로, 분양예정가격은 비교방식이나 수익방식으로 각각 산정한다.
> 2) 여기서 가산방식은 원가의 적산이라는 측면에서 볼 때 원가방식으로 볼 수 있고, 공제방식과 개발법은 〈수익 − 비용〉이라는 산정구조를 볼 때 수익방식으로 볼 수도 있을 것이다.
> 3) 그러나 소지가액에서 개발비용을 더한 판매총액을 가치로 측정하는 가산방식이나 분양예정가격에서 개발비용을 공제함으로써 가치를 구하는 공제방식 및 개발법은 근본적으로는 토지를 가공하여 부가가치를 창출한다는 점에 착안한 것으로 모두 원가방식의 사고를 바탕으로 하고 있다.

07 절 일단(一團)으로 이용 중인 토지

Ⅰ 일단지의 개념

일단지란 지적공부상 2필지 이상의 토지가 일단을 이루어 같은 용도로 이용되는 것이 사회적 · 경제적 · 행정적 측면에서 합리적이고 대상토지의 가치형성 측면에서 타당하다고 인정되는 등 용도상 불가분의 관계에 있는 토지를 말한다.

> ● 합병토지와의 구별
>
> 여기서 일단지 토지의 개념과 토지의 합병은 명확히 구분되어야 한다. 왜냐하면 2필지 이상의 여러 토지를 합쳐 하나의 획지로 만드는 것이 합병임에 비해, 일단지는 2필지 이상의 토지가 지적공부상 합병되지 아니한 상태에서 토지소유자의 필요에 의하여 일단을 이루어 같은 용도로 이용되는 경우를 말하는 점에서 차이가 있다.

Ⅱ 일단지의 판단기준(용 · 지 · 소 · 일 · 시)

1. 용도상 불가분의 관계

① 판례는 용도상 불가분의 관계에 대하여 "일단의 토지로 이용되고 있는 상황이 사회적 · 경제적 · 행정적 측면에서 합리적이고 해당 토지의 가치형성적 측면에서도 타당하다고 인정되는 관계에 있는 경우를 말한다"고 판시하였다.

② 「표준지 조사 · 평가기준」 제20조 제2항에서는 "일단지로 이용되고 있는 상황이 사회적 · 경제적 · 행정적 측면에서 합리적이고 해당 토지의 가치형성 측면에서도 타당하다고 인정되는 관계에 있는 경우"로 규정하고 있다.

2. 토지소유자의 동일성

① 토지소유자의 동일성은 직접적인 관련이 없으며, 각각의 토지소유자가 다른 경우에도 「민법」 제262조의 공유관계로 보아 일단지에 포함시키고 있다.

② 다만, 건축물이 없는 나지 등은 용도상 불가분의 관계에 대한 확정성이 결여되고, 일단지의 범위를 정하는 것이 사실상 곤란하므로, 소유자가 다른 때에는 특별한 경우를 제외하고는 일단지로 보지 않는 것이 타당하다.

3. 「공간정보의 구축 및 관리 등에 관한 법률」상 지목

① 대부분은 지목이 동일하여 문제가 되지 않는다.

② 일단지의 구체적인 판단기준은 용도상 불가분의 관계에 있는지 여부이지, 지목의 동일성 여부는 아니므로, 지목분류의 개념과 반드시 일치하는 것은 아니다.

> ● 지적법상 지목과의 관계
>
> 예컨대 과수원 안에 있는 주거용 건물의 부지 등과 같이 용도 및 가치형성 측면에서 명확히 구분 되거나, 일단을 이루고 있는 도로·구거 등의 부지가 전용적인 성격을 갖지 아니하고 인근지역에 있는 다른 토지들의 편익에도 제공되고 있어, 용도상 불가분의 관계가 명확하지 않는 경우 등에는 이를 일단지의 범위에 포함시키지 않는 것이 타당할 것이다.
>
> 그러나 염전 등 특수용도 토지는 「(구)지적법 시행령」 제6조의 규정에 의한 지목분류기준에 따라, 그 부속시설의 부지가 주된 시설 부지의 지목으로 같이 분류될 수도 있고 따로 분류될 수도 있으나, 주된 시설과 그 부속시설은 용도상 불가분의 관계에 있으므로 이를 일단지의 범위에 포함시키는 것이 타당하다고 본다.

4. 일시적인 이용상황

① 현재의 이용상황이 일시적인 것으로 인정되는 경우에는 일단지의 판정기준이 되는 용도상 불가분의 관계에 대한 확정성이 결여되므로 일단지로 보지 아니한다.

② 예를 들어, 가설 건축물의 부지이거나, 조경수목재배지, 조경자재제조장, 골재야적장 등이 있다.

5. 건축물 존재 여부 및 인정시점

① 인접되어 있는 2필지 이상의 토지상에 기준시점 현재 하나의 건축물 등이 있는 경우에는 용도상 불가분의 관계가 이미 성립되어 있는 것으로 볼 수 있어 일단지로 인정할 수 있다.

② 다만, 「표준지 조사·평가기준」 제20조 제4항에서는 건축 중에 있는 토지와 공시기준일 현재 나지상태이나 건축허가 등을 받고 공사를 착수한 때에는 토지소유자가 다른 경우에 도 이를 일단지로 본다고 규정하고 있다.

08 절 공유지분 토지

■ 공유지분 토지의 개념

1필지의 토지를 2인 이상이 공동으로 소유하고 있는 토지를 말한다.

■ 공유지분 토지의 감정평가방법

1. 원칙

공유지분을 감정평가할 때에는 대상토지 전체의 가액에 지분비율을 적용하여 감정평가한다.

2. 구분소유적 공유 관계인 경우

구분소유적 공유란 1필의 토지 중 위치, 면적이 특정된 일부를 양수하고서도 분필에 의한 소유권이전등기를 하지 않은 채 편의상 그 필지의 면적에 대한 양수부분의 면적비율에 상응하는 공유지분 등기를 경료한 것을 말한다. 대상지분의 위치가 확인되는 경우에는 그 위치에 따라 감정평가할 수 있다. 즉, 위치가 특정되어 공유하고 있을 때에는 그 특정 위치의 토지를 기준으로 하여 감정평가할 수 있다.

■ 공유지분 토지의 감정평가 시 유의사항

1. 구분소유적 공유 관계 파악

공유지분 토지를 감정평가할 때에는 먼저 공유자 간 구분소유적 공유 관계에 있는지를 파악하는 것이 필요하다.

2. 공유지분 토지의 위치 확인

위치, 면적을 특정하고 그에 대한 약정이 있는 등 구분소유적 공유 관계에 있는 것을 증명할 수 있어야만 그 위치에 따른 감정평가를 할 수 있다. 공유지분 토지의 위치를 확인하는 방법으로는 공유지분자 2인 이상의 위치확인동의서, 건부지의 경우에는 합법적인 건축도면이나 합법적으로 건축된 건물, 상가·빌딩 관리사무소나 상가번영회 등에 비치된 위치도면으로 확인할 수 있다.

09 절 지상권이 설정된 토지

I 지상권이 설정된 토지의 개념

지상권이란 타인의 토지에 건물, 기타 공작물이나 수목을 소유하기 위하여 그 토지를 사용할 수 있는 물권을 말한다. 즉, 이러한 지상권이 설정된 토지를 말한다.

II 지상권이 설정된 토지의 특징

통상적으로 지상권이 설정되면 그 토지의 사용 및 수익이 제한되므로 감정평가 시 이를 반영하여야 한다.

III 지상권이 설정된 토지의 감정평가방법

1. 지상권에 따른 제한정도 등을 고려하여 감정평가

지상권이 설정된 토지는 지상권이 설정되지 않은 상태의 토지가액에서 해당 지상권에 따른 제한정도 등을 고려하여 감정평가한다.

(1) 지상권의 가치를 구하여 차감하는 방법

지상권설정자에게 지급하는 대가 등을 파악할 수 있는 경우 지상권의 가치를 구하여 지상권이 설정되지 않은 상태의 토지가액에서 차감한다.

(2) 제한의 정도를 감안한 일정비율의 정도

일반적으로 토지에 대한 지상권이 설정된 경우에는 토지소유자의 토지이용이 제한된다. 따라서 제한의 정도를 고려한 적정비율을 적용하여 감정평가할 수 있다. 적정비율은 일률적으로 판단하기보다는 대상토지의 제반 요인을 고려하여 결정하도록 한다.

2. 저당권자가 채권확보를 위하여 설정한 지상권의 경우

저당권자가 채권확보를 위하여 지상권을 설정한 경우에는 이에 구애 없이 평가한다. 이러한 경우는 통상적으로 저당권자가 해당 토지의 사용·수익을 위한 것이 아니라 단순하게 채권확보를 위하여 설정한 것이기 때문이다.

10 절 규모가 과대하거나 과소한 토지

❚ 규모가 과대하거나 과소한 토지의 개념

토지의 면적이 최유효이용 규모에 초과하거나 미달하는 토지를 말한다. 여기에서 최유효이용 면적을 판단하기 위해서 인근 건부지의 표준적인 면적상황, 도시계획 지역·지구제의 지정내용, 건축허가가능면적 및 제한조건, 기타 법적인 규제내용과 동지역의 거래관행 등을 조사하여야 한다.

❚❚ 감정평가방법

토지의 면적이 최유효이용 규모에 초과하거나 미달하는 토지는 대상물건의 면적과 비슷한 규모의 표준지공시지가를 기준으로 감정평가한다. 다만, 그러한 표준지공시지가가 없는 경우에는 규모가 과대하거나 과소한 것에 따른 불리한 정도를 개별요인 비교 시 고려하여 감정평가한다.

❚❚❚ 감정평가 시 유의사항

1. 규모가 과소한 토지의 경우

   (1) 건축이 불가능한 경우

   인접토지의 부속용지로 이용되거나 인접토지와 합병을 통하여 사용될 경우 기여도가 월등히 우세하여 건축이 불가능한 장애를 극복하고도 남을 만한 위치적 가치를 갖는 특별한 경우에는 표준적 규모의 토지가격을 상회하는 가격이 될 수도 있다. 따라서 소규모 토지의 감정평가 시 인접토지와의 관계 등을 고려하여 이에 대한 판단이 이루어져야 한다.

   (2) 건축이 가능한 경우

   도시계획시설의 설치 또는 구획정리사업의 시행으로 인하여 해당지역 최소대지 규모에 미달되는 토지는 건축완화 규정이 적용되어 건축허가대상이 될 수 있고, 법령 또는 조례의 제정·개정이나 도시계획의 결정·변동 등으로 인해 해당지역 최소대지 규모에 미달하게 된 토지는 건축허가의 대상이 될 수 있다. 그러나 이러한 경우에도 건축허가의 대상이 될 수 있는 최소기준 면적이 정해져 있으므로 신중한 판단을 하여야 한다. 이러한 소규모 토지에 대한 건축규제의 완화로 건폐율, 용적률 등에서 해당 지역의 표준적인 제한보다 유리한 경우 등은 표준적 규모의 토지가격수준을 상회할 수도 있다.

> **● 한정가치 성립가능성**
>
> 규모가 과소한 토지의 경우에는 규모의 비적합성으로 표준적 규모의 토지보다 낮은 가격으로 가격수준이 형성되는 경우가 일반적이지만, 인접토지와의 합병을 통하여 규모에 따른 불리함을 극복하고 오히려 더 높은 가격수준이 형성될 가능성도 있으므로 유의하여야 한다.

2. 규모가 과대한 토지의 경우

(1) 광평수 증가

표준적 규모보다 현저히 큰 대규모 토지가 인근지역의 지구수준과 무관하게 거래되는 사례도 있을 수 있다. 경제발전에 따라 상업형태의 고도화·다양화가 이루어지고, 대규모 이용형태를 갖는 상업용지의 상대적 희소성이 증가되어 이를 취득하기 위한 수요의 강도가 증대되어 표준적 규모의 토지가격수준을 초과하기도 한다.

(2) 지역분석 및 개별분석

대규모 토지의 감정평가 시에는 토지이용 주체에 따라 변화할 수 있는 여러 가지 용도적 관점을 주의 깊게 살펴야 하고, 최유효이용 방법을 객관성 있게 도출하여야 한다. 대규모 토지는 가치를 형성하는 요인이 다양하므로, 일반적인 토지보다 지역분석이나 개별분석을 면밀히 하여야 할 것이다.

(3) 개발법 검토

광평수토지는 개발법 적용이 유용하다. 대상물건의 성숙도와 개발의 난이성 등을 고려하여 개발 후 분양·임대로 발생하는 총수익에서 개발에 소요되는 제비용을 공제하여 구한다.

(4) 감보율 및 추가소요비용 등 감안

토지를 감정평가할 때에는 유용성이나 시장성이 가장 높은 표준물건으로 감정평가하여야 하는바, 나지의 면적이 최유효이용 단위를 초과하는 경우에는 대상물건의 면적과 유사한 물건의 가격자료에 의하여 감정평가한다. 그러나 가격자료가 없거나 불충분할 경우에는 채택한 가격자료의 최유효이용 단위를 기준하여 정상적으로 예상되는 감보율 및 추가소요비용 등을 감안하여 감정평가한다.

11 절 맹지

Ⅰ 맹지의 개념

맹지란 지적도상 공로에 접한 부분이 없는 토지를 말한다.

Ⅱ 맹지의 감정평가방법

맹지의 감정평가 시 공로에 출입하기 위한 통로를 개설하기 위해 비용이 발생하는 경우에는 그 비용(도로용지매입비, 도로개설비용 외)을 고려하여 감정평가한다. 다만, 지적도상 공로에 접한 부분이 없는 토지로서 관습상 도로 또는 지역권 설정 등이 있거나, 맹지가 아닌 인접 토지와 일단으로 이용 또는 이용될 전망이 확실한 경우에는 위와 같은 비용을 고려하지 않고 감정평가할 수 있다.

1. 현황평가(도로의 개설이 타당하지 못하거나 맹지로 사용하더라도 지장이 없는 경우)

읍·면지역의 농경지대·산림지대 등에 적용할 때 무리가 없는 방법이며, 이러한 지역은 건축물의 건축 가능성이 상대적으로 낮은 지역일 뿐만 아니라 현재 상태대로 이용하는 것에 문제될 것이 없는 경우이다. 반드시 농경지대·산림지대 등이 아니더라도 진입로 개설이나 인접 토지 합병을 전제로 한 접근이 수월하지 않을 경우에 일반적으로 적용할 수 있는 방법이기도 하다.

2. 진입로 개설 비용을 감안한 감정평가

도로개설의 가능성이 비교적 높은 경우 진입로 개설을 전제로 자루형 토지를 상정하여 감정평가액을 구한 후, 도로개설비용을 공제하여 최종 감정평가액을 정한다. 진입로 개설에 소송 등으로 인하여 장기간이 소요될 것으로 예상된다면, 진입로 개설 실현시기까지의 기회비용을 감안하여 적정한 할인율로 할인하여 현재가치를 구한다. 마지막으로 도로개설의 현실성을 고려하여 적정한 감가율로 보정이 가능하다.

3. 인접 토지 합병 조건부 감정평가

해당 맹지와 인접한 토지 중 합병의 가능성이 가장 높은 토지를 매수한다고 가정한 후, 해당 맹지와 인접 토지를 합한 획지 기준의 평가액에서 합병 전 인접 토지 평가액을 공제하고 적정한 감가율을 적용하여 최종 감정평가액을 결정하는 방법이다. 고도의 도시화가 이루어진 지역에서 진입로 개설에 필요한 여유 토지의 확보가 사실상 곤란할 경우에 적용할 수 있는 방법이기도 하다.

Ⅲ 맹지의 감정평가 시 유의사항

1. 관습상의 도로가 개설되어 있는 경우

지적도상 도로가 없는 맹지라 할지라도 관습상의 도로가 개설되어 있는 경우 이러한 토지는 큰 문제 없이 이용할 수 있기 때문에 맹지로서의 감가가 상당히 낮은 수준일 것이다. 그러나 관습상의 도로가 개설되어 있다고 하여 모두 현황도로로 인정할 수 있는 것은 아니다. 폭이 4m 이상이거나 포장이 되어 있는 경우 또는 비포장도로라 하더라도 불특정 다수인이 상시 이용하는 경우에는 현황도로로 인정받을 가능성이 높지만 그 외의 경우에는 좀 더 면밀하게 검토 후 결정하여야 할 것이다.

2. 도로개설 가능성이 높은 맹지의 경우

구거에 접한 맹지와 같이 현재 도로에 접해 있지는 않지만, 주변 여건상 도로개설이 용이한 맹지는 감가의 정도 파악에 유의하여야 한다. 지적도상 구거에 접해 있거나 과거에 구거가 있었던 사실이 인정되면 해당 토지를 관할하는 지자체로부터 구거점용허가를 받을 수 있으며, 해당 구거를 진입로로 사용하면 양호한 획지조건의 토지를 만들 수 있다. 이러한 토지는 점용허가비, 포장비용 등을 부담하면 맹지가 아닌 토지와 동일하게 이용할 수 있는 점을 고려하여야 할 것이다.

3. 인접 토지가 동일인 소유인 경우

해당 토지는 맹지이나 인접 토지가 동일인 소유이고, 인접 토지를 통하여 출입하며 해당 토지의 사용·수익 등에 제한이 없는 경우에는 감가에 유의하여야 한다. 토지소유자가 특별한 사정이 없는 한, 경제 합리성에 반하여 해당 맹지만을 저가에 처분하려는 경우는 발생하기 어려울 것이다.

12 절 고압선 등 통과 토지

I 고압선 등 통과 토지의 개념

송전선 또는 고압선이 통과하는 토지를 말하며, 전선로용지에서 지지물용지를 제외한 토지인 선하지에 해당한다.

II 고압선 등 통과 토지의 감정평가방법

1. 고압선 등 통과 토지의 감가방법

(1) 제한을 감안한 감정평가방법

고압선 등이 통과하고 있는 토지를 평가하는 경우에는 통과전압의 종별 및 송전선의 높이, 선하지 부분의 면적 및 획지 내에서의 통과위치, 건축 및 기타 시설의 규제정도, 구분지상권의 유무, 철탑 및 전선로의 이전가능성 및 그 난이도, 고압선 등이 심리적·신체적으로 미치는 영향정도, 장래 기대이익의 상실정도, 기타 이용상의 제한정도 등 감가요인을 종합적으로 고려하여 감정평가하여야 한다.

(2) 감가액을 공제하는 감정평가방법

고압선 등 통과부분의 직접적인 이용저해율과 잔여부분에서의 심리적·환경적인 요인의 감가율을 파악할 수 있는 경우에는 각각의 적정 비율을 결정한다. 감가율을 각각 정하고 고압선 등이 통과하지 아니한 것을 상정한 토지가액에서 각각의 감가율에 의한 가치감소액을 공제하는 방식으로 감정평가한다.

2. 고압선 등 통과 토지의 감가요인

(1) 건축 및 시설제한

특별고압가공전선과 건축물의 접근상태에 따라 받게 되는 건축의 금지 또는 제한으로 건축물의 이격거리, 고압전선의 지표상의 높이제한 등이 있다.

(2) 위험시설로서의 심리적 부담감

선하지는 TV 수신 장애 등 전파장애는 물론 송배전 시 수반되는 소음으로 인한 불쾌감, 전선의 단락이나 과전류로 인한 감전사고의 위험이 상존하고 있어 하나의 위험시설로 간주된다. 또한, 조망 및 경관미가 저해되는 경우도 있으며, 이러한 위험시설이 존재함으로 소유자에게 심리적·정신적 고통을 주게 되므로 감가요인이 된다.

(3) 등기사항전부증명서상 하자

토지등기사항전부증명서에 구분지상권 등 지상의 전선을 보호하기 위한 권리가 설정되면 지상권자 등은 이 권리를 보전하기 위해 여러 가지 행위제한을 요구할 수 있다. 그리고 권리 설정으로 대상토지의 최유효이용이 전혀 제한받지 않는 경우라 할지라도 일반금융기관에서는 담보설정을 기피할 가능성이 있고, 건축허가를 받기 위해 해당 기관의 심의를 거쳐야 하는 등 번거로운 행정상의 규제가 따르므로 이러한 요인도 하나의 감가요인이 된다.

(4) 입체이용저해

토지의 공중공간에 고압선이 설치되어 입체이용을 제한하는 경우 그 이용이 저해되는 정도에 따라 토지의 가치가 감가된다. 이때 공중이용 범위의 저해정도는 토목이나 건축기술, 경제적 타당성 등의 조건 이외에도 「건축법」이나 「국토계획법」 등의 법적 규제를 고려해야 한다.

(5) 장래 기대이익의 상실

비록 현재 임야 또는 농지로 이용 중에 있는 토지라도 도심권의 확장으로 도시지역에 포함되거나 유용성이 높은 택지로서의 이용이 가능할 경우가 있다. 이러한 토지의 공중공간에 송전선로가 설치됨으로 인하여 지상권이나 임차권이 설정된다면 이로 인해 비록 장기적이나 먼 장래에 있을 토지의 입체이용에서 오는 기대이익은 상실되거나 감소된다.

(6) 기타 감가요인

감가요인은 앞에서 열거한 내용 이외에도 여러 가지가 있을 수 있으나, 택지로 이용 중인 시가지 토지의 경우에는 고압선의 통과로 받는 건축제한 때문에 잔여토지의 형태가 불량하게 되어 본래 의도된 대로의 토지이용을 할 수 없는 경우에는 감가요인이 된다.

3. 고압선 등 통과 토지의 감정평가 시 유의사항

용도지역에 따라 감가의 정도가 다르며, 고급주택가, 빌딩가, 번화가의 감가 정도는 다른 지역에 비하여 훨씬 크다. 선하지 감정평가 시 통과전압, 송전선의 높이 사용 계약이 있는 경우는 그 내용을 충분히 파악해야 한다.

13 절 택지 등 조성공사 중에 있는 토지

■ 택지 등 조성공사 중에 있는 토지의 개념

건물 등의 건축을 목적으로 농지전용허가나 산지전용허가를 받거나 토지의 형질변경허가를 받아 택지 등으로 조성 중에 있는 토지를 말한다.

■ 택지 등 조성공사 중에 있는 토지의 특징

조성공사 중에 있는 토지와 같은 예정지와 이행지는 변동의 과정에 있는 토지로 예측, 변동의 원칙이 강조되며, 성숙도 판정 등이 중요하게 작용한다.

■ 택지 등 조성공사 중에 있는 토지의 감정평가방법

1. 조성 중인 상태대로의 가격이 형성되어 있는 경우

조성 중인 상태대로의 가격이 형성되어 있는 경우에는 비교방식 등을 통하여 감정평가가 가능하므로, 토지의 감정평가방법에 따라 감정평가한다.

① 현황이 조성 전인 경우는 조성 전의 이용 상태의 비교표준지에 개별요인(상향)을 보정하여 평가한다.

② 현황이 조성된 경우에는 조성 후의 이용 상태의 비교표준지에 개별요인(미성숙으로 인한 하향)을 보정하여 평가한다.

2. 조성 중인 상태대로의 가격이 형성되어 있지 아니한 경우

조성 중인 상태대로의 가격이 형성되어 있지 아니한 경우에는 비교방식의 적용이 어려울 수 있고, 원가방식의 적용이 신뢰성이 높을 수 있다. 따라서, 조성 전 토지의 소지가액, 기준시점까지의 조성공사에 실제로 들어간 비용상당액, 공사진행정도, 택지조성에 걸리는 예상기간 등을 종합적으로 고려하여 감정평가한다.

(1) 가산방식에 의한 조성택지의 감정평가방법

조성택지의 감정평가는 우선적으로 택지조성시점을 기준으로 감정평가액을 산정한다. 즉, 조성시점을 기준으로 소지의 취득가액을 구한 다음에 조성공사비 및 개발업자의 부대비용을 구하고, 필요한 경우에는 각각에 대하여 사정보정 및 시점수정을 행하여 조성완료시점에 있어서의 표준적인 가액을 구한 후, 이들을 합산한 가액을 유효택지면적으로 나누어 조성완료 시점의 조성택지의 가액을 구한다.

(2) 개발법에 의한 토지의 평가

대상토지를 개발했을 경우 예상되는 총매매(분양)가격의 현재가치에서 개발비용의 현재가치를 공제한 값을 토지가치로 하는 방법으로서, 현금흐름분석법의 절차를 이용하여 개발대상 토지의 가액을 산정한다. 법적·물리적·경제적으로 분할 가능한 최적의 획지수를 분석한 후, 분할된 획지의 시장가치와 개발에 소요되는 제 비용을 계산하여 개발에서 분양이 완료될 때까지의 매 기간의 현금수지를 예측하고, 이를 현재가치로 할인해서 개발대상 토지의 가액을 산정한다.

3. 택지 등 조성공사 중에 있는 토지의 감정평가 시 유의사항

장래 전환 또는 이행될 것으로 보이는 용도지역의 지역요인을 중시해야 하지만, 그 전환의 정도가 낮은 경우에는 전환 전의 용도지역의 지역요인을 중시해야 한다. 택지예정지의 판정은 택지의 수급동향, 위치, 자연환경, 토지이용상의 규제 등을 고찰하여 감정평가사가 판정한다. 또한, 택지 등을 조정하거나 저해하는 행정상의 조치 및 규제 정도, 인근지역의 공공시설의 정비 동향, 인근에 있어서의 주택·점포·공장 등의 건설 동향, 조성의 난이 및 정도, 조성 후 택지로서 유효이용도 등을 고려하여야 한다.

14 절 골프장용지

Ⅰ 골프장용지의 의의

골프장용지란 국민의 건강증진 및 여가선용 등을 위하여 체육활동에 적합한 시설과 형태를 갖춘 골프장의 토지와 부속시설물의 부지를 의미한다.

Ⅱ 골프장용지의 감정평가방법

1. 일괄평가 및 구분평가

해당 골프장의 등록된 면적 전체를 일단지로 보고 감정평가하되, 토지에 화체되지 아니한 건물, 구축물, 기계·기구 등의 가액은 포함하지 아니한다. 이 경우 하나의 골프장이 회원제 골프장과 대중골프장으로 구분되어 있을 때에는 각각 일단지로 구분하여 감정평가한다.

2. 감정평가 3방식의 적용

(1) 공시지가기준법

인근지역 또는 유사지역의 유사한 골프장용지의 표준지공시지가를 선정 및 비준하여 가치를 결정한다. 대부분 본 건이 표준지로서 지역 및 개별요인 보정은 불필요하다.

(2) 거래사례비교법

해당 골프장과 가치형성요인이 유사하고 비교가능성이 높은 골프장의 거래사례가 포착된 경우에 적용할 수 있으며, 해당 거래사례를 기준으로 지상의 건물 등의 가치를 차감하고 골프장의 위치, 교통편의 및 접근성, 개발지의 비율, 홀·회원 수, 명성 등을 고려하여 감정평가한다.

(3) 조성원가법

개발지와 원형보존지의 표준적 공사비 및 부대비용, 제세공과금 및 적정이윤을 기준으로 하여 원가법으로 감정평가할 수 있으며, 토지에 화체되지 아니한 건물, 구축물, 수목, 기계 등의 가액은 포함하지 아니한다.

(4) 수익환원법

골프장의 전체 순수익에서 토지 이외의 건물, 구축물에 귀속되는 수익을 제외한 토지만의 수익에 해당하는 부분을 추출하여 수익환원법을 적용하여 감정평가할 수 있다.

3. 감정평가 시 유의사항

(1) 골프장 면적

골프장의 면적은 「체육시설의 설치·이용에 관한 법률 시행령」 제20조 제1항의 규정에 의하여 등록된 면적을 말한다.

(2) 일단지 평가

골프장용지는 해당 골프장의 등록된 면적 전체를 일단지로 보고 감정평가하되, 면적비율에 의한 평균가격으로 평가가격을 결정한다. 다만, 하나의 골프장이 회원제골프장과 대중골프장으로 구분되어 있을 때에는 그 구분된 부분을 각각 일단지로 보고 평가한다.

(3) 감정평가방법 적용

공시지가기준법 적용 시 대부분 본 건이 표준지로서 지역 및 개별요인 보정은 불필요하다. 조성원가법 적용 시 토지에 화체되지 아니한 건물, 구축물, 수목, 기계·기구 등의 가액은 포함하지 아니한다.

(4) 가치형성요인

골프장용지를 감정평가할 때는 골프장의 위치, 교통편의 및 접근성, 개발지의 비율, 홀·회원 수, 명성 등의 제반 요인을 비교요인으로 반영하여야 한다. 골프장의 주요 가치형성요인으로는 위치, 접근성, 토양, 배수, 식생, 지형, 전통, 시설관리상태, 코스설계의 적정성 등이 있다.

15 절 공공용지

I 공공용지의 개념

공공용지란 도시기반시설의 설치에 이용하는 토지 및 주민의 생활에 필요한 시설의 설치를 위한 토지를 말한다.

II 공공용지의 감정평가 시 유의사항

1. 용도의 제한이나 거래제한 등을 고려

공공용지를 감정평가할 때에는 공공용지의 특성에 따라 용도의 제한이나 거래제한 등을 고려하여 감정평가한다.

2. 용도전환을 전제로 한 경우

공공용지가 다른 용도로 전환되는 것을 전제로 의뢰된 경우에는 전환 이후의 상황을 고려하여 평가한다.

3. 국공유지의 처분 제한

「국토계획법」제30조 제6항에 따라 도시·군관리계획으로 결정·고시된 국공유지로서 도시·군계획시설사업에 필요한 토지는 그 도시·군관리계획으로 정하여진 목적 외의 목적으로 매각하거나 양도할 수 없으므로, 감정평가 시 유의하여야 한다(국토계획법 제97조 제1항).

16 절 사도

I 사도의 개념

「사도법」제2조에서 정한 각 호의 도로가 아닌 것으로서, 그 도로에 연결되는 길을 말한다.

II 사도의 감정평가방법

1. 사도가 인근토지와 함께 의뢰된 경우

사도가 인근토지와 함께 의뢰된 경우에는 인근토지와 사도 부분의 감정평가액 총액을 전면적에 균등 배분하여 감정평가할 수 있다. 이 경우에는 그 내용을 감정평가서에 기재하여야 한다.

2. 사도만 의뢰된 경우

(1) 해당 토지로 인하여 효용이 증진되는 경우 인접 토지와의 관계

사도만 감정평가가 의뢰된 경우에는 해당 토지로 인하여 효용이 증진되는 인접 토지와의 관계를 고려하여 감정평가할 수 있다. 즉, 사도 자체적인 효용은 낮지만 인접 토지는 해당 사도로 인하여 효용이 증진될 수 있는 점을 고려하는 것이다.

(2) 용도의 제한이나 거래제한 등에 따른 적절한 감가율

용도의 제한이나 거래제한 등에 따른 적절한 감가율을 적용하여 감정평가할 수 있다. 「사도법」에 따른 용도제한, 특별한 사정이 없는 한 일반인의 통행을 제한하거나 금지할 수 없는 점 등을 고려하여 감가할 수 있다.

(3) 「토지보상법 시행규칙」 제26조에 따른 도로의 감정평가방법

「토지보상법 시행규칙」제26조에 따른 도로의 감정평가방법을 고려하여 감정평가할 수 있다. 사도부지에 대해서는 평가목적에 따라 평가에서 제외하거나 감가하여 평가한다. 감가율은 시행규칙 제26조를 준용하여 사실상 사도인 경우 인근토지의 1/3 이내로 평가(「사도법」상 사도인 경우 1/5)하거나 현실적인 감가율을 고려하여 평가할 수 있다.

17 절 공법상 제한을 받는 토지

▌I▐ 공법상 제한을 받는 토지의 개념

공법상 제한의 영향을 받고 있는 토지를 말하며, 공법상 제한이란 관계법령의 규정에 의한 토지이용 및 처분 등의 제한을 의미한다.

▌II▐ 공법상 제한을 받는 토지의 감정평가

1. 원칙

공법상 제한을 받는 토지를 감정평가할 때(보상평가는 제외한다)에는 비슷한 공법상 제한 상태의 표준지공시지가를 기준으로 감정평가한다. 다만, 그러한 표준지가 없는 경우에는 다른 표준지공시지가를 기준으로 한 가액에서 공법상 제한의 정도를 고려하여 감정평가할 수 있다.

2. 잔여부분의 단독이용가치가 희박한 경우

토지의 일부가 공법상 제한을 받아 잔여부분의 단독이용가치가 희박한 경우에는 해당 토지 전부가 그 공법상 제한을 받는 것으로 감정평가할 수 있다. 잔여부분은 그 공법상 제한을 받지 않는다고 하더라도 대상토지의 상당부분 면적이 공법상 제한의 영향을 받아 잔여부분의 단독이용가치가 희박한 경우에는 대상토지 전체를 제한받는 상태대로 감정평가할 수 있도록 한 것이다.

3. 둘 이상의 용도지역에 걸쳐 있는 토지

둘 이상의 용도지역에 걸쳐 있는 토지는 각 용도지역 부분의 위치, 형상, 이용상황, 그 밖에 다른 용도지역 부분에 미치는 영향 등을 고려하여 면적비율에 따른 평균가액으로 감정평가한다. 다만, 용도지역을 달리하는 부분의 면적비율이 현저하게 낮아 가치형성에 미치는 영향이 미미하거나 관련 법령에 따라 주된 용도지역을 기준으로 이용할 수 있는 경우에는 주된 용도지역의 가액을 기준으로 감정평가할 수 있다.

18 절 지상 정착물과 소유자가 다른 토지

▌I ▌ 지상 정착물과 소유자가 다른 토지의 개념

토지소유자와 지상의 건물 등 정착물의 소유자가 다른 토지를 말한다.

▌II ▌ 지상 정착물과 소유자가 다른 토지의 특징

토지와 건물 간에 불일치하는 소유 관계로 인하여 토지의 이용 등에 제한을 받을 수 있다. 또한, 토지와 지상 정착물의 소유권이 서로 다른 경우 법정지상권이 설정될 수 있다.

▌III ▌ 지상 정착물과 소유자가 다른 토지의 감정평가방법

1. 불리함 등을 고려

토지소유자와 지상의 건물 등 정착물의 소유자가 다른 경우에 해당 토지는 그 정착물이 있음으로 인하여 미치는 영향을 고려하여 감정평가한다. 즉, 다른 소유자의 건물이 존재함에 따른 불리함 등을 고려하여 감정평가한다.

2. 법정지상권의 성립

법정지상권이 성립된다면 지상권이 설정된 인근토지의 거래사례 등을 조사하여 지상권에 의한 제한으로 말미암아 토지가 그 제한이 없는 토지에 비해 얼마 정도 감액되어 거래되고 있는지를 밝힌 뒤 대상토지의 특수성을 고려하여 평가한다.

19 절 제시 외 건물 등이 있는 토지

Ⅰ 제시 외 건물 등이 있는 토지의 개념

의뢰인이 제시하지 않은 지상 정착물(종물과 부합물을 제외한다)이 있는 토지를 말한다.

Ⅱ 제시 외 건물 등이 있는 토지의 감정평가방법

1. 지상 정착물과 소유자가 다른 토지 감정평가 준용 원칙

의뢰인이 제시하지 않은 지상 정착물이 있는 토지의 감정평가는 토지와 제시 외 건물소유자의 동일성 여부에 관계없이 지상 정착물과 소유자가 다른 토지 기준을 준용하여 감정평가한다. 제시 외 건물 등이 토지와 별개로 매매되는 경우 등에 따라 법정지상권의 성립 가능성 등을 고려하여 보수적인 관점에서 지상 정착물과 소유자가 다른 경우로 보아 감정평가한다.

2. 예외

타인의 정착물이 있는 국·공유지의 처분을 위한 감정평가의 경우에는 지상 정착물이 있는 것에 따른 영향을 고려하지 않고 감정평가한다. 이러한 경우는 해당 정착물의 소유자에게 국·공유지를 처분하는 경우로서 지상 정착물의 존재 여부와 관계없이 해당 토지의 적정한 감정평가액을 구하면 되는 것이다.

3. 제시 외 건물 등의 소재에 따른 감가방법

제시 외 건물 등의 소재로 인하여 토지이용에 제한을 받는 점을 고려할 때 실무상 등기여부, 구조, 면적, 용도 등에 따라서 통상 정상평가금액의 일정비율을 감가하여 감정평가하며, 제시 외 건물 등의 위치에 따라서 잔여부분의 이용에 제한이 있을 수 있는 점 등을 종합적으로 고려하여 감가한다.

20 절 건물의 감정평가

> 감정평가에 관한 규칙 제15조(건물의 감정평가)
> ① 감정평가법인등은 건물을 감정평가할 때에 원가법을 적용해야 한다.
> ② 삭제 〈2016.8.31.〉

Ⅰ 복합부동산의 감정평가

1. 복합부동산의 의의

복합부동산이란 토지와 건물이 결합되어 있는 부동산을 말한다. 즉, 토지나 건물을 각각 지칭하지 않고, 토지와 건물이 결합된 그 자체를 의미하는 것이다.

2. 복합부동산의 특징

토지와 건물로 구성되어 있으며, 각각의 대상물건은 재생산가능성과 같은 특성이 다르며, 등기제도역시 토지와 건물을 각각 등기하도록 되어 있는바, 이에 따라 개별평가를 적용한다는 특징이 있다.

> ❷ 복합부동산과 구분소유 부동산의 차이
> 구분소유 부동산은 토지와 건물이 결합되어 있긴 하지만, 그 안의 각 호의 구분소유로 이루어진 부분을 의미한다. 반면 복합부동산은 집합건물의 구분소유 대상이 되는 각 호를 의미하지 않고, 개개호가 아닌 1동 전체의 건물부분과 토지부분을 의미한다.

3. 복합부동산의 감정평가방법

(1) 개별평가 및 일괄평가

토지와 건물은 개별물건으로 본다. 따라서 「감정평가에 관한 규칙」 제7조 제1항에 따라 감정평가는 대상물건마다 개별로 하여야 한다. 다만, 「감정평가에 관한 규칙」 제7조 제2항에 따라 둘 이상의 대상물건이 일체로 거래되거나 대상물건 상호 간에 용도상 불가분의 관계가 있는 경우에는 일괄하여 감정평가할 수 있다. 토지와 건물이 일체로 거래되는 경우로서 일체 비교가 합리적인 경우에는 일괄하여 감정평가하는 것이 타당할 것이다.

(2) 감정평가방법

1) 개별평가하는 경우

토지는 「감정평가에 관한 규칙」 제14조에 따라 공시지가기준법, 건물은 「감정평가에 관한 규칙」 제15조에 따라 원가법을 주된 방법으로 적용한다.

2) 일괄평가하는 경우

① 비교방식

비교방식을 적용하는 경우 거래사례의 가격구성비를 기준으로 물건별로 비교하는 방법과 일괄비교하는 기준으로 비교하는 방법 등으로 감정평가할 수 있을 것이다.

② 원가방식

복합부동산에 대한 재조달원가에 감가수정을 하여 대상물건을 감정평가하는 것으로, 토지와 건물이 결합되어 있는 상태를 기준으로 하여 적용하도록 한다. 주로 신축건물이나 특수목적부동산에 접근 가능한 방법이 될 것이다.

③ 수익방식

복합부동산으로부터 발생하는 수익 및 현금흐름을 바탕으로 수익환원법을 적용하여 대상물건이 장래 산출할 것으로 기대되는 순수익이나 미래의 현금흐름을 환원하거나 할인하여 대상물건을 감정평가한다.

> **▶ 토지·건물가액의 배분**
>
> **1. 토지·건물가액의 배분 필요성**
> 우리나라에서는 토지와 건물을 별개의 부동산으로 보고 각각 공부에 등재하고 있다. 이에 따라 복합부동산을 일괄하여 감정평가한 가액을 토지 및 건물의 가격으로 합리적으로 구분하여야 하는 경우가 발생할 수 있다.
>
> **2. 토지·건물가액의 배분 방법**
> 거래사례비교법에 의한 비준가액 등의 감정평가액을 합리적인 배분기준을 적용하여 토지가액과 건물가액으로 표시할 수 있다. 배분기준은 해당 지역의 거래관행 및 특성을 고려하여 합리적인 배분비율을 적용하거나, 토지 또는 건물만의 가액을 합리적으로 구할 수 있는 경우에는 이를 구하여 공제하는 방법을 적용할 수 있을 것이다.

Ⅱ 구분소유 부동산의 감정평가

> **감정평가에 관한 규칙 제16조(토지와 건물의 일괄감정평가)**
> 감정평가법인등은 「집합건물의 소유 및 관리에 관한 법률」에 따른 구분소유권의 대상이 되는 건물부분과 그 대지사용권을 일괄하여 감정평가하는 경우 등 제7조 제2항에 따라 토지와 건물을 일괄하여 감정평가할 때에는 거래사례비교법을 적용해야 한다. 이 경우 감정평가액은 합리적인 기준에 따라 토지가액과 건물가액으로 구분하여 표시할 수 있다.

1. 구분소유 부동산의 의의

구분소유 부동산이란 「집합건물의 소유 및 관리에 관한 법률」에 따라 구분소유권의 대상이 되는 건물부분과 그 대지사용권을 말한다. 이때 구분소유권이란 1동의 건물에 구조상 구분되는 2개 이상의 부분이 있어서 그것들이 독립하여 주거·점포·사무실 등으로 사용되는 경우에 그 부분을 각각 다른 사람의 소유로 사용할 수 있을 때 이러한 전용부분에 대한 권리를 말한다.

2. 구분소유 부동산의 특징

(1) 구조상·이용상 독립성

구분소유 부동산은 구조상·이용상 독립성이 있어야 한다. 그러나 오픈상가는 이용상의 독립성은 있으나, 구조상 독립성은 없는 경우가 대부분이다.

> ▶ **전환율과 구별[오픈상가]**
>
> 백화점이나 대형마트와 같이 칸막이나 바닥 경계선으로만 인접 점포와 구분되나, 경계 없이 이용 중인 구분소유건물의 점포를 말한다. 이러한 오픈상가는 구분소유권의 대상이 될 수 있는지를 확인하여야 하며, 현장조사 시 관련 규정상의 구분소유의 요건을 충족하였는지를 판단해야 한다. 「집합건물의 소유 및 관리에 관한 법률」 제1조의2에서는 구분소유 부동산으로 인정되기 위한 요건으로 다음과 같은 규정이 있다.
>
> > **집합건물의 소유 및 관리에 관한 법률 제1조의2(상가건물의 구분소유)**
> > ① 1동의 건물이 다음 각 호에 해당하는 방식으로 여러 개의 건물부분으로 이용상 구분된 경우에 그 건물부분(이하 "구분점포"라 한다)은 이 법에서 정하는 바에 따라 각각 소유권의 목적으로 할 수 있다.
> > 1. 구분점포의 용도가 「건축법」 제2조 제2항 제7호의 판매시설 및 같은 항 제8호의 운수시설일 것
> > 2. 삭제 〈2020.2.4.〉
> > 3. 경계를 명확하게 알아볼 수 있는 표지를 바닥에 견고하게 설치할 것
> > 4. 구분점포별로 부여된 건물번호표지를 견고하게 붙일 것
> > ② 제1항에 따른 경계표지 및 건물번호표지에 관하여 필요한 사항은 대통령령으로 정한다.

(2) 일체거래

일반적으로 특별한 경우를 제외하고, 구분소유 부동산은 전유부분과 공유부분에 대한 지분의 일체성, 전유부분과 대지사용권의 일체성에 따라 건물(전유부분과 공유부분)과 대지사용권이 일체로 거래된다. 따라서 구분소유권의 목적이 되는 건물(구분소유건물) 및 그 부지(대지사용권)에 대한 감정평가는 건물 및 부지를 일체로 한 거래사례가 있을 경우 거래사례비교법에 의한다.

3. 구분소유 부동산의 감정평가방법

(1) 비교방식

1) 사례의 선정

대상 구분소유부동산과 유사한 사례를 선정해야 한다. 주거용인 경우라면 위치, 향, 층수가 유사한 사례를 선정해야 하며, 상업용과 같은 비주거용이라면 층수, 상권, 교통시설과의 접근성 등이 유사한 사례를 선정해야 한다. 시점수정은 아파트 매매가격지수, 상업용 부동산 자본수익률, 오피스텔 매매가격지수 등을 활용할 수 있다.

2) 층별 · 위치별 효용비의 비교

층별 효용비율이란 한 동의 건물 내에서 층과 층간에 파악되는 가격격차의 비율을 말한다. 또한, 위치별 효용도란 동일층 내 위치별(호별) 효용의 차이를 말하며, 이러한 위치별 효용도에 의하여 나타나는 가격격차의 비율을 위치별 효용비율이라 한다. 층별 및 위치별 효용비율 산출에서의 면적기준은 전유면적으로 함을 원칙으로 한다. 다만, 공용부분의 면적이 전유면적의 가치에 영향을 주는 경우에는 이를 가감한 과적면적을 따로 설정하여야 하며, 이 경우 그 내용을 감정평가서에 기재한다.

(2) 원가방식

구분소유 부동산을 원가법으로 감정평가하는 방법은 전체 1동의 토지 및 건물 부분의 가액을 구하고, 층별 · 위치별 효용비율을 적용하여 대상물건의 감정평가액을 구하는 것이다.

(3) 수익방식

대상물건(구분소유 부동산)이 장래 산출할 것으로 기대되는 순수익이나 미래의 현금흐름을 환원하거나 할인하여 대상물건의 가액을 산정하는 감정평가방법을 말한다.

> ▶ 토지 · 건물가액의 배분
>
> **1. 토지 · 건물가액의 배분 필요성**
> 구분건물의 경우 거래관행상 건물과 토지의 가액을 분리하는 것이 곤란하나, 감정평가의 목적상 부득이하게 건물과 토지의 대지권에 대한 가액 배분이 필요한 경우가 있다. 이 경우 해당 지역의 거래관행 및 건물의 전유면적과 대지사용권의 구성비율 등 제반 사정을 감안하여 배분비율을 적용할 수 있다.
>
> **2. 토지 · 건물가액의 배분 방법**
> 1) 적정한 비율을 적용하여 배분하는 방법 : 대상물건의 인근지역에 대한 조사를 통하여 합리적인 배분비율을 산출할 수 있는 경우에는 그 비율을 적용하여 배분한다(실무적으로 주거용, 비주거용 부동산에 대해 각각 배분비율이 존재하며 용도, 위치, 노후 정도, 층 등에 따라 배분비율이 다르다).

> 2) 일체의 가액에서 공제하여 배분하는 방법 : 토지 또는 건물만의 가액을 합리적으로 구할 수 있는 경우에는 이를 구하여 공제하는 방법을 적용한다.

4. 유의사항

(1) 대지사용권

대지사용권은 여러 가지 사유로 인하여 등기사항전부증명서에 등기되지 않은 경우가 있으므로, 이것의 원인을 조사하여 감정평가목적별로 감정평가서에 포함 여부를 기재하여야 한다.

(2) 비교단위(전유면적)

구분소유건물은 전유부분과 공용면적으로 구성되어 있으며, 각 구분소유건물은 공용면적의 비율이 다르기 때문에 거래사례, 수익사례, 원가사례를 대상 구분건물과 비교할 때에는 전유면적을 기준으로 비교단위를 통일해야 한다.

(3) 구분소유건물의 가격형성이 되지 않은 경우

구분소유건물의 소재지가 구분소유건물로서 가격형성이 되지 않은 경우에는 원가법에 의한 평가금액을 인근지역의 임대수준 등을 고려한 층별·위치별 효용비율을 적용하여 배분함으로써 과다평가가 되지 않도록 유의해야 한다.

5. 대지사용권을 수반하지 않은 구분건물의 감정평가

(1) 발생원인

아파트와 같은 대규모 집합건물의 경우, 대지의 분·합필 및 환지절차의 지연, 각 세대당 지분비율 결정의 지연, 토지에 대한 분쟁 등으로 인하여 전유부분에 대한 소유권이전등기만 경료되고, 대지사용권 등기는 상당기간 지체되어 대지사용권이 미등기된 구분건물이 종종 발생한다.

(2) 대지사용권이 없는 구분건물의 감정평가

대지사용권을 수반하지 않은 구분건물의 감정평가는 건물만의 가액으로 감정평가한다. 다만, 토지의 분할·합병, 지적미정리 등으로 인하여 기준시점 현재 대지사용권이 등기되어 있지 않은 경우에는 건물만 의뢰되더라도 토지·건물을 일체로 감정평가를 한 후, 건물과 토지의 대지사용권에 대한 가액 배분내역을 구분건물평가명세표에 기재한다. 그리고 대지사용권이 배분되지 않은 원인을 기재하도록 한다.

(3) 대지사용권이 적정 지분으로 정리될 수 있는 구분건물의 감정평가

대지사용권이 추후에 정리될 것을 전제로 하여 대지사용권을 포함한 가격으로 형성되는 경우에는 분양계약서 등 관계서류에 의하여 지분면적을 확인하여 토지 · 건물을 일체로 한 비준가액으로 감정평가할 수 있다. 다만, 평가의견란에 지분면적이 확정될 경우 그 증감변동에 따라 감정평가액도 변동될 수 있다는 요지를 명기한다.

(4) 유의사항

대지사용권을 수반하지 않은 구분건물의 감정평가 시에는 향후 대지사용권에 대한 지분변동 가능성에 따라 부동산의 가치가 영향을 받을 수 있으므로, 이와 관련된 내용을 감정평가서에 기재하도록 한다.

III 녹색건축물의 감정평가방법

> ● 감정평가 실무기준 2.5.7 : 녹색건축물
>
> 「녹색건축물 조성 지원법」 제2조 제1호에 따른 녹색건축물은 온실가스 배출량 감축설비, 신 · 재생에너지 활용설비 등 친환경 설비 및 에너지효율화 설비에 따른 가치증가분을 포함하여 감정평가한다.

항목		주요내용
원가법	재조달원가	• 재조달원가에 가산비율을 적용하는 방법 • 부대설비 보정단가에 친환경 건축물 항목을 추가하는 방법
	감가수정	친환경 건축물의 경우 수명관리(내구성) 항목 등은 건물의 수명을 증가시키는 효과를 가져올 수 있어 원가방식의 감가수정 시 건물의 전체 내용연수 또는 잔존내용연수 결정에 반영
거래사례비교법	개별요인 비교	• 친환경 가치형성요인을 개별요인 세부 항목별로 추가 반영하는 방법 • 인증등급을 기준으로 개별요인 대항목에 추가 반영하는 방법
수익환원법	순수익 산정	• 친환경 가치형성요인을 세부 항목별로 추가 반영하는 방법 • 인증등급을 기준으로 개별요인 대항목에 추가 반영하는 방법
	자본환원율 산정	• 국공채, 정기예금이자율 등을 말하며, 위험할증률은 위험성, 비유동성, 관리난이성, 자금안전성 등을 종합적으로 고려 • 친환경 가치형성요인은 임대수요 증가에 따른 위험성의 감소, 에너지효율 증대에 따른 관리 난이성 감소 등 위험할증률을 감소시킴

21 절 소음 등으로 인한 가치하락분 감정평가

감정평가에 관한 규칙 제25조(소음 등으로 인한 대상물건의 가치하락분에 대한 감정평가)
감정평가법인등은 소음·진동·일조침해 또는 환경오염 등(이하 "소음 등"이라 한다)으로 대상물건에 직접적 또는 간접적인 피해가 발생하여 대상물건의 가치가 하락한 경우 그 가치하락분을 감정평가할 때에 소음 등이 발생하기 전의 대상물건의 가액 및 원상회복비용 등을 고려해야 한다.

감정평가 실무기준 670.2.3 : 소음 등으로 인한 대상물건의 가치하락분에 대한 감정평가방법
① 소음 등으로 인한 대상물건의 가치하락분을 감정평가할 때에는 소음 등이 발생하기 전의 대상물건의 가액과 소음 등이 발생한 후의 대상물건의 가액 및 원상회복비용 등을 고려하여야 한다.
② 가치하락분에는 관련 법령에 따른 소음 등의 허용기준, 원상회복비용 및 스티그마(STIGMA) 등을 고려하되, 일시적인 소음 등으로 인한 가치하락 및 정신적인 피해 등 주관적 가치 하락은 제외한다. 다만, 가축 등 생명체에 대한 피해는 가치하락분에 포함할 수 있다.
③ 제1항에서 소음 등의 발생 전과 발생 후의 대상물건의 가액은 거래사례비교법에 의한 비준가액이나 수익환원법에 의한 수익가액으로 산정하되 소음 등이 발생한 후의 대상물건의 가액은 다음 각 호와 같이 산정한다.
  1. 비준가액 : 대상물건에 영향을 미치고 있는 소음 등과 같거나 비슷한 형태의 소음 등에 의해 가치가 하락한 상태로 거래된 사례를 선정하여 시점수정을 하고 가치형성요인을 비교하여 산정
  2. 수익가액 : 소음 등이 발생한 후의 순수익을 소음 등으로 인한 위험이 반영된 환원율로 환원하여 산정
④ 가치하락분을 원가법에 의하여 직접 산정하는 경우에는 소음 등을 복구하거나 관리하는 데 드는 비용 외에 원상회복 불가능한 가치하락분을 고려하여 감정평가한다.

I 가치하락분의 중요성

산업화와 더불어 환경권의 신장은 관련된 분쟁을 증가시켰으며, 이는 침해받는 권리를 경제적 가치로 산출하는 감정평가 수요로 이어졌다.

II 가치하락분의 의의

소음 등으로 대상물건에 직접적 또는 간접적인 피해가 발생하여 대상물건의 객관적 가치가 하락한 경우 소음 등의 발생 전과 비교한 가치하락분을 말한다.

III 가치하락분의 특징(제외요인 및 포함요인)

① 소음 등 발생 전과 후의 차이에 대한 객관적인 근거에 의한 객관적인 가치하락분을 대상으로 한다.

② 즉, 관련법령 등에 따른 허용사항 및 원상회복에 소요되는 비용과 스티그마 효과가 해당
된다.

③ 일시적인 소음 등으로 인한 정신적인 피해 등 주관적 가치하락은 제외한다.

④ 다만, 공사기간 중에 발생하는 소음 등으로 인한 가축 등 생명체에 대한 피해는 포함할
수 있다.

> **● 스티그마 효과의 개념 및 특징**
>
> **1. 스티그마 효과의 개념**
>
> 일반적으로 스티그마는 환경오염의 영향을 받는 부동산에 대해 일반인들이 갖는 '무형의 또는 양을
> 잴 수 없는 불리한 인식'을 말한다. 즉, 스티그마는 환경오염으로 인해 증가되는 위험을 시장참여자
> 들이 인식함으로 인하여 부동산의 가치가 하락하게 되는 부정적인 효과를 의미한다.
>
> **2. 스티그마 효과의 특징**
>
> 1) 오염 정화 전의 스티그마 감가는 정화 후의 스티그마보다 크다.
> 2) 용도별 용지의 스티그마 감가는 주거용지에서 가장 크고, 공업용지에서 가장 작다.
> 3) 스티그마 감가는 오염원으로부터 멀어짐에 따라 감소한다.
> 4) 오염 정화 후 남게 되는 스티그마는 시간이 경과함에 따라 감소하고 소멸한다.

Ⅳ 오염으로 인한 가치하락분의 감정평가방법

> **● 가치하락분 산정의 일반적인 원리**
>
> 가치하락분은 결국 소음 등이 발생하기 이전과 이후의 차이를 의미하므로, 소음 등이 발생하기 전 대
> 상물건의 가치에서 소음 등이 발생한 후 대상물건의 가치를 차감하여 산정한다. 즉, 소음 등으로 인한
> 토지 등의 가치하락분은 ① 복구비용 및 관리비용과 ② 스티그마의 합으로 나타낼 수 있다.

1. 3방식의 적용

(1) 거래사례비교법

소음 등의 발생 전과 발생 후의 대상물건의 가액의 차이로 산정하며, 소음 등이 발생한
후의 대상물건의 가액은 대상물건에 영향을 미치고 있는 소음 등과 같거나 비슷한 형태의
소음 등에 의해 가치가 하락한 상태로 거래된 사례를 선정하여 시점수정을 하고 가치형성
요인을 비교하여 산정한다.

(2) 수익환원법

소음 등의 발생 전과 발생 후의 대상물건의 가액의 차이로 산정하며, 소음 등이 발생한
후의 대상물건의 가액은 소음 등이 발생한 후의 순수익을 소음 등으로 인한 위험이 반영된
환원율로 환원하여 산정한다.

(3) 원가법

가치하락분을 원가법에 의하여 직접 산정하는 경우에는 소음 등을 복구하거나 관리하는데 드는 비용 외에 원상회복이 불가능한 가치하락분을 고려하여 감정평가한다.

2. 새로운 감정평가방법

(1) 특성가격접근법(HPM)

HPM은 주로 주택 등의 부동산가격에 반영되는 환경가치를 파악하기 위한 것으로, 주택매매가격을 토지면적, 교통조건, 입지조건, 환경요인 등으로 설명한 회귀모형을 활용하여 한계적인 환경속성의 변화에 대한 주택가격의 변화를 파악할 수 있다. 또한 부동산의 매매가격에 대한 환경오염의 영향력을 분석하기 위해 사용될 수 있으며, 오염되지 않은 상태에서 다른 유사부동산들과 관계있는 환경상태에 기인한 오염부동산의 매매가격에 대한 통계학적으로 식별 가능한 영향력이 있는지를 나타낼 수 있다. 다만, 한계점으로는 실무적으로 충분한 분석을 할 수 있는 양적, 질적 자료가 구비되어 있어야 한다. 매매가격을 분석대상으로 하기 때문에 실증 데이터를 현 시점에서 수집하기가 불가능하다. 따라서 자료의 제약 등으로 이해 조사가 어려우므로, CVM에 비해 그 적용범위가 좁다고 할 수 있다.

(2) 조건부가치접근법(CVM)

CVM은 조건부가치평가법, 가상시장가치평가법 등으로 불리며, 가상적으로 시장을 만들어 비시장재를 화폐화하여 평가하는 방법이다. 즉, 설문조사를 통하여 조사대상자에게 가상계획을 제시하고, 오염의 완전한 제거를 위해 지급해도 좋다고 생각하는 금액(지급의사액), 혹은 상황이 악화될 경우 원래 수준까지 보상해주기 위해 필요한 금액(보상의사액)을 응답받아 추정하는 방법이다. 이 방법은 환경 등의 공공재와 행정서비스 등 비시장재를 평가할 수 있다는 점에서 최대의 장점이 있지만, 질문내용과 설문대상자에 따라 발생하는 편의(bias)가 신뢰성을 떨어뜨린다는 단점이 있다.

22 절 권리금의 감정평가

> **감정평가에 관한 규칙 제26조(그 밖의 물건의 감정평가)**
> 감정평가법인등은 제14조부터 제25조까지에서 규정되지 아니한 대상물건을 감정평가할 때에 이와 비슷한 물건이나 권리 등의 경우에 준하여 감정평가해야 한다.

I 상가권리금

1. 권리금의 중요성

2015년 5월 「상가건물 임대차보호법」이 상가임차인에게 권리금 회수기회를 보장하고 임대인에게는 정당한 임대차계약체결을 방해할 수 없도록 개정됨에 따라 권리금에 대하여 구체적인 평가방법이 규정되었다. 이에 따라 감정평가 업무영역에 있어서도 확대가 된 만큼 이에 대한 이해는 중요하다.

2. 권리금의 의의

임대차 목적물인 상가건물에서 영업을 하는 자 또는 영업을 하려는 자가 영업시설·비품, 거래처, 신용, 영업상의 노하우, 상가건물의 위치에 따른 영업상의 이점 등 유형·무형의 재산적 가치의 양도 또는 이용대가로서 임대인, 임차인에게 보증금과 차임 이외에 지급하는 금전 등의 대가를 말한다.

3. 권리금의 감정평가방법

(1) 개별평가 및 일괄평가

1) 개별평가하는 경우

권리금은 유·무형재산에 대한 가치형성과정이 다르게 나타나며, 물리적·구체적 형태의 구분이 가능한 점을 고려하여 개별감정평가를 원칙으로 한다. 이는 대상물건 각각을 독립된 개별물건으로 취급하고 이에 대한 경제적 가치를 감정평가하는 「감정평가에 관한 규칙」 제7조 개별물건기준 원칙을 따른 것이다.

2) 일괄평가하는 경우

유·무형재산의 특성상 개별감정평가가 불가능한 경우나 개별감정평가가 적절하지 않은 경우에는 유·무형재산의 구별 없이 일괄로 감정평가할 수 있다. 다만, 일괄평가한 금액에 대하여 의뢰인이 유·무형재산별로 구분하여 표시해 줄 것을 요구하는 경우는 거래사례의 유·무형재산의 구성비율, 감정평가대상 및 인근의 표준적인 유·무형재산의 구성비율 등 합리적인 배분기준에 따라 유형재산가액과 무형재산가액으로 구분하여 표시할 수 있다.

(2) 3방식의 적용

1) 유형재산의 감정평가

① 원가법

유형재산은 통상 시간경과에 따라 그 가치가 일정 정도 하락하는 물건이고, 상가의 개별성에 따라 맞춤형으로 제작·설치하는 경우가 많으며, 신품가격조사가 용이한 점을 고려하여 원가법 적용을 원칙으로 규정한 것이다.

② 거래사례비교법

다만, 업종전환 등으로 재사용이 불가능한 경우, 유형재산 또는 업종 특성 등에 비추어 원가법을 적용하는 것이 곤란하거나 부적절한 경우 등에는 거래사례비교법 등 다른 방식으로 감정평가할 수 있도록 하였다.

③ 해체처분가격

거래사례비교법 이외에 동일 또는 유사 중고품의 가격수준 등을 참작하여 감정평가할 수 있으며, 효용가치가 없는 시설의 경우에는 해체처분가격으로 감정평가할 수 있다. 이 경우 효용가치 유무의 판단은 동종 또는 이종업종으로의 변경, 임차인의 의도, 일반적인 상가의 효용정도, 잔존내용연수, 시장성, 대체가능성, 관리상태 및 사회통념 등을 종합적으로 고려하여 결정해야 한다.

2) 무형재산의 감정평가

① 수익방식

> **● 권리금에 대한 감정평가 시 수익방식**
>
> **1. 영업이익의 산정**
>
> (1) 영업이익과 현금흐름
>
> 1) 영업이익(소규모 상가)
>
> 영업이익은 재무제표상의 상가 전체 영업이익에서 무형재산에 귀속하는 영업이익을 환원 또는 할인대상으로 하는 방법이다. 이 경우 감가상각비 및 자가 인건비 상당액을 차감해 주어야 한다.
>
> 2) 현금흐름(기업형 상가)
>
> 현금흐름은 재무제표상의 영업이익에다 세금(개인일 경우 소득세, 법인일 경우 법인세 상당액 기준), 자본적 지출액, 순운전자본증감액 등을 가감한 순현금흐름에서 무형재산에 귀속하는 현금흐름을 환원 또는 할인대상으로 하는 방법이다.

2. 무형재산 귀속 영업이익 등 산정

(1) 영업이익이 정상적인 경우(정상영업 중인 경우)

① 감정평가대상 상가가 정상영업 중인 경우 무형재산으로 인하여 장래 발생할 것으로 예상되는 합리적인 장래 기대 영업이익 등을 산정한 후 이를 현재가치로 할인 또는 환원하여 산정한다.

② 과거 영업이익 자료 분석은 과거 3년간의 자료를 분석하는 것을 원칙으로 한다.

(2) 영업이익이 비정상적인 경우

① 반면, 영업중단, 수익의 측정이 불가능한 상가의 경우[영업을 하지 않거나 영업이익이 (−)인 경우] 등은 인근 동종 또는 유사업종 상가의 평균 영업이익 등을 기준으로 한다.

② 다만 감정평가대상 상가의 개별성을 반영한 조정된 영업이익 등을 기준으로 한다.

(3) 무형재산 귀속 영업이익 등 산정(비비공)

1) 비율추출방식

① 의의

감정평가대상 상가가 속한 지역의 거래관행 등을 조사하여 전체 영업이익 중 무형재산 귀속 영업이익을 일정비율로 추출해 내는 방법이다. 무형재산 귀속 영업이익비율은 권리금 거래관행 및 시장탐문 등에 의해 추정 가능하며 지역별·상권별·업종별로 다양하게 나타날 수 있다.

② 장점

이 방식은 권리금 거래관행을 잘 반영할 수 있고, 시장에서 탐문 등을 통하여 정보수집이 가능하여 현실적으로 유용한 방법이다.

■ 비율추출방식의 사례

1. 자가 인건비 상당액 공제 이후

시장탐문조사 시 감정평가대상이 속한 노변의 권리금이 영업이익(자가 인건비 상당액 공제 후)의 12개월로 조사된다면 이는 「상가건물 임대차보호법」상 보장기간 60개월의 20% 수준으로 추정된다. 즉, 무형재산 귀속 영업이익비율 = 12개월 / 60개월 = 0.2에 해당한다.

2. 자가 인건비 상당액 공제 이전

무형재산 영업이익이 전체 영업이익(자가 인건비 상당액 공제 전)의 12개월, 해당 상가의 영업이익(자가 인건비 상당액 공제 전)이 300만 원/월, 자가 인건비 상당액이 162만원으로 조사된다면 이는 「상가건물 임대차보호법」상 보장기간 60개월의 43% 수준으로 무형재산 영업이익비율을 추정한다.

---

2) 비교사례추출방식

① 의의

이 방식은 감정평가대상 상가가 속한 노변 혹은 동일수급권 내 유사지역의 권리금이 수수되지 않는 상가와 권리금이 수수되고 있는 상가의 영업이익의 차이로 추출해 내는 방법을 말한다.

② 장점 및 단점

권리금 감정평가와 관련된 데이터 축적 및 상가의 영업자료 축적 등에 따라 장래에 적용 가능한 유용한 방법이 될 수 있다. 다만, 이는 권리금이 "0"인 경우에도 영업이익이 존재한다는 상황을 반영한 방법이지만, 권리금이 "0"인

상태의 영업이익을 실무상 측정하기가 곤란하여 현재 적용에 한계가 있는 방법이다.

3) 공제방식

① 의의

공제방식은 전체 영업이익 중에서 영업이익 형성에 기여하는 권리금 외의 생산요소별 기여분을 공제하고 남은 부분을 무형재산 귀속 영업이익으로 추정하는 방법이다.

② 단점

이 방법은 투하자산 및 임차인 경영이익에 대한 적정이익을 구하기 어렵고, 무형재산에 상응하는 영업이익이 없거나 높은 영업이익이 산출되는 경우 현실 권리금 거래관행과의 괴리를 가져올 수 있다는 한계점이 있다.

3. 할인율의 산정(요가)

(1) 요소구성법

무위험률은 일반적으로 은행의 정기예금이자율, 3년 · 5년 만기 국채수익률 등을 사용할 수 있으며, 다양한 위험요소를 고려한 위험할증률은 감정평가대상 상가의 영업에 따른 장래 위험프리미엄으로서 입지특성, 영업 및 상권특성, 시설특성 및 장래 발생 가능한 영업환경의 변화, 경영상의 위험률 등을 고려하여 결정한다.

(2) 가중평균자본비용

상가의 임차인이 자기자본과 타인자본을 이용하여 영업을 영위하는 점, 각각의 자본조달에 소요되는 비용이 상이한 점 등에 주안점을 둔 것으로, 자기자본과 타인자본에 대한 자본비용을 각 자본의 구성비율로 가중평균한 가중평균자본비용(WACC)을 적용하여 결정하는 방법이다.

4. 할인기간

실제 영업기간은 지역별 · 업종별 · 상가별로 다르게 나타나지만, 권리금은 선불적 의미의 투자액 성격이고, 「상가건물 임대차보호법」상 10년을 보장하고 있으나, 현재 이에 대한 논의 중으로 당분간은 종전과 같이 5년을 기준함이 타당하다.

② 비교방식

▶ 권리금에 대한 감정평가 시 비교방식

1. 거래사례 선정

거래사례비교법의 적용을 위한 거래사례는 동일 또는 유사업종의 무형재산만의 거래사례(또는 동일 또는 유사업종의 권리금 일체 거래사례에서 유형재산을 차감한 가액)로서 가치형성요인의 비교가 가능한 거래사례를 선정한다. 본 건과 동일 또는 유사업종의 거래사례를 선정하도록 규정한 취지는 지역특성, 영업특성, 시설특성 및 기타 업종특성 등에 따라 개별적으로 형성되는 권리금 수준을 반영하기 위한 것이며 가치형성요인 비교 시 비교가능성을 높여 평가주체의 자의성 개입을 줄이기 위한 것이다.

2. 가치형성요인 비교(붙임1 참고)

사례와 대상과의 가치형성요인 비교과정은 입지조건, 영업조건, 시설조건, 기타조건에 따라 각 조건별로 비교하여 최종 격차율을 산정한다. 지역요인의 경우 입지, 영업, 기타조건이 해당되며, 개별요인 비교 시 개별상가의 시설조건이 추가된다.

③ 원가방식

무형재산 감정평가 시 적용하는 원가법이란 권리금 시장에서 권리금을 기지급한 임차인의 대부분은 신규임차인에게 권리금을 받고 상가를 양도하기 원하며 적어도 기지급한 권리금 수준 또는 그 이상을 받고자 하는 점을 고려한 감정평가방법이다.

> ● 권리금에 대한 감정평가 시 원가방식
>
> 무형재산 권리금 = 기지급한 대상 상가의 무형재산 권리금 × 시점수정 × 수정률
>
> **1. 기지불된 무형재산 권리금**
>
> 임차인이 기지급한 권리금은 선불적 투자비용 중 하나로서 영업개시 시점에 투입된 비용성격이고, 평가대상은 이 중 무형재산에 상응하는 권리금만 해당한다. 따라서, 기지급한 권리금 중 유형재산에 해당하는 권리금을 차감한 후 적용하여야 한다.
>
> **2. 시점수정**
>
> 기존 권리금 지급시점과 기준시점 간 시간 경과에 따라 권리금 가격변화에 대한 보정으로서 권리금과 임대료와의 정의 상관관계가 형성되는 점을 고려하여 한국부동산원에서 매분기 조사·발표하는 매장용 부동산의 임대가격지수, 소비자물가지수 등을 활용할 수 있다.
>
> **3. 수정률**
>
> 수정률은 권리금의 기지급시점과 기준시점 간 권리금을 둘러싼 경제사정의 변화, 상권의 변화, 임차인의 영업활동 변화 등에 따른 보정치로서 감정평가대상 상가 및 동일용도지대 내 유사상가의 권리금 거래수준, 상권의 변화 정도, 업종특성, 장래 변화가능성, 경기변동 등을 종합적으로 고려하여 결정한다.

3) 일괄평가

권리금을 개별로 감정평가하는 것이 곤란하거나 적절하지 아니한 경우에는 권리금을 유·무형재산 일체로 한 수익환원법 적용을 원칙으로 한다. 다만, 거래사례비교법 등으로 감정평가할 수 있다. 거래사례비교법 적용 시 거래사례와 감정평가대상 상가와의 유·무형재산의 구성비율 비교 및 유·무형재산의 지역·개별요인 비교항목에 대한 비교 등을 하여야 하며, 원가법 적용 시에도 유·무형재산의 특성을 반영하여야 한다.

(3) 새로운 감정평가방법

1) 회귀분석법

권리금을 종속변수로 하고, 권리금에 영향을 미치는 변수를 독립변수로 한 다중회귀분석을 이용하여 권리금을 감정평가하는 방법이다.

2) 월임대료승수법(MRM법)

이 방법은 대상과 동일 또는 유사업종 상가의 임대료와 권리금 간 표준적인 승수에 감정평가대상 상가의 임대료를 곱하여 상가권리금을 감정평가하는 방법이다. 임대료와

권리금 간 승수는 권리금이 임대료 대비 몇 배인지를 나타내는 배수로서, 현장조사를 통한 탐문자료, 시장자료, 거래자료, 방매자료 등을 수집, 정리하여 결정해야 한다. 상가의 임대료는 월간 실질임대료를 의미하며, 임차인의 과거 임대차계약에 의한 임대료를 의미하는 것이 아니라 기준시점 현재의 임대료를 의미한다. 수정률은 감정평가대상 상가의 개별성, 임차인의 투하자본과 업종별 특성 등에 따른 보정장치이다.

> **◐ 월임대료승수법(MRM법)의 장점 및 단점**
>
> **1. 장점**
> 현행 권리금 수수관행에 부합하는 방법이며, 감정평가대상 상가 인근의 권리금 수준 등을 파악하는 데 유용한 방법이 될 수 있으므로 다른 방식으로 산정한 권리금의 검증수단으로 용이하다.
>
> **2. 단점**
> 상기의 방법은 권리금 자료의 수집, 유형재산의 규모·특성 및 영업특성에 따라 달리 형성되는 개별적 권리금 수준을 반영하기 어려운 점이 있다.

4. 유의사항

(1) 감정평가 시 유의사항

1) 공통적인 유의사항

① 권리금 거래자료 수집 시 거래내역, 동종 또는 이종업종으로의 변경 여부, 기존 영업시설의 활용 정도, 추가 영업시설의 필요 여부, 수익 정도 등을 확인해야 하며, 거래자료가 없는 경우에는 인근의 비교가능성 있는 방매자료를 수집하여 감정평가에 활용할 수 있다. 방매자료를 이용하는 경우 다수의 방매사례를 수집하여 동일로변의 방매가격 수준을 확인할 수 있어야 하며, 사정보정이 필요한 경우에는 보정이 가능한 자료를 수집·분석하여야 한다. 수익자료 수집 시 상가의 업종, 임차인의 영업능력, 경쟁상가 동향, 임대차 현황, 적법 여부 등 특수성 등을 고려하여 자료의 적정성을 검토해야 한다.

② 권리금 정의상 권리금의 감정평가대상은 영업활동에 사용하거나, 장래 사용할 의도가 있는 경우이므로 타인에게 이전되지 않는 무형재산이나 영업활동과 관련 없는 유형재산(유흥시설 등)은 감정평가대상에서 제외하여야 한다.

③ 권리금 감정평가 시 "영업을 하는 자 또는 영업을 하려고 하는 자" 중 누구의 업종을 기준으로 감정평가할 것인지가 문제이다. 감정평가 의뢰 시 평가조건이 부가되어 있으면 그에 따르면 되고, 감정평가조건이 없는 경우에는 원칙적으로 현재의 임차인 업종을 기준으로 하되, 업종 변경이 합리적인 경우에는 인근의 표준적인 업종을 기준으로 할 수 있다.

2) 유형재산 평가 시 유의사항

① 감정평가대상 확정 시

유형재산은 등기사항증명서 등 공적장부에 등기 또는 등록되지 않는 점, 소유권 관계를 객관적으로 확인하기 어려운 점, 임대차계약기간 만료 시 임차인에게 영업시설 등에 대한 원상회복의무를 지우고 있는 점, 민법상 임차인의 부속물매수청구권(제646조) 및 임차인의 비용상환청구권(제626조) 등 관련 법률에 의거 분쟁이 발생할 우려가 많은 점을 종합 고려하여 감정평가대상을 의뢰인에게 제시받아야 하고, 감정평가대상 확정 시 반드시 의뢰인 및 이해관계인의 확인을 거쳐 확정하여야 한다.

② 재고자산이 통상적인 규모를 초과하는 경우

재고자산이 통상적인 규모를 초과하는 경우에는 재고자산이 실제 권리금 계약에 포함되어 있다고 하여도 이는 권리금의 구성요소가 아니라 별도의 동산 거래로 보아야 하므로 감정평가에서 제외할 수 있다. 다만, 의뢰인이 재고자산 전체를 감정평가해 줄 것을 요청하는 경우에는 감정평가조건을 명기하고 감정평가할 수 있다.

(2) 감정평가방법 적용 시 유의사항

1) 무형재산 평가 시 유의사항

> ● 수익방식 적용 시 유의사항
>
> **1. 영업이익 산정 시 유의사항**
> 과거 영업이익자료 분석은 과거 3년간의 자료를 분석하는 것을 원칙으로 한다. 다만, 영업활동이 3년 미만이거나 영업시설의 확장 또는 축소 그 밖에 영업환경의 변동 등으로 인하여 과거 3년간의 자료를 분석하는 것이 곤란하거나 현저히 부적정한 경우에는 3년 이하의 자료를 분석하되, 관련 자료 등을 토대로 그 합리성을 검토해야 한다.
>
> **2. 무형재산 귀속 영업이익 산정 시 유의사항**
> (1) 영업이익과 현금흐름
> 전체 영업이익 산정 시 주의할 점은 유형재산에 대한 '감가상각비'는 영업이익에 대응되는 비용이고, '자가 인건비 상당액'은 임차인의 투하된 노동력에 대한 대가로 응당 지불되어야 하는 비용이므로 양자 모두 비용처리하여야 한다는 것이다.
> 또한, 기업형 상가의 경우에는 세금 및 추가적인 자본적 지출 등의 영향을 많이 받으므로 현금흐름을 적용할 수 있고, 소규모 상가의 경우 영업이익을 적용할 수 있다. 다만, 기업형 상가와 소규모 상가의 구분기준은 매출액, 영업형태, 업종, 규모, 브랜드 등을 종합 고려하여 판단하여야 하는 것으로 단순히 임차인이 법인이냐 개인이냐에 따라 구분되는 것은 아님에 유의하여야 한다.
> (2) 비율추출방식 적용
> 수익환원법 적용 시 환원대상 영업이익(현금흐름)에는 '자가 인건비 상당액'이 공제된 금액이므로 거래관행 조사 시 영업이익이 자가 인건비 상당액 공제 전 또는 공제 후 금액인지에 유의해야 한다. 만약 시장탐문 조사된 자료가 공제 전 금액이라면 '자가 인건비 상당액'을 고려하여 무형재산 귀속 영업이익비율을 수정해 주어야 한다.

▶ 비교방식 적용 시 유의사항

1. 사례선정 기준

본 건과 동일 또는 유사업종이란 해당 지역의 특성, 상권의 특성 등을 고려할 때 권리금 가치형성요인이 유사하고 비교가능성 및 대체가능성이 높은 업종을 의미한다. 실무상 절대적인 것은 아니지만 「건축법 시행령」 제14조 규정에 의거한 9개의 시설군 분류체계 내의 업종일 경우 유사업종으로 볼 수 있음에 유의해야 한다.

2. 방매사례 선정 가능 여부

무형재산의 권리금을 거래사례비교법으로 감정평가하기 위해서는 거래사례의 수집이 필수적이다. 그러나 권리금 시장의 폐쇄성으로 권리금 계약서를 구하기가 매우 어렵다는 현실을 고려하여 방매가격도 하나의 시장가격의 지표가 될 수 있으므로 권리금 거래사례에 대한 자료가 축적되기 전까지는 제한적으로 방매사례를 거래사례로 사용할 수 있다. 다만, 방매사례를 인근 거래사례로 사용하는 경우에는 유사 상가의 권리금 수준, 다수의 유사 방매사례 수집 등을 통하여 방매가격의 합리성을 검토하여야 한다. 또한 방매가격 기준 시 시점수정에 대해 논란이 있으나 방매 개시시점을 정확히 파악하기 어렵고 기준시점 현재 시장에 출품된 상태이므로 별도의 시점수정은 불필요한 경우도 있을 것이다.

3. 개별요인 비교 시 면적 비교

표준적인 상가면적은 업종 및 지역, 상권에 따라 다르게 나타난다. 표준적인 상가면적 이상의 경우에는 단위면적당 권리금이 다소 낮아지는 경향을 보이므로 개별요인 비교 시 면적에 따른 요인 비교치를 고려해야 한다. 가치형성요인 비교 시 기준이 되는 면적은 임대면적, 계약면적, 전유면적 등이 있으나 시장에서 자료수집이 가능하고 신뢰성 있게 비교분석할 수 있는 면적을 선정하는 것이 바람직하다.

4. 층별·위치별 권리금 요인치 적용

동일건물 내 상가라도 층별, 위치별 임대료 및 가격수준의 차이가 발생하며 권리금 또한 마찬가지이다. 상층부 또는 지하층의 상가권리금은 통상 1층에 비해 권리금이 낮게 형성되거나 없는 경우도 발생한다. 따라서, 층이 다른 상가를 사례로 선정하고자 하는 경우는 해당 상가건물의 층별, 위치별 비교치를 구할 수 있을 경우에 한하여 적용하여야 한다.

▶ 원가방식 적용 시 유의사항

1. 유형재산 차감

평가대상은 기지급한 권리금 중에서 무형재산에 상응하는 권리금만 해당된다. 따라서, 기지급한 권리금 중 유형재산에 해당하는 권리금을 차감한 후 적용하여야 한다.

2. 지급한 권리금의 적정성 여부

권리금이 거래되는 시장의 불완전성이 크고 당사자 간의 협상력 차이에 의해 결정되는 경우가 많으므로 이미 지급한 권리금이 적정한 금액인지 여부는 주변의 권리금 수준 등과의 비교·검토하에 판단해야 할 것이다.

[붙임1. 권리금 감정평가 시 지역요인 및 개별요인 항목표]

지역요인			개별요인		
조건	항목	세항목	조건	항목	세항목
입지조건	위치	교통 접근성	입지조건	위치	지하철역세권, 버스노선
		유동인구			유동인구, 접면도로 상태 등
		편의시설 정도			편의시설 정도
	상권	경제기반도		상권	크기
		영업수준			주요고객 유형
		소비성향도			유효구매력 수요
					상가적합성
	배후지	배후지의 성격, 규모 등		배후지	위치, 종류, 크기
					세대수, 구성원 등
영업조건	영업형태	영업의 전문화	영업조건	신용도	고객인지도(브랜드 등)
					신용도
				노하우	영업노하우
				거래처 관계	업종 간 경쟁관계
					고객 수준, 영업(업종)난이도
		상권의 집단화		상가면적 및 건물관리 상태 등	건물규모, 관리상태, 임차자 혼합 정도, 주차상태 등
					상가면적, 층/위치 등
				임대차 계약정도 등	초기 권리금 수준 임대차계약내용(계약기간, 보증금과 월임료, 특약 등)
		명성 및 트렌드	시설조건	시설상태, 규모 등	인테리어 정도
					영업시설의 형식 및 상태
					시설규모 등
					경쟁업체와의 시설 수준
기타조건	기타	허가난이도 및 경기동향 등 그 밖의 사항	기타조건	기타	그 밖의 사항

Chapter
07

기타 물건의 감정평가

01 절 산림

Ⅰ 산림의 의의

산림이란 집단적으로 자라고 있는 입목·죽과 그 토지, 집단적으로 자라고 있던 입목·죽이 일시적으로 없어지게 된 토지, 입목·죽을 집단적으로 키우는 데에 사용하게 된 토지 및 이들 토지 안에 있는 암석지·소택지 및 임도를 말한다.

> ❯ **산림과 임야의 차이**
>
> 산림의 경우 집단적으로 생육되는 입목과 그 토지를 말하는 반면, 임야는 「측량수로법」에 따른 지목의 종류 중 하나로 산림과 들판을 이루고 있는 숲, 습지, 황무지 등의 토지를 말한다. <u>즉, 산림은 토지와 입목 전체를 지칭하나, 임야는 산림과 들판 등의 토지만을 지칭하여 엄밀하게 보면 차이가 있으나 실무적으로는 혼용되고 있다.</u>

Ⅱ 산림의 감정평가방법

1. 구분평가 및 일괄평가

> **감정평가에 관한 규칙 제17조(산림의 감정평가)**
> ① 감정평가법인등은 산림을 감정평가할 때에 산지와 입목(立木)을 <u>구분하여 감정평가해야 한다.</u> 이 경우 입목은 거래사례비교법을 적용하되, 소경목림(小徑木林 : 지름이 작은 나무·숲)인 경우에는 원가법을 적용할 수 있다.
> ② 감정평가법인등은 제7조 제2항에 따라 <u>산지와 입목을 일괄하여 감정평가할 때에</u> 거래사례비교법을 적용해야 한다.

2. 구분평가하는 경우

산지의 감정평가는 일반적인 토지의 감정평가방법을 준용하여 공시지가기준법을 준용한다. 입목은 거래사례비교법을 적용하되, 소경목림(지름이 작은 나무·숲)인 경우에는 원가법을 적용할 수 있다. 다만, 입목의 경제적 가치가 없다고 판단되는 경우에는 입목을 감정평가에서 제외할 수 있다.

3. 일괄평가하는 경우

다만, 「감정평가에 관한 규칙」 제7조 제2항에 따라 산지와 입목을 일괄하여 감정평가할 때에 거래사례비교법을 적용해야 한다.

Ⅲ 산림에 대한 감정평가 시 유의사항

1. 경계 확인

산림의 감정평가 시 경계 확인이 어려운 경우가 많다. 산림은 보통 경계를 정확하게 특정하기가 어렵기 때문에 임야도, 지적도, 지번약도, 항공측량도 등과 실제 능선과 계곡의 형상, 경사도, 주변의 건축물 등을 참고하여 경계를 확인하게 된다. 다만, 경계의 판단이 사실상 불가능한 경우에는 의뢰인에게 이 같은 사실을 알리고 측량 전문인을 통한 경계 측량 등을 요청하여 경계를 확정하는 것이 필요하다.

2. 공적 · 사적 제한 사항 등 검토

산림의 경우 공법상 제한 사항을 확인할 필요가 있는데, 특히 보전산지 · 준보전산지 여부 및 보안림 지정 여부에 유의하고, 산림의 면적이 대규모인 경우 보전산지와 준보전산지 양 지역에 걸쳐 있는 경우가 많으므로, 해당 소재지 지자체의 부서 등에서 보전산지대장 등을 열람하여 각 해당 면적을 확인한다. 또한, 해당 산림의 이용 · 수익을 제한하는 각종 부담(법정지상권 등)을 확인한다. 즉, 묘지관리대장 및 입목등기부 등에 의해 분묘나 수목 등을 확인할 필요가 있으며, 이 밖에 각종 제시 외 건물의 소재 여부 및 고압선이나 철탑의 존재 여부 등도 확인하여야 한다.

3. 감정평가목적에 따른 유의사항

공법상 제한을 받는 산림은 사용 · 수익이 제한되어 환가성 및 수익성이 저하되는 경우가 있을 수 있으므로, 담보 목적의 감정평가인 경우에는 수요가 제한된 상태의 안전성에 신중을 기하여야 하며, 보상 목적 또는 임대 목적의 감정평가인 경우에는 해당 법령 또는 관계 규정에서 정하고 있는 사항을 충분히 검토하여야 할 것이다.

02 절 공장재단

> ● 감정평가 실무기준 620 : 공장재단과 광업재단

> **1 공장재단의 감정평가**
>   1.1 정의
>   공장재단이란 영업을 하기 위하여 물품 제조·가공 등의 목적에 사용하는 일단의 기업용 재산(이하 "공장"이라 한다)으로서, 「공장 및 광업재단 저당법」에 따라 소유권과 저당권의 목적이 되는 것을 말한다.
>   1.3 공장의 감정평가방법
>   ① 공장을 감정평가할 때에는 공장을 구성하는 개별물건의 감정평가액을 합산하여 감정평가하여야 한다. 다만, 계속적인 수익이 예상되는 경우 등은 [400-2.3-1]에 따라 일괄하여 감정평가할 수 있다.
>   ② 제1항 단서에 따라 일괄하여 감정평가할 때에는 수익환원법을 적용하여야 한다.

I 공장재단의 의의

공장의 구성요소는 일반적으로 부동산으로 취급되는 토지, 지상의 건물 및 정착물, 기계기구 등의 유형자산과 지식재산권 등의 무형자산으로 결합되어 있다.

II 공장재단의 감정평가방법

1. 개별평가 및 일괄평가

① 공장의 감정평가는 각 자산의 물건별 감정평가액을 합산하는 것을 원칙으로 한다. 공장의 유형자산은 토지, 건물, 기계·기구, 구축물 또는 과잉유휴시설로 구분하여 감정평가한다.

② 다만, 계속기업의 원칙에 의거 해당 공장이 영속적으로 생산 및 기업활동을 영위한다는 전제하에 계속적인 수익이 예상되는 경우에는 개별물건별 감정평가의 예외로서 일괄감정평가할 수 있으며, 이 경우에는 수익환원법을 적용하여 평가한다.

> **감정평가에 관한 규칙 제19조(공장재단 및 광업재단의 감정평가)**
> ① 감정평가법인등은 공장재단을 감정평가할 때에 공장재단을 구성하는 개별 물건의 감정평가액을 합산하여 감정평가해야 한다. 다만, 계속적인 수익이 예상되는 경우 등 제7조 제2항에 따라 일괄하여 감정평가하는 경우에는 수익환원법을 적용할 수 있다.
> ② 감정평가법인등은 광업재단을 감정평가할 때에 수익환원법을 적용해야 한다.

2. 개별평가를 하는 경우

(1) 토지 및 건물의 감정평가방법

토지의 경우는 「감정평가에 관한 규칙」 제14조에 따라 공시지가기준법을 원칙적으로 적용하며, 건물의 경우는 「감정평가에 관한 규칙」 제15조에 따라 원가법을 원칙적으로 적용한다.

> **◉ 토지 및 건물의 감정평가 시 유의사항**
>
> **1. 토지 감정평가 시 유의사항**
>
> 　1) 지목과 현황의 불일치
>
> 　　일반적으로 공장의 토지는 여러 지목으로 된 다수의 필지가 공업용 등 하나의 현실적인 이용상황으로 이용되는 경우가 대부분으로, 각각의 지목들과 현실적인 이용상황 사이에는 차이가 발생할 수 있다.
>
> 　2) 일단지 판단 등
>
> 　　공장의 적합한 부지의 규모 여부와 일단으로 이용 중인 일단지 판단의 적정성 여부 등도 충분히 고려하여 감정평가하여야 한다.
>
> **2. 건물 감정평가 시 유의사항**
>
> 　1) 공장 건물의 특성
>
> 　　공장 또한 일반적인 건물의 평가방법을 준용하되, 공장 건물로서의 특성에 따른 가치형성요인 및 그 격차 등을 고려하여야 한다. 동일한 구조의 건물이라 하더라도 생산공정의 특성에 따라 건물 규모, 배치, 부대설비 등이 달라질 수 있으므로 이를 감정평가 시에 반영하여야 한다.
>
> 　2) 층고와 단가의 관계 등
>
> 　　통상적으로 구조가 같은 건물의 경우 층고가 증가하면 단가는 상승하며, 바닥면적이 증가하면 단가는 하락하게 된다. 면적이 과도하게 큰 건물의 경우 단순히 구조에 다른 재조달원가를 적용하기보다는 공장 건물의 특성과 규모에 따른 시공 자재의 종류 및 규격, 주기 등의 크기, 높이 및 간격 등 건물에 대한 종합적인 사항을 고려하여야 한다.

(2) 구축물의 감정평가방법

구축물은 주로 토지에 정착된 정착물이 대부분으로 자체로서 거래가 되거나 수익발생이 이루어지지 않으므로, 대부분 원가법을 적용하여 감정평가한다. 다만, 구축물이 주된 물건의 부속물로 이용 중인 경우에는 주된 물건에 대한 기여도 및 상관관계 등을 고려하여 주된 물건에 포함하여 감정평가할 수 있다.

> **◉ 구축물 감정평가 시 유의사항**
>
> 구축물은 경우에 따라 지하에 매립되어 있는 등 실지조사가 불가능한 경우가 있으며, 이 경우에 의뢰인과 협의하여야 한다. 의뢰인이 관련 준공도면, 준공내역서 등 설치상태를 확인할 수 있는 도면 등 객관적으로 신뢰할 수 있는 자료를 제시하고 이를 통해 감정평가가 가능하다고 판단되는 경우에 한해서 실지조사를 생략하고 감정평가할 수 있다.

(3) 기계기구의 감정평가방법

1) 기계기구

기계기구류를 감정평가할 때에는 원가법을 적용하여야 한다. 다만, 대상물건과 현상·성능 등이 비슷한 동종물건의 적절한 거래사례를 통해 시중시가를 파악할 수 있는 경우에는 거래사례비교법으로 감정평가할 수 있다.

2) 과잉유휴시설의 감정평가

① 과잉유휴시설의 판단 : 과잉유휴시설이란 공장 내의 시설 중 감정평가 당시 정상으로 가동하지 않고 있으며, 또한 장래 가동할 전망이 없어 사실상 해당 공장에 필요치 않은 시설을 의미한다. 이는 실지조사 당시의 가동 여부보다는 시장상황, 업체의 경영사항 등에 대한 전반적 검토를 통하여 유휴시설의 여부를 결정하여야 한다.

② 다른 사업으로의 전용 가능한 시설 등의 감정평가 : 다른 사업으로의 전용이 가능하다고 판단되고 전용에 따른 비용 등을 확인할 수 있는 경우에는 해당 시설을 감정평가할 수 있으며, 이때 전환에 소요되는 비용과 시간 등은 고려되어야 한다.

③ 다른 사업으로의 전용이 불가능한 시설 등의 감정평가 : 다른 사업으로의 전용이 불가능하여 해체처분이 전제되는 경우에는 해체처분이 가능한 가액으로 감정평가하되, 다만 해체·철거 및 운반 등에 소요되는 비용을 고려하여 감정평가한다. 여기서 해체처분가능가액이란 대상물건을 본래의 이용 목적으로 사용할 것을 전제로 하지 않고, 각 구성부분을 해체하여 처분할 것을 상정한 가액을 말한다.

> ● 기계기구 감정평가 시 유의사항
>
> 감정평가 목적에 따라 타 용도의 전환 가능성과 해체처분 여부 등은 다르게 판단될 수도 있으며, 특히 계속기업을 전제로 감정평가해야 할 담보감정평가 등의 경우에는 이와 같은 과잉유휴시설은 감정평가에서 제외되어야 할 것이다.

(4) 무형자산의 감정평가방법

무형자산은 「감정평가에 관한 규칙」 제23조에 따라 수익환원법을 원칙적인 감정평가방법으로 한다. 다만, 거래사례비교법 또는 원가법 적용 역시 가능하다.

3. 일괄평가를 하는 경우

계속기업의 원칙에 의거 해당 공장이 영속적으로 생산 및 기업활동을 영위한다는 전제하에 계속적인 수익이 예상되는 경우에는 개별물건별 감정평가의 예외로서 일괄감정평가할 수 있으며, 이 경우에는 수익환원법을 적용하여 평가한다.

> ● 공장재단의 일괄평가 시 유의사항
> 아울러 공장을 수익환원법으로 평가한 후 개별물건별 감정평가액과 시산가액을 조정하는 경우 개별물건별 평가액의 비교대상을 정확하게 해야 한다. 즉, 과잉유휴시설이나 공장의 수익을 창출하는 데 필요하지 않은 대상이 개별물건별 평가액에 포함되어 있다면 이를 제외하고 수익가액과 시산가액을 조정하여야 한다.

03 절 동산

I 동산의 의의

동산은 원칙적으로 부동산이 아닌 것을 말한다. 즉, 부동산인 토지 및 그 정착물은 동산으로 볼 수 없다. 다만, 지상물일지라도 토지에 정착되지 않은 것은 동산이며, 전기 기타 관리할 수 있는 자연력은 모두 동산이다. 자동차, 건설기계, 항공기, 선박은 동산이지만 등록·등기를 통해 의제부동산으로 취급된다.

II 동산의 감정평가방법

> **감정평가에 관한 규칙 제21조(동산의 감정평가)**
> ① 감정평가법인등은 동산을 감정평가할 때에는 거래사례비교법을 적용해야 한다. 다만, 본래 용도의 효용가치가 없는 물건은 해체처분가액으로 감정평가할 수 있다. 〈개정 2023.9.14.〉
> ② 제1항 본문에도 불구하고 기계·기구류를 감정평가할 때에는 원가법을 적용해야 한다. 〈신설 2023.9.14.〉

1. 원칙적인 감정평가방법

동산은 원칙적으로 거래사례비교법을 적용하여 감정평가한다. 즉, 유사 동산의 거래사례 등을 파악하고 선택된 사례를 기준으로 비교 분석을 통해 감정평가액을 도출한다. 동산은 거래단계별 가격, 즉 생산원가, 도매가격, 소매가격 등을 시계열적으로 파악하고, 각 단계별 가격 차이의 발생요인을 분석하여 감정평가한다. 가격차이의 발생요인은 거래단계에 따른 상하차비, 운반비, 창고보관비, 감손상당액, 업자이윤 등이 있으며, 각 단계마다 이를 면밀히 조사 분석하여 평가한다. 만약 적절한 거래사례가 없거나 거래사례비교법 적용이 불가능한 경우에는 원가법 등을 적용할 수 있을 것이다.

2. 본래의 용도로 효용가치가 없는 경우

(1) 타 용도로 전환 가능 시

타 용도로의 전환이 가능한 물건의 경우에는 그 전용가치를 기준으로 감정평가하거나 해체하여 부품으로 사용될 수 있는 경우는 해체처분가액으로 감정평가한다.

(2) 전환 불가 시

해체처분가액으로 감정평가할 물건의 경우 부품의 재활용가치도 없는 물건으로서 구성재
질별로 중량을 산출하거나 의뢰자로부터 제시받아 시중 고철시세를 곱한 가격에 해체비용
을 감안하여 감정평가한다.

> **▶ 불용품의 감정평가방법**
>
> 불용품인 동산을 감정평가할 때에는 현 상태대로 시장가치가 형성되어 있는 경우에는 비준가액으
> 로 감정평가하며, 재활용이 불가능한 물건은 해체처분가액으로 감정평가한다. 해체처분가액은 구
> 성재질별 중량을 산출한 후 시중 재생재료 시세를 적용하되, 해체에 따른 철거비, 운반비, 상하차
> 비, 업자이윤 등을 감안하여 감정평가한다.

04 절 어업권

Ⅰ 어업권의 의의

「수산업법」제2조 제7호 "어업권", 「내수면어업법」제7조 제1항에서는 "제6조에 따라 어업의 면허를 받은 자는 「수산업법」제17조 제1항에 따른 어업권원부에 등록함으로써 어업권을 취득한다."라고 규정하여 면허를 받아 어업을 경영할 수 있는 권리를 어업권으로 정의하고 있다.

Ⅱ 어업권의 감정평가방법

1. 수익환원법

> ● 감정평가 실무기준 2.3.2 : 수익환원법의 적용
> ① 어업권을 수익환원법으로 감정평가할 때에는 어장 전체를 수익환원법으로 감정평가한 가액에서 해당 어장의 적정 시설가액을 뺀 금액으로 감정평가한다.
> ② 어장의 순수익을 산정하는 경우에는 장기간의 자료에 근거한 순수익을 산정하여야 한다.
> ③ 어업권의 존속기간은 어장의 상황, 어업권의 잔여기간 등을 고려하여 어업이 가능한 연한으로 결정한다.
> ④ 현존시설의 가액은 생산규모와 어업권 존속기간 등을 고려하여 감정평가하되, 과잉유휴시설은 제외한다.

어장 전체를 수익환원법으로 감정평가한 가액에서 해당 어장의 적정 시설가액을 뺀 금액으로 감정평가한다. 어업권의 존속기간은 10년 이내로 규정하고 있으나, 10년의 범위 내에서 연장이 가능(총 20년 이내)하고, 유효기간이 만료된 경우에는 특별한 사정이 없는 한 우선순위에 의하여 기존의 어업권자가 다시 재면허를 받을 수 있으므로, 면허의 연장이 가능한지, 재면허를 받을 수 있는지 등을 충분히 검토하여 기간을 산정하여야 한다. 거래가격 측면에서도 잔존유효기간의 장·단에 따라 큰 영향을 받지 않는 것이 현실이다. 한편, 현존시설의 가액은 생산규모와 어업권 존속기간 등을 고려하여 감정평가하되, 과잉유휴시설은 제외한다.

2. 거래사례비교법의 적용

> ● 감정평가 실무기준 2.3.3 : 거래사례비교법의 적용
>
> 어업권을 거래사례비교법으로 감정평가할 때에는 어종, 어장의 규모, 존속기간 등이 비슷한 인근의 어업권 거래사례를 기준으로 어업권의 가치에 영향을 미치는 개별요인을 비교하여 감정평가한다.

어장은 위치에 따라 어업생산성이 매우 크게 차이가 날 수 있으므로, 거래사례비교법으로 감정평가할 때에는 어업방법, 어종, 어장의 규모, 존속기간 등이 비슷한 인근의 어업권 거래사례를 기준으로 하되, 대상 어업생물과 수질, 수심, 수온, 유속, 저질상태, 시설물상태, 가용시설규모 등 어장환경의 적합성 등과 비교대상 어장의 것을 비교하여 개별요인 비교 시에 반영하여야 한다. 어업권만의 거래사례는 희박하며, 대부분이 어업권과 시설물을 포함한 어장 전체를 거래의 대상으로 하는 경우가 대부분이다. 따라서 어업권의 가격은 어장 전체의 가격에서 적정 시설물 규모에 해당하는 시설물가격을 공제하여 사례 어업권의 가치를 산정한 후 대상 어업권과 비교하여 감정평가하여야 한다.

05 절 구분지상권

Ⅰ 구분지상권의 의의 및 특징

구분지상권이란 건물 및 기타 공작물을 소유하기 위하여 입체적으로 구분된 지하 또는 지상 공간에 상하의 범위를 정하여 설정된 권리이다. 이는 공간법 원리에 의한 새로운 권리로서 현상은 지상권의 일종으로서 용익물권이나 실질적으로 영구 사용하게 되어 분층소유권의 개념이 된다. 즉, 토지의 모든 층을 대상으로 하는 일반지상권과는 달리 구분지상권은 어떤 구분된 층만을 대상으로 한다. 이러한 구분지상권은 평면적, 입체적 공간의 분할에 의한 해당 권리설정부분의 경제적 가치와 설정부분의 효용을 유지하기 위하여 다른 공간이용을 제한하는 것에 상응하는 경제가치로 구성되므로, 입체이용률과 입체이용저해율 개념을 적용함으로써 가치평가가 가능하다.

Ⅱ 공중권과의 구별

구분지상권과 구별되는 권리로는 건축기술의 발달과 토지 공간에 대한 효율적인 이용을 위한 권리로 주목받고 있는 공중권이 있다. 공중권은 최근 공중 공간에 대한 광고시설물의 설치나 건축기술의 발달로 인한 초고층 건물의 등장으로 논의되는 부동산 권리이다. 구분지상권은 민법인 물권법에 의하여 당연히 인정되는 법적인 권리임에 반하여 공중권은 아직은 법적으로 인정되지 않고 당사자 간의 계약과 같은 별도의 절차를 필요로 하는 것으로, 일차적으로 권리의 생성에 있어서 차이를 보이게 된다.

Ⅲ 입체이용률과 입체이용저해율

1. 입체이용률

(1) 의의

대도시의 토지이용에 있어서 평면공간의 효율적 이용이 불가피하게 되므로 입체적인 측면에서의 연구가 요청된다. 대상획지의 "최유효이용의 상태"를 상정하여 이를 전제로 대상획지의 지상, 지중, 공중 공간의 이용가치를 집적한 것이 대상획지의 가격을 형성하는 요소라고 본다면 평면적 지표면 부근(수평적 공간)의 이용가치가 가장 높으며, 이를 기준으로 공중 공간과 지중 공간으로 연장됨에 따라 이용가치가 체감된다. 결국 지표부근의 공간이용가치를 기준으로 하여 지상 공간 및 지하부분을 지표면과 평행으로 적당한 높이와 깊이로 구분하여 얻은 지상 및 지하부분의 이용가치비율을 각각 그 부분의 입체이용률이라 한다.

(2) 근거

토지의 이용을 입체적으로 고려할 때, 지표면 부근의 이용가치가 가장 높고 이 지표면을 기준으로 공중, 지하 공간으로 연장됨에 따라 그 이용가치가 감소된다고 보며, 각 부분의 이용은 최유효이용이라야 한다. 즉, "최유효이용의 원칙"과 "수익체증체감의 법칙"이 그 기초가 됨을 알 수 있다.

2. 입체이용저해율

(1) 의의

구분지상권, 지역권, 토지의 임대차 또는 건물의 구분소유권 등에 따라 토지의 공간 또는 지하일부를 사용할 경우에 이들 권리를 행사함으로 인하여 대상획지의 입체적 이용을 상당한 정도로 제한하는데, 그 제한에 따라 대상획지의 이용이 저해되는 정도에 상응한 비율이 입체이용저해율이다. 이는 획지의 입체이용률에 대한 역방향으로 본 표현이다.

(2) 입체이용저해율의 산정

① 나지인 경우 또는 기존 건물이 최유효이용상태에 현저히 미달되거나 노후정도 및 관리상태 등으로 보아 관행상 토지부분의 가격으로 거래가 예상되는 경우 "입체이용저해율 = 건물 등 이용저해율 + 지하이용저해율 + 기타이용저해율"로 산정한다.

② 최유효이용이거나 이와 유사한 이용상태의 기존 건물이 있는 경우 "입체이용저해율 = (최유효이용상태 건물 등 이용저해율 + 지하이용저해율) × 노후율 + 기타이용저해율"로 산정한다.

Ⅳ 구분지상권의 평가방법

1. 거래사례비교법

인근 유사지역 내 유사한 구분지상권 설정사례를 수집하여 이를 사정보정, 시점수정과 요인비교를 통해 비준가격을 구하는 방법으로서 구분지상권 전체와 관련하여 평면적, 입체적 분할상태를 판단해야 한다.

2. 설정사례비율비교법

다수 설정사례를 수집하여 일정시점에 있어 토지 시장가치에 대한 설정대가의 비율을 판정하고 이를 해당 구분지상권 설정지의 시장가치에 곱하여 얻어진 금액으로 평가하는 방법이다.

3. 토지잔여법

설정 전 설정지 순수익에서 설정 후 순수익을 차감한 차액 순수익을 환원율로 환원한 금액을 기준으로 구분지상권 계약내용에 따른 수정을 가하는 방법이나 현실적으로 환원율 및 순수익의 추정이 곤란한 단점이 있다.

4. 입체이용률에 의한 지가배분율

최유효상태하의 입체이용률을 기초로 해당 구분지상권 설정에 따른 입체이용저해율을 산정하고 이를 시장가치에 곱하여 구분지상권의 가격을 구하는 방법이다. 이는 토지의 입체사용에 관한 개념인 입체이용률을 적용, 응용한 방법으로 일반적이며 가장 현실에 잘 부합하는 방법이라 할 수 있다.

Chapter 08 목적별 감정평가

01 절 담보평가

Ⅰ 담보평가의 중요성

1. 금융기관의 대출채권 확보

담보로 부적격한 물건을 담보취득하거나 담보가격을 과대하게 산정할 경우 금융기관은 대출채권을 완전히 회수할 수 없게 되고, 이는 결국 금융기관의 부실화 및 금융시장의 위기를 초래하여 국민경제의 부담을 주게 된다. 그러므로 금융기관의 건전성 제고를 위해 담보평가의 중요성이 강조되고 있다.

2. 부동산 증권화의 기초

대출기관이 소유하는 저당채권은 제3자에게 매각되거나 저당채권을 기초로 새로운 증권을 발행하여 투자자들에게 매매·유통할 수 있는데 대상물건의 정확한 가치평가 및 표준화된 평가방식은 원활한 유통과 투자자들에게 객관적이고 정확한 투자정보를 제공하는 데 기초가 되고 있다는 점에서 담보평가의 중요성이 대두되고 있다.

3. 감정평가법인등의 손해배상책임

감정평가업자의 고의 또는 과실로 인한 감정평가에 의해 대출기관이 손해를 입은 때에는 민법 제390조(채무불이행책임), 민법 제750조(불법행위책임), 감정평가법 제28조 등에 근거하여 감정평가업자에게 손해배상책임을 물을 수 있다. 이는 궁극적으로 감정평가업자의 사회적 신뢰도를 저하시키게 되므로 정확하고 공정한 담보평가가 중요하다.

Ⅱ 담보평가의 의의

담보평가란 담보를 제공받고 대출 등을 하는 금융기관 등이 대출을 하거나 채무자가 대출을 받기 위하여 의뢰하는 담보물건에 대한 감정평가를 말한다.

> **◉ 「담보평가의 기준가치」**
>
> 2013년 1월 1일 시행된 개정 「감정평가에 관한 규칙」 및 「감정평가 실무기준」에서는 시장가치기준원칙을 두고, ① 법령에 다른 규정이 있는 경우 ② 감정평가 의뢰인이 요청하는 경우 ③ 감정평가의 목적이나 대상물건의 특성에 비추어 사회통념상 필요하다고 인정되는 경우에만 시장가치 외의 가치를

기준으로 할 수 있도록 규정하여 원칙적으로 감정평가의 목적에 따라 가치기준이 달라지지 않도록 하였고, 담보평가의 가치기준 또한 시장가치기준 원칙에 따르도록 하였다. 다만, 담보평가의 경우 그 성격을 고려하여 미실현 개발이익 등의 반영 등에 주의해야 할 것이며, 범위로 나타나는 시장가치 중 다소 안정적인 가액 결정의 접근이 필요하다.

Ⅲ 담보평가의 특징 및 원칙(확보처현준)

안전한 채권회수라는 목적을 실현하기 위해 여신기간 동안 미래의 불확실성이 내재된다는 점을 고려해야 한다. 또한, 담보감정평가는 채권기간 중 원하는 때에 적정한 금액으로 조기에 환가처분을 할 수 있느냐는 관점에서 접근해야 한다.

1. 확인주의

① 담보평가를 할 때에는 담보대상물건에 대한 물적 현황 및 권리관계 등을 반드시 확인하여야 한다.
② 금융기관은 감정평가사가 작성하여 제출한 감정평가서를 근거로 담보취득 가부를 판단하기 때문에 담보대상물건을 확인하지 않거나 또는 확인을 소홀히 하여 담보취득을 할 경우 담보취득행위의 원인무효 등과 같이 뜻하지 않은 결과가 발생할 수 있다.

2. 보수주의

① 담보란 금융기관이 안전한 채권회수라는 목적을 실현하기 위한 것인바, 보수적인 관점에서 담보평가를 행해야 한다.
② 즉, 여신기간 동안의 가격 변동 리스크를 고려하여야 하며, 개발계획 또는 투기 개입 등에 따른 가격상승 가능성 등 미실현 가격을 담보평가 가격에 반영해서는 안 된다.

3. 처분주의

① 담보는 담보목적물의 경제적 가치를 지배하는 것이며, 궁극적으로 환가처분을 통하여 채권을 회수하기 위한 것이다. 따라서 담보평가는 여신기간 중 원하는 때에 적정한 금액으로 조기에 환가처분을 할 수 있느냐 하는 관점에서 접근하여야 한다.
② 금융기관의 입장에서는 환가처분이 곤란한 물건에 대해서는 담보취득을 금지하거나 제한하고 있다.

4. 현황주의

① 담보평가는 공부상 지목이나 용도에 상관없이 현실적인 이용상태(용도)를 기준으로 판단
  하여야 한다.

② 다만, 공부와 현황이 불일치 시 현황이 불법행위에 의해 이루어진 것은 아닌지를 검토해야
  한다. 불법적으로 이용상태 변경 시 적법한 이용상태를 기준으로 평가해야 한다.

5. 감정평가협약사항의 준수(준칙주의)

금융기관과 감정평가에 관한 업무협약을 체결한 경우에는 협약내용을 준수하여 담보감정평가
를 하여야 한다. 협약내용과 달리 감정평가하여 하자가 발생한 경우 채무불이행 또는 불완전
한 채무이행으로 인하여 손해배상책임을 부담하게 될 수 있다.

Ⅳ 담보물의 적격요건(법적 · 물리적 · 경제적 요건)

1. 개요

담보는 채권의 실현을 확보하기 위한 수단이므로 담보물건은 담보에 적합한 일정한 요건을 갖
추고 있어야 한다. 담보물건의 적격요건은 법적, 물리적, 경제적 측면으로 구분할 수 있다.

2. 법적 요건(적법성과 등기능력)

담보취득 금지 및 제한유무 등의 법적 하자가 없을 것, 저당권설정을 할 수 있는 등기능력이
있을 것, 담보권의 제한유무가 요구된다. 담보취득금지부동산, 동일성이 없는 부동산, 미등기
부동산 등을 유의해야 한다.

3. 물리적 요건(안정성과 관리의 용이성)

쉽게 감가소멸이 되지 않는 물적 안전성, 취득 후 담보물 관리의 용이성, 담보물건의 현황 변
동이 없을 것이 요구된다. 이동이 용이한 물건, 노후가 심한 건물, 효용가치 없는 부동산을
유의해야 한다.

4. 경제적 요건(확실성과 유동성)

환가처분이 용이해야 하는 유동성, 가격변동이 낮을 것이라는 확실성이 요구된다. 특수용도의
부동산, 공법상 이용이 제한된 부동산, 가격급변동 시의 물건에 유의해야 한다.

Ⅴ 담보평가 시 유의사항

1. 부적절한 의뢰물건의 처리

담보물건으로 적절하지 않은 물건이 의뢰된 경우에는 담보평가를 진행할 의사가 있는지 명확히 확인하여야 한다. 특히 감정평가조건이 부가되어 의뢰된 경우에는 해당 감정평가조건의 합리성·적법성·실현가능성을 면밀히 검토하여야 하며, 해당 감정평가조건에 대한 내용을 감정평가서에 반드시 기재하여야 한다. 또한 감정평가조건의 합리성·적법성이 결여되거나 실현이 사실상 불가능하다고 판단될 때에는 의뢰를 거부하거나 해당 감정평가 수임을 철회하여야 할 것이다.

2. 부적절한 담보물건

담보물건의 적격요건상 환가성·유동성·법적 안정성·물적 안정성 등의 측면에 부적절한 담보물건은 담보평가의 감정평가액을 결정할 때 보다 신중을 기하여야 한다.

(1) 다른 법령에서 담보취득을 금지하는 물건이거나 담보제공을 위하여 주무관청의 허가가 필요한 물건임에도 불구하고 허가를 받지 아니한 물건

(2) 담보권을 제한하는 권리가 있는 부동산

예고등기, 압류, 가압류, 가처분, 가등기, 경매개시등기 등의 등기가 되어 있는 물건은 관련 법령에 따라 처분이 금지되므로, 해당 물건을 담보취득할 경우 등기권리자에게 대항할 수 없기 때문에 담보의 목적을 실현하지 못할 가능성이 많다. 이 경우에는 담보권을 제한하는 등기를 말소한 후에 저당권을 설정하거나 선순위 설정금액을 확인한 후, 그 설정금액을 공제하고 담보가액을 결정하여 담보취득을 해야 한다.

(3) 특수한 용도로 이용되고 있는 것으로 다른 용도로의 전환가능성이 적고 매매 또는 임대차의 가능성이 희박한 물건

도로, 구거, 사도, 묘지, 유지, 하천 등의 토지와 교회, 고아원, 양로원 등의 특수용도로 사용되는 부동산은 다른 용도로의 전환가능성이 적고, 매매 또는 임대차의 가능성이 희박하므로, 금융기관으로부터 특수한 감정평가조건이 수반되지 않는 한 적절한 담보물건으로서 취급이 제한되므로 이에 유의하여야 한다.

(4) 공부상 소재지·지번·지목·면적 등이 실제와 현저히 달라 동일성을 인정하기 어려운 물건

공부와 현황이 상이한 물건의 경우에는 감정평가 시 신중을 기해야 한다. 동일성이 인정되지 않거나 합법적이지 않은 상태를 기준으로 감정평가를 하는 경우 채권기관의 채권회수에 문제가 발생할 수 있기 때문이다.

(5) 지상에 제시 외 건물 등이 있는 토지

우리나라 등기법제상 토지와 건물은 별개의 부동산으로 인정되고 있다. 따라서, 지상의 건물을 담보취득하지 않을 경우 향후 담보권 실행에 법정지상권이 성립되어 환가처분이 곤란하거나 환가처분가격이 크게 떨어질 수 있으므로 토지상에 미등기건물이 소재하는지 여부 및 법정지상권이 성립될 수 있는지 여부를 판정하여야 한다.

(6) 공부상 등재되지 아니한 건물

① 토지상에 미등기건물만이 존재하는 경우

미등기건물이 건물로서 요건을 갖추고 있다면 당연히 법정지상권이 인정되므로, 먼저 보존등기를 한 후에 저당권을 설정하여야 한다.

② 토지상에 등기된 건물과 미등기건물이 함께 존재하는 경우

이 경우 등기건물에 설정한 저당권의 효력이 미등기건물에 미치는지 여부는 미등기건물에 대하여 독립성이 인정되는지 여부에 따라 판단하여야 한다. 미등기건물에 대하여 독립성이 인정될 경우 법정지상권이 성립할 수 있으므로, 미등기건물에 대하여 보존등기를 한 후에 저당권을 설정하여야 한다. 그러나 독립성이 인정되지 않는 경우에는 등기된 건물의 종된 건물(종물, 부합물)이 되어 등기된 건물에 저당권을 설정하면 미등기건물에도 효력이 미치므로 등기를 하지 않아도 된다.

(7) 리스기계 · 소유권유보부 기계

리스기계는 통상적으로 담보에서 제외하고 감정평가 시에도 평가하지 않는 것이 원칙이다. 소유권유보부(대금의 완제가 있을 때까지 목적물의 소유권을 매도인에게 유보하는 계약) 기계의 경우는 공급계약서 등을 확인받아 담보로 소유권유보부 기계임이 확인될 경우 담보로 취급되지 않는다.

(8) 과잉유휴시설

과잉유휴시설이란 해당 공장의 필요 정도를 넘어 설치된 시설과 업종 변경 등으로 인하여 가동하지 않고 가까운 장래에도 가동할 전망이 없는 시설을 말한다. 담보평가의 경우 과잉유휴시설은 감정평가에서 제외하여야 한다.

(9) 단독효용가치가 희박한 부동산

단독으로 이용할 수 없는 경우에는 시장에서 거래가 제한되고 가치를 형성하지 못하기 때문에 담보평가에서는 평가 외로 하여야 한다.

Ⅵ 일반 감정평가와의 차이점(종기목시현)

1. 가격의 종류
일반 감정평가는 시장가치를 산정하며, 담보평가는 시장가치가 원칙이나, 그 성격을 고려하여 미실현 개발이익 등의 반영 등에 주의해야 할 것이며, 범위로 나타나는 시장가치 중 다소 안정적인 가액 결정의 접근이 필요하다.

2. 감정평가서의 활용기간
일반 감정평가는 그 목적의 한도 내에서 한시적으로 활용하지만, 담보평가는 담보대출이 상환될 때까지 지속적으로 활용된다.

3. 평가목적
일반 감정평가는 평가대상물건의 경제적 가치판단에 중점을 두지만, 담보평가의 경우는 경제적 가치판단 및 담보의 적격성 판단에 중점을 둔다.

4. 기준시점
일반 감정평가는 기준시점 현재를 기준으로 하나, 담보평가의 경우는 기준시점 현재를 기준으로 하되 담보의 안정성이라는 관점에서 장래의 변화가능성을 충분히 고려하여 평가한다.

5. 현황평가기준
일반 감정평가는 현황을 기준으로 하나, 담보평가는 담보의 안정성에 근거하여 적법성에 기초한 현황기준으로 평가한다.

〈담보감정가격과 시가감정가격과의 차이〉

구분	담보감정가격(collateral value)	시가감정가격(market value)
정의	시장가치에 시간경과에 따른 가격 변동 리스크가 반영된 가격	합리적인 자유시장에서 성립되는 시장가치를 표시하는 적정가격
평가중점	미래 회수시점의 가치에 중점	현시점의 가치에 중점
객관성	주관적 가격(채권회수 관점)	객관적 가격(보편적인 관점)
시장성	채권회수를 위하여 언제라도 처분될 수 있는 가격(단기처분가격)	시장에서 수요와 공급의 균형에 의하여 성립되는 가격

02 절 경매평가

I 경매평가의 중요성

경매평가는 부동산경매가 적정가격에 의하여 실시되도록 하기 위하여 매수신고의 기준액으로 되는 최저경매가격을 결정하는 자료를 제공함으로써 부동산의 공정 타당한 가격을 유지하며 ① 부당하게 염가로 매각되는 것을 방지함과 동시에 목적 부동산의 적정한 가격을 표시하여, ② 매수(입찰)신고를 하려는 사람에게 기준을 제시함으로써, ③ 부동산경매절차의 적정화의 기초가 된다.

II 경매평가의 의의

경매평가란 법원에 소송 계류 중인 경매를 위한 토지 등의 감정평가를 말한다. 통상 집행법원은 감정인으로 하여금 부동산을 평가하게 하고 그 평가액을 참작하여 최저매각가격을 정한다. 실무에서는 대부분 감정인의 평가액을 기준으로 최저매각가격으로 정하고 있기 때문에 감정평가액의 적정성이 중요하다.

III 경매평가의 특징(기능)

1. 개설

경매는 채무자가 채무를 상환하지 못할 때 담보물을 객관적이고 공정한 가격으로 환가하여 채권자에게 우선순위에 따라 공정한 만족을 주는 일련의 법 집행절차로서 다음의 기능을 가진다.

2. 경매당사자의 관계

경매에서 입찰자와 채무자는 아무런 관련이 없고, 경매는 법원을 매도자, 입찰자를 매수희망자로 하는 민법상의 정형화된 계약 형태의 일종이다. 법원경매에서 최저매수가격을 제시하고 응찰을 유인하여 최저가격 이상으로 낙찰이 되면, 매도자는 이를 거절할 권리를 잃게 되고, 계약이 유효하게 성립한다.

3. 경매당사자에 대한 기능

재산이 있으면서 채무를 상환하지 않을 경우 채권자는 채무자의 재산을 환가하여 채권을 회수한다. 경매로 인하여 채권자는 돈을 받게 되고, 그 돈으로 재투자를 하여 부를 창출하며, 채무자는 담보부동산을 포기함으로써 이에 설정된 각종 제한물권들이 없어지게 되어 빚잔치로서 새 출발을 하게 된다.

4. 사유재산제도 유지

우리 법 제도는 자력구제 대신 경매를 통하여 채권·채무관계를 최종적으로 정리한다. 따라서 경매제도는 자본주의를 유지하기 위한 주요 역할을 담당하며, 사유재산제도의 질서를 유지하는 근간이 된다.

Ⅳ 경매평가 시 유의사항

1. 법정지상권이 설정된 토지

법정지상권은 ① 전세권에 의한 경우(민법 제305조), ② 저당권에 의한 경우(민법 제366조), ③ 가등기담보권 등에 의한 경우(가등기담보 등에 관한 법률 제10조), ④ 입목에 관한 경우(입목에 관한 법률 제6조)의 4가지 경우 외에 관습법상의 법정지상권이 있다. 따라서 경매평가시 법정지상권의 성립 여부에 주의하여야 한다. 법정지상권이 성립하는 경우에 토지의 경락인이 지료를 받게 된다는 점과 지상권의 존속기간을 고려하여 법정지상권에 의한 부담을 평가하여 감가하여야 한다.

2. 공부상 지목과 현황이 다른 토지

공부 또는 평가명령상의 경매목적물의 표시와 현황이 상이한 경우 그것이 실제 거래되는 가격으로 평가하여야 하는 것이므로, 그 한도 내에서 실제의 현황에 따른 평가를 하여야 한다. 따라서 공부상 대지이나 현황이 도로라면 도로로서의 가격을 평가하여야 할 것이다.

3. 토지의 부합물

경매목적물에 부합물이나 종물이 있는 경우 그 부합물이나 종물도 경매로 인하여 소유권이 이전되게 되므로 감정의 대상에 포함되게 된다. 이때 감정서에 그것이 부합물이나 종물임을 알수 있도록 구조나 이용관계 등을 적시하여야 할 것이다.

> **◉「감정평가 시 수목에 대한 처리방법」**
>
> 경매평가 대상토지 지상에 소재하는 정원수, 정원석, 석등 등이 있을 수 있으나, 대표적인 부합물로는 수목을 들 수 있다. 수목은 '입목에 관한 법률에 따라 등기된 입목'과 '명인방법을 갖춘 수목'이 아닌 한 부합물로서 감정평가의 대상이 된다는 것이 판례의 입장이다. 대상토지에 식재된 수목은 토지와 별개의 독립한 물건이 아니므로, 별도의 약정이 없는 한 토지의 처분에 당연히 수반된다. 이에 대한 토지상에 수목이 있는 경우 이를 감안하여 평가하여야 한다.

4. 제시 외 건물

경매평가의 법원명령서상에는 일반적으로 제시 외 건물이 있는 경우에는 반드시 그 가액을 평가하고, 제시 외 건물이 경매대상에서 제외되어 그 대지가 소유권의 행사를 제한받는 경우에는 그 가액도 평가하도록 하고 있다. 제시 외 건물은 구조, 면적, 이용상황 등을 기재하고 그로 인한 대상물건의 평가액 및 환가성에 미치는 영향을 기재하여야 한다. 미등기건물의 경우에도 채무자의 소유임이 확인된다면, 건축물대장 등 채무자의 명의로 등기할 수 있는 서류를 첨부하여 집행법원에 의해 등기촉탁할 수 있으며, 이런 절차를 거쳐 강제경매가 가능하게 된다.

5. 다세대주택의 실질을 갖춘 다가구용 단독주택의 공유지분의 평가

구분건물등기가 경료되지 못한 다가구용 단독주택의 공유지분 등기는 일반등기와는 달리 특정부분에 대한 구분소유권을 표창한다고 할 것이다. 따라서, 그 공유지분에 대한 감정평가는 「민사집행법」 제139조 제2항에 따라 건물의 전체가격 중 공유지분의 비율에 따른 가격이 아니라 전체건물 중 해당 구분건물이 점유하고 있는 위치를 반영한 가격이어야 할 것이므로, 해당 특정부분을 다른 부분의 거래가격을 참작하여 구분건물과 같이 토지·건물을 일체로 한 비준가액으로 감정평가하여야 할 것이다.

6. 구분건물의 제시 외 건물로서 감정평가에 포함되어야 할 주요내용

경매대상이 구분건물인 경우에도 현장조사 시 제시 외 건물로 판단하여 감정평가에 포함되어야 할 주요 물건들이 있다. 일반적으로 최상층에 소재하는 다락방, 지하층에 배분된 전용면적, 구조변경으로 확장된 부분, 계단실 등에 설치된 섀시 등이 있다.

7. 건축 중인 건물이 있는 토지

경매 대상 토지 위에 건축 중인 건물이 비록 미완성이지만 기둥, 주벽 및 천장 등을 갖추어 독립한 건물의 요건을 갖춘 경우에는 위 건축 중인 건물 전체를 토지의 부합물로 볼 수 없으므로 경매목적물에서 제외하고 법정지상권 성립가능성을 고려하여야 한다.

8. 대지권이 없는 구분건물의 경우

대지권이 없는 구분건물의 경우 대지권이 없는 사유 및 대지권 등재 시 필요한 내용을 조사하여 대지권을 포함한 가격으로 평가할 것인지 건물만의 가격으로 평가할 것인지를 결정하고 그 사유를 의견란에 기재해 주어야 한다. 구체적인 대지권 포함 여부에 대해서는 저당권 설정 시의 정황, 구체적 특약의 여부, 분양계약사항 등을 면밀히 검토해야 한다.

03 절 도시정비평가

I 도시정비평가의 중요성

도시정비사업은 다수의 이해관계가 얽혀 있으며 사회경제 전반에 미치는 영향이 상당히 크다. 이에 따라, 도시정비평가의 중요성이 강조된다.

II 도시정비평가의 개념

1. 재개발사업

정비기반시설이 열악하고 노후·불량건축물이 밀집한 지역에서 주거환경을 개선하거나 상업지역·공업지역 등에서 도시기능의 회복 및 상권활성화 등을 위하여 도시환경을 개선하기 위한 사업을 의미한다.

2. 재건축사업

정비기반시설은 양호하나 노후·불량건축물에 해당하는 공동주택이 밀집한 지역에서 주거환경을 개선하기 위한 사업을 의미한다.

3. 종전자산평가

분양대상자별 종전의 토지 또는 건축물의 명세 및 사업시행인가의 고시가 있는 날을 기준으로 한 가격에 대한 감정평가를 의미한다. 도시정비사업은 다수의 이해관계가 얽혀 있으며 사회경제 전반에 미치는 영향이 상당히 크다. 이에 따라 도시정비법에서는 정비구역 내 조합원의 권리배분과 관련하여 가장 중요한 절차인 관리처분계획의 수립에 있어서 종전의 토지 및 건축물의 가격평가와 분양예정인 대지 또는 건축시설의 추산액 산정은 감정평가법에 의한 감정평가법인등의 감정평가를 받도록 규정하고 있다(도시 및 주거환경정비법 제74조).

4. 종후자산평가

분양대상자별 분양예정인 대지 또는 건축물의 추산액 산정을 위한 감정평가를 의미한다. 그 추산액은 2인 이상의 감정평가법인등이 평가한 금액을 산술평균하여 산정하도록 하고 있다. 이와 같은 분양예정자산의 평가에는 분양예정 공동주택 이외에도 상가 등 복리시설의 평가를 포함한다. 분양예정자산의 평가액 또는 종전자산 평가액과 함께 관리처분을 위한 기준가격이 된다. 조합원에게 분양되고 남은 공동주택 및 상가 등 복리시설은 일반분양되어 사업비로 충당된다. 이 경우 적정한 분양가 산정을 위한 감정평가를 하는데 이는 법으로 정하여진 필수적 사항은 아니며 원활한 분양을 위하여 사업시행자의 의뢰에 따라 이루어지는 것이다.

항목		재개발사업	재건축사업
평가 여부		필수평가	필수평가
평가의 종류	국공유지	무상귀속·무상양도평가 처분평가	무상귀속·무상양도평가 처분평가
	관리처분 계획수립	종전자산평가 종후자산평가	종전자산평가 종후자산평가
	(조합설립) 미동의자	제39조 협의 및 재결 보상감정평가	제64조 소송평가(매도청구소송)
	청산관련	제73조 협의 및 재결 보상감정평가	제73조 협의 및 소송평가(매도청구소송)

Ⅲ 도시정비평가의 대상

1. 사업시행계획인가의 변경 등으로 감정평가대상이 변경되는 경우

최초 감정평가 시 의뢰목록을 받아 감정평가를 수행하는 중에도 종종 구역면적, 특정무허가 건물면적, 용도지역, 정비기반시설 등의 변경 등의 사유로 사업시행계획(변경)인가가 나는 경우가 있다. 이 경우에는 최초 의뢰목록으로 현장조사를 하였더라도, 조합 등 사업시행자로부터 변경된 목록을 제시받게 되므로, 변경사항을 재확인하여 그에 따라 감정평가하여야 한다.

2. 정비구역과 정비구역이 아닌 지역에 걸쳐 있는 경우

종전자산 감정평가의 목적은 관리처분계획수립, 즉 대상물건 소유자의 권리가액을 산정하기 위한 것이므로, 그 평가대상 목적물은 대상 정비구역 내에 소재한 부동산에 한한다. 따라서 1개의 부동산이 정비구역 내외에 걸치는 경우, 해당 부동산소유자에 대한 관리처분계획 분양설계의 기준이 되는 권리가액·권리면적은 해당 정비구역 편입부분만이며, 정비구역이 아닌 지역에 소재하는 부분은 수용 및 보상 절차에 따라 처리하는 것이 원칙이다.

3. 둘 이상의 정비구역에 걸치는 경우

대상 부동산이 정비구역과 정비구역이 아닌 지역에 걸치는 경우와 달리, 이 경우에는 모두 정비구역에 편입되기는 하나, 정비구역별로 사업진행 단계 및 속도, 사업성이 상이하게 된다. 이는 종전자산 감정평가시기(관리처분계획수립시기)가 상이함에 따라 발생하는 문제이다. 이 경우에는 지자체별로 별도의 처리지침 등을 제정하여 운용하는 경우가 있으므로, 사업시행자가 관련 유권해석 및 인가권자의 의견 등을 종합적으로 고려하여 작성·제시한 목록에 따라 감정평가하면 될 것이다.

Ⅳ 도시정비평가의 감정평가방법

1. 정비기반시설의 무상귀속, 무상양도 협의를 위한 평가

(1) 개요

먼저 정비구역이 지정되고 조합이 설립되어 사업시행자가 결정되면 사업시행자는 도시정비사업의 시행을 위한 시장·군수·구청장으로부터 사업시행계획인가를 얻어야 하는데 사업계획인가를 위한 사업사업시행계획에는 정비기반시설의 무상귀속, 무상양도 목적의 감정평가서가 포함되도록 규정하고 있으므로 사업시행계획인가 신청 이전에 이를 위한 평가가 선행되어야 한다. 이는 시행자가 도시정비사업의 시행으로 새로이 설치한 정비기반시설은 그 시설을 관리할 국가 또는 지방자치단체에 무상으로 귀속되고, 도시정비사업의 시행으로 인하여 용도가 폐지되는 국가 또는 지방자치단체 소유의 정비기반시설은 국유재산법 및 공유재산 및 물품관리법에도 불구하고 그가 새로이 설치한 정비기반시설의 설치비용에 상당하는 범위 안에서 시행자에게 무상으로 양도하도록 하고 있는 규정에 의한 것이다.

(2) 감정평가기준

① 용도폐지되는 정비기반시설의 평가

용도폐지되는 정비기반시설은 국·공유지이므로 국·공유지의 처분평가와 동일한 기준을 적용하여야 한다. 따라서 공익사업에 해당하는 주택재개발사업의 경우 국·공유지의 매각 시 적용되는 국유재산법 또는 공유재산법에 따라 평가하며, 종전자산의 평가기준과 동일하게 평가한다. 도시 및 주거환경정비법에서는 기능이 대체되어 용도폐지되는 국·공유지는 용도가 폐지된 상태를 기준으로 감정평가한다고 규정하고 있다.

② 새로이 설치되는 정비기반시설의 평가

사업시행자가 대체되는 시설로 설치한 도로 등 정비기반시설의 설치비용의 평가는 도시개발법에 따라 일반적으로 원가법에 의하되, 그 정비기반시설의 설치 전의 이용상황을 기준으로 한 소지가격에 형질변경 등 그 시설의 설치에 통상 소요되는 비용 등을 합산한 가액으로 평가할 수 있다. 다만, 평가시점 당시 그 정비기반시설이 설치되지 아니하고 소지 상태로 있거나 그 시설의 설치에 통상 소요되는 비용을 사업시행자 등이 따로 정하는 조건으로 평가의뢰된 경우에는 조성 전 토지의 소지가격으로 평가하는 것이 타당할 것이다. 조성 전 토지의 소지가격은 표준지공시지가를 적용하여 개별필지별로 결정한다.

(3) 감정평가 시 유의사항

국・공유 정비기반시설의 무상귀속・무상양도평가를 한 이후에 동일한 토지에 대하여 관리처분계획의 수립을 위하여 종전자산평가를 하게 되므로 감정평가가격의 결정 시에는 차후에 이루어지는 종전자산평가가격을 염두에 두어야 하며, 양 평가가격 간에 괴리가 없도록 하여야 할 것이다.

2. 종전자산 감정평가

> ● 감정평가 실무기준 730.3.1 : 종전자산의 감정평가
>
> ① 종전자산의 감정평가는 사업시행인가고시가 있은 날의 현황을 기준으로 감정평가하되, 다음 각 호의 사항을 준수하여야 한다.
>   1. 종전자산의 감정평가는 조합원별 조합출자 자산의 상대적 가치비율 산정의 기준이 되므로 대상물건의 유형・위치・규모 등에 따라 감정평가액의 균형이 유지되도록 하여야 한다.
>   2. 해당 정비구역의 지정에 따른 공법상 제한을 받지 아니한 상태를 기준으로 감정평가한다.
>   3. 해당 정비사업의 시행을 직접 목적으로 하여 용도지역이나 용도지구 등의 토지이용계획이 변경된 경우에는 변경되기 전의 용도지역이나 용도지구 등을 기준으로 감정평가한다.
> ② 비교표준지는 해당 정비구역 안에 있는 표준지 중에서 [610-1.5.2.1]의 비교표준지 선정기준에 적합한 표준지를 선정하는 것을 원칙으로 한다. 다만, 해당 정비구역 안에 적절한 표준지가 없거나 해당 정비구역 안 표준지를 선정하는 것이 적절하지 아니한 경우에는 해당 정비구역 밖의 표준지를 선정할 수 있다.
> ③ 적용 공시지가의 선택은 해당 정비구역의 사업시행인가고시일 이전 시점을 공시기준일로 하는 공시지가로서 사업시행인가고시일에 가장 가까운 시점에 공시된 공시지가를 기준으로 한다.

(1) 종전자산 감정평가의 특징

① 상대적 가격균형을 고려한 감정평가

종전자산 감정평가가액은 관리처분 시 조합원이 납부해야 하는 분담금 산정의 기준이 되므로, 절대적 가격보다 상대적 가격, 즉 조합원 간의 형평성과 적정한 가격균형 유지가 중요하다.

② 개발이익 반영 여부

정비사업은 토지등소유자 또는 조합이 향유하여야 한다는 점에서 헌법이 정당보상 목적으로 하는 보상평가와 달리, 상대적 가치 비율의 합리적 산정을 목적으로 하는 종전자산 감정평가에서는 개발이익을 반영하여 평가할 수 있다. 다만, 이 경우에도 개발이익을 반영하여 감정평가할 때 개발이익이 합리적이고 균형성 있게 배분되어야 할 것이다. 특히 문제가 되는 것이 대지지분은 소규모인 집합건물이다. 일반적으로 정비사업 등의 개발사업 시행이 없는 경우에도 집합건물부지는 집합건물이 아닌 일반 단독・다가구주택 및 근린생활시설 부지에 비해 토지를 집약적으로 활용함으로써 최유효이용에 좀 더 근접하였다는 측면에서 높은 가격수준을 형성한다. 그러나 정비사업이 시행되는

경우에는 이러한 정상적인 가격격차에 더하여(주거용 집합건물의 경우) 1필지의 토지에 부여되는 수분양권이 증가함에 따라 이에 따른 예상 기대이익(이른바 '분양권 프리미엄')을 목적으로 하는 거래가 증가하게 된다. 따라서 현실에서 형성되는 가격수준을 기초로 한 집합건물부지의 가격에 자연히 이러한 '분양권 프리미엄'이 반영된다.

이러한 '분양권 프리미엄'은 ㉠ 추후의 단계적 사업진행에 따라 구체화되는 개발이 있을 거래시점 당시 미리 선취하려는 투기적 거래라는 점, ㉡ 해당 정비사업의 시행으로 인해 가격균형이 왜곡되는 전형적인 사례라는 점에서 이를 감정평가액에 반영할 수는 없을 것이다.

따라서 이러한 경우에는 대상 정비구역뿐 아니라 인근의 정비구역이 아닌 지역의 비교가능성 있는 집합건물의 정상적 거래사례를 기준으로 감정평가하여야 할 것이며, 또한 해당 정비구역 내 집합건물부지가 아닌 일반 토지가격과의 균형 등을 종합적으로 고려하여야 할 것이다.

(2) 종전자산 감정평가방법

① 해당 사업으로 인한 공법상 제한 배제 평가

종전자산의 감정평가 시 정비구역의 지정은 그 공법상 제한이 해당 공익사업의 시행을 직접 목적으로 하여 가하여진 개별적 제한사항에 해당되므로, 그 공법상 제한을 받지 아니하는 상태를 기준으로 하여 감정평가하여야 한다.

② 객관적 기준 · 현황기준 평가

종전자산의 평가는 기준시점에 있어서 일반적인 이용방법에 의한 객관적인 상황을 기준으로 평가하여야 한다. 또한, 대상물건의 소유자가 생각하고 있는 주관적 가치, 대상물건을 특별한 용도에 사용할 것을 전제한 이용가치, 일시적인 이용상태, 지적공부상의 지목 등을 고려하지 않고 객관적이며 일반적인 이용상태에 따라 평가하여야 한다.

③ 건축물 등이 없는 상태 상정평가

정비구역 내 종전자산의 평가에 있어 이와 같은 평가조건이 필요한 이유는 다음과 같다. 부동산가격은 적합의 원칙, 균형의 원칙, 최유효이용의 원칙 등에 의해 형성되고 유지되는 것이므로 부동산 평가에 있어서 토지와 지상건물의 이용이 주위환경에 부적합하다든가 서로 균형을 유지하지 못하는 경우에는 그 효용성이 저하되어 해당 토지의 가치가 감가되는데 이를 건부감가라 한다. 일반적으로 정비구역 내의 토지 및 건물 등은 정비구역의 지정고시일부터 건물의 증축, 개축의 금지 등 각종 행위제한을 받게 되어 제한을 받지 않는 인근의 토지와 건물보다 노후 · 불량하여 최유효이용이 되지 못하는 등 건부감가 요인이 많이 작용하게 된다. 그런데 이를 토지소유자의 부담으로 하는 것은 공평 · 정당원칙에 반하므로 토지를 평가함에 있어 건부감가 요인을 고려하지 않고 평가하여야 한다.

④ 비교표준지 선정기준

정비구역은 통상 상당히 넓은 면적으로 지정이 되므로 해당 정비구역 내에도 여러 필지의 표준지가 소재하는 경우가 많으며, 구역 내 표준지들은 각각 그 일대의 가격수준 및 토지특성을 반영하고 있는바, 이를 기준으로 구역 내 각각의 토지들을 감정평가하는 것이 바람직할 것이다. 따라서 해당 정비구역 안에 있는 표준지를 선정하는 것을 원칙으로 하고 있다.

(3) 종전자산 감정평가 시 유의사항

1) 토지·건축물이 아닌 기타 물건

종전자산 감정평가의 목적물은 해당 정비구역 내 소재한 토지 및 건축물에 한한다. 따라서, 토지·건축물이 아닌 기타 지장물, 영업권은 종전자산 감정평가의 대상이 아니다.

2) 멸실된 부동산을 감정평가하여야 하는 경우

① 「도시 및 주거환경 정비법」 제81조 제3항에 해당하는 경우

안전사고·우범지대화의 우려가 있는 경우 소유자의 동의와 시장·군수의 허가를 얻어 관리처분계획인가 전이라도 먼저 철거할 수 있으나, 이러한 철거가 소유자로서의 권리·의무에 영향을 주는 것은 아니다. 철거대상 부동산에 대한 물건조서와 사진 또는 영상자료를 만들어 이를 착공 전까지 보관하여야 한다. 이러한 경우에는 정상적으로 해당 멸실 건물에 대한 종전자산 감정평가를 진행하여야 할 것이다.

② 건물이 소실·멸실되어 사회통념상 건물로 볼 수 없는 경우

원칙적으로 종전자산 감정평가의 대상이 아니라고 하여야 할 것이다. 다만, 예외적으로 멸실되더라도 감정평가의 대상으로 인정한 사례가 있음에 유의해야 한다. 따라서, 사업시행자의 최종적인 판단에 따라 처리하되, 관련 유관기관에 유권해석 등을 통해 감정평가 가능 여부에 대해 충분한 검토를 하여야 한다.

3. 종후자산 감정평가

> ▶ 감정평가 실무기준 730.3.2 : 종후자산의 감정평가
>
> ① 종후자산의 감정평가는 분양신청기간 만료일이나 의뢰인이 제시하는 날을 기준으로 하며, 대상물건의 유형·위치·규모 등에 따라 감정평가액의 균형이 유지되도록 하여야 한다.
> ② 종후자산은 인근지역이나 동일수급권 안의 유사지역에 있는 유사물건의 분양사례·거래사례·평가선례 및 수요성, 총 사업비 원가 등을 고려하여 감정평가한다.

(1) 종후자산 감정평가방법

① 종후자산 감정평가의 기준시점

종후자산의 감정평가는 분양신청기간 만료일이나 의뢰인이 제시하는 날을 기준으로 한다. 다만, 종후자산 감정평가 시 분양신청기간 만료일까지는 종후자산 감정평가의 주요 변수인 정비사업비 추산액이 확정되지 않는 경우가 대부분인 점 등을 고려하면, 현실적으로 기준시점이 분양신청기간 만료일로 되는 경우는 그리 많지 않을 것으로 보인다. 따라서 사업시행자에게 별도로 기준시점을 서면으로 제시받는 것이 타당할 것이다. 또한 상당한 규모의 사업계획변경이나, 당초 분양신청기간 만료일 후 상당한 기간의 경과와 부동산가격의 변동이 수반되어 사업시행자가 별도의 기준일을 서면으로 제시하는 경우 역시 제시받은 날을 기준시점으로 할 수 있을 것이다.

② 분양구분과 종후자산평가대상

주택공급을 주목적으로 하는 정비사업의 특성상 종후자산은 조합원분양분과 일반분양분으로 구분되며, 일반분양분은 추후 분양가상한제라는 별도의 분양가격 결정절차가 예정되어 있는바, 종후자산 감정평가는 분양예정자산 전체(일반분양분 포함)를 조합원분양분으로 보아 감정평가하는 것이다.

③ 평가기준 및 방법

종후자산 감정평가는 기준시점 당시 현재 착공 전 상태이므로, 대상 부동산(공동주택, 근린생활시설 등)이 적법하게 완공된 상태를 전제로 감정평가하는 조건부 평가이다. 종후자산을 감정평가할 때에는 인근지역이나 동일수급권 안의 유사지역에 있는 유사물건의 분양사례·거래사례·평가선례 및 수요성 등과 해당 사업에 드는 총 사업비 등 원가를 고려한다. 다만, 시·도의 조례에 별도의 규정이 있을 때에는 그에 따라서 감정평가를 하여야 한다.

(2) 종후자산 감정평가 시 유의사항

① 분양예정인 대지 또는 건축물에 대한 종후자산의 감정평가액은 종전자산 감정평가액과 함께 관리처분을 위한 기준가격이 되므로, 상대적인 가격균형의 유지가 무엇보다도 중요하다.

② 특히, 분양예정 공동주택을 평가할 경우 규모별·층별·향·위치별 효용 차이를 적정하게 산정하여 이를 반영하여야 한다.

4. 국·공유재산의 처분을 위한 감정평가

> ● 감정평가 실무기준 730.3.3 : 국·공유재산의 처분을 위한 감정평가
>
> 국·공유재산의 처분을 위한 감정평가는 사업시행인가고시가 있은 날의 현황을 기준으로 감정평가하되, 다음 각 호의 어느 하나에 해당하는 경우에는 그에 따를 수 있다.
> 1. 재개발사업 등의 사업구역 안에 있는 국·공유지를 사업시행자에게 매각하는 경우로서 도로 등의 지목을 "대"로 변경하여 감정평가를 의뢰한 경우에는 "대"를 기준으로 그 국·공유지의 위치·형상·환경 등 토지의 객관적 가치형성에 영향을 미치는 개별적인 요인을 고려한 가액으로 감정평가한다.
> 2. 재건축사업구역 안에 있는 국·공유지는 공부상 지목에도 불구하고 "대"를 기준으로 그 국·공유지의 위치·형상·환경 등 토지의 객관적 가치형성에 영향을 미치는 개별적인 요인 등을 고려한 가액으로 감정평가한다.
> 3. 도시정비법 제66조 제6항 단서에 따라 사업시행인가고시가 있은 날부터 3년이 지난 후에 매매계약을 체결하기 위한 국·공유재산의 감정평가는 가격조사 완료일의 현황을 기준으로 감정평가한다.

(1) 사업시행자가 '대'를 기준으로 한 감정평가를 의뢰한 경우

국·공유재산의 처분 위한 감정평가는 사업시행인가고시가 있은 날의 현황을 기준으로 평가함이 원칙이다. 그러나 국가와 지자체에서는 「도시 및 주거환경정비법」에서와 같이 국·공유재산은 해당 사업시행계획인가고시일부터 용도가 폐지된 것으로 보게 되므로, 이에 대한 감정평가는 도로 등의 경우 대부분 용도폐지가 되면 대지로 이용하게 될 것이므로 종래의 국·공유지의 상태(도로, 구거 등)가 아닌 '대'를 기준으로 평가할 것을 요청한다. 재개발사업의 경우에는 사업시행자의 요청으로 현황에 불구하고 '대'를 기준으로 감정평가를 의뢰받은 경우 대지로 평가한다는 점을 유의하여야 하고, 이때에도 국·공유지의 위치·형상·환경 등 토지의 객관적 가치형성에 영향을 미치는 개별적인 요인을 고려하여 평가하여야 할 것이다.

(2) 사업시행계획인가고시일부터 3년 이내에 매매계약이 체결되지 않은 경우

「도시 및 주거환경정비법」 규정에 의하여 「국유재산법」 또는 「공유재산 및 물품 관리법」의 관계규정에 따라 감정평가하여야 한다. 이때 매각대상자가 누구인지에 따라 감정평가 방법이 달라진다.

먼저 정비구역 안에 있는 국·공유재산을 그 점유자 또는 사용자에게 매각하는 경우에는 「국유재산법 시행령」 또는 「공유재산 및 물품 관리법」의 규정에 의하여 가격시점 당시의 해당 토지의 시가 등을 참작하여 감정평가한다. 반면, 정비구역 내 비점유 국·공유지를 사업시행자(조합)에게 매각하는 경우에는 정비사업이 「토지보상법」 제2조 제2호에서 규정한 공익사업에 해당되므로, 「국유재산법 시행령」 또는 「공유재산 및 물품 관리법 시행령」의 규정에 따라 국가·지자체의 요청이 있을 경우 「토지보상법」의 관계규정에 의하여 평가할 수 있을 것이다.

구분	3년 이내	3년 이후
적용 근거	도시정비법 제98조	국유재산법 및 공유재산법
기준시점	사업시행계획인가고시일	가격조사완료일
적용공시지가	사업시행계획인가고시일 기준시점 당시 최근	사업시행계획인가고시일 3년 이후 기준시점 당시 최근
이용상황	착공 전 상태	현황

5. 매도청구 감정평가(재건축사업)

> ● 감정평가 실무기준 730.3.4 : 매도청구에 따른 감정평가
>
> 재건축사업구역 안의 토지 등에 대한 도시정비법 제39조의 매도청구에 따른 감정평가는 법원에서 제시하는 날을 기준으로 한다. 다만, 기준시점에 현실화·구체화되지 아니한 개발이익이나 조합원의 비용부담을 전제로 한 개발이익은 배제하여 감정평가한다.

(1) 매도청구와 매도청구권의 의의

매도청구는 재건축사업을 시행할 때 조합설립 부동의자 등에 대해 그 소유 토지 등을 시가에 매도할 것을 청구하는 것으로, 매도청구권은 재건축에 참가하는 토지 등 소유자가 재건축에 불참한 토지 등 소유자에 대하여 일정한 절차를 거쳐 토지·건물의 매도를 청구하는 권리를 말한다.

(2) 매도청구 감정평가방법

① 매도청구 소송감정의 기준시점은 '매매계약 체결 의제일'인바, 감정평가실무상으로는 법원의 감정명령서에 제시된 일자를 기준으로 하면 될 것이다.

② 기준시점에 현실화·구체화되지 아니한 개발이익이나 조합원의 비용부담을 전제로 한 개발이익은 배제하여 감정평가한다.

> ● 시가의 의미 및 감정평가방법
>
> ■ 판례의 입장
> 대판 1996.1.23, 95다38712 이후 매도청구소송에서의 '시가' 개념이 해당 재건축사업으로 인해 발생할 것으로 예상되는 개발이익이 포함돼야 한다는 점을 일관되게 유지하고 있다. 개발이익이 배제된 보상가격으로 소유권을 취득하는 재개발사업 등과 예상 개발이익을 포함하는 재건축사업과의 비교는 입법정책의 문제로서 여기서 논하는 '시가'의 개념과는 다른 차원의 문제라 할 것이다.

> ■ **대판 1996.1.23, 95다38712**
> 이 사건 소송감정인은 재건축으로 인한 예상 개발이익이 반영되지 않은 노후되어 철거될 상태를 전제로 한 현 상태대로의 가격을 먼저 구하고 여기에 예상 개발이익 상당액을 합산하여 평가하는 방법을 채택하였고, 예상 개발이익 반영 전 현 상태대로의 가격은 공동주택에 대한 일반적인 평가방법인 토지와 건물을 일체로 한 거래사례비교법이 아니라 토지와 건물 각각의 가격을 원가법으로 구하였다는 점에 유의하여야 할 것이다. 왜냐하면, 재건축 결의 후 형성되는 거래가격에는 이미 재건축으로 인한 예상 개발이익이 반영되어 있다고 보아야 할 것이므로, '노후되어 철거될 상태를 전제로 한 현 상태대로의 가격'을 아파트 거래가격을 기준으로 한 거래사례비교법으로 구하게 되면 재건축으로 인한 개발이익이 이중 반영되기 때문이다.

(3) 매도청구 감정평가 시 유의사항

① 공부의 표시와 현황이 불일치하는 경우

실무상으로는 감정명령서에 기재된 감정평가대상을 목적물로 하면 될 것이나, 현장조사 결과 법원의 감정명령서 또는 공부상의 물건표시와 현황이 불일치하는 경우에는 감정평가서에 이러한 내용과 현황을 기준으로 감정평가한다는 취지를 기재하고 현황을 기준으로 평가한다.

② 영업손실보상금 등의 포함 여부

매도청구는 그 성격상 실질적으로는 공용수용과 같다는 점, 단독주택 재건축사업의 경우 공동주택 재건축과 달리 부동산 유형별 구성이 재개발과 유사하고, 잡화점, 세탁소, 음식점 등 비교적 소규모의 상인이 많아 영업손실보상금 지급의 필요성이 매우 큰 점 등을 근거로 단독주택 재건축사업에서 매도청구의 상대방에게 영업손실보상금을 지급하여야 한다거나, '종래의 생활환경이 손상됨에 따른 손실상당액'이 '시가'에 포함되어야 한다는 주장이 많이 제기되고 있다. 그러나 그 타당성 여부를 떠나 이는 입법정책의 문제로서 「토지보상법」을 준용·적용할 수 있는 공익사업에 해당하지 않는 재건축사업의 매도청구소송의 '시가'에 이러한 영업손실보상금 등이 포함된다고 할 수는 없을 것이다.

③ 매도청구소송 '시가' 감정평가 시 유의할 점

'시가'의 의미는 노후되어 철거될 상태를 전제로 한 가격이 아님을 강조하기 위한 것으로서, 토지·건물 일체로 거래되는 가격, 즉 재건축결의 및 조합설립인가에 따라 시장에서 형성·반영되고 있는 개발이익 모두를 반영하라는 의미로 해석되어야 한다. 그렇지만 재건축사업의 주체로서의 조합원이 지는 리스크나 향후 현실화·구체화되지 아니한 개발이익까지 개발이익으로 기준시점 당시에 반영하라는 의미로 해석할 수는 없다. 다만, 매도청구소송에 의한 매매계약은 당사자가 자율적으로 체결한 매매가 아닌 사법절차에 의한 매매라는 점에서 그 이익을 어느 일방에게 귀속시켜서는 아니 된다는 점 등을 유의하여 감정평가하여야 할 것이다.

6. 현금청산 감정평가(재개발사업)

> ● 감정평가 실무기준 730.3.5 : 토지 등의 수용 등에 따른 감정평가
>
> 도시정비사업구역 안 토지 등의 수용 등에 따른 감정평가는 「공익사업을 위한 토지 등의 취득 및 보상
> 에 관한 법률」 및 [800 보상평가]에 따라 감정평가한다.

(1) 현금청산 감정평가방법

도시정비사업구역 안 토지 등의 수용 등에 따른 감정평가는 「공익사업을 위한 토지 등의 취득 및 보상에 관한 법률」에 따라 감정평가한다. 정비사업 중 주택재개발사업의 사업시행자는 「도시 및 주거환경정비법」 제63조에 의거하여 정비구역 안에서 그 사업을 위하여 필요한 토지·건축물 기타의 권리를 수용할 수 있으며, 수용 또는 사용에 관하여는 「도시 및 주거환경정비법」에 특별한 규정이 있는 경우를 제외하고는 「토지보상법」이 준용되며, 사업시행인가를 「토지보상법」에 의한 사업인정으로 본다. 이 경우 재결신청은 「토지보상법」의 규정에 불구하고 사업시행기간 내에 행하여야 한다. 따라서 이러한 경우에는 보상감정평가(수용재결평가·이의재결평가)가 필요하게 된다.

「도시 및 주거환경정비법」 제63조 규정에 의거 토지 등의 수용 또는 사용할 수 있는 정비사업구역 안의 토지 등에 대한 현금청산 감정평가 및 수용에 따른 감정평가는 「도시 및 주거환경정비법」 제65조의 규정에 의거 「토지보상법」의 규정을 준용·적용하여 평가하므로, 해당 정비사업으로 인한 개발이익을 배제하여 감정평가하여야 한다.

(2) 현금청산 감정평가 시 유의사항

① 「토지보상법」의 준용

재개발사업에서의 현금청산 감정평가·협의보상 감정평가는 이렇게 보상평가법리를 준용·적용하게 되므로, 해당 정비사업으로 인한(그 실현여부를 떠나) 일체의 가격변동을 배제한 가격으로 평가하게 된다는 점을 유의해야 한다. 이 경우 현금청산자·수용대상자의 종전자산평가액, 비례율, 분담금, 조합원 입주권의 프리미엄, 부동산 경기상황 등을 종합적으로 참작하여 평가함에 유의해야 한다.

② 종전자산 평가가격과의 차이

재개발사업의 경우 해당 정비사업으로 인한 가격변동분 중 미실현분을 배제하고 가격균형이 유지되는 선에서 현실화·구체화된 부분을 반영하는 종전자산 평가가격과 현금청산 평가가격과는 상이할 수 있다. 즉, 양 평가의 가격시점이 동일하고 대상물건의 면적사정 기준이 동일하다고 하면 종전자산 평가가격이 현금청산 평가가격보다 더 높을 수 있을 것이다(다만, 재건축사업에서는 해당 재건축사업으로 인한 적정 개발이익이 포함된 '시가'에 따라 매도청구를 하게 되므로 이와는 다름에 유의하여야 한다).

구분	종전자산평가	보상평가
평가목적	관리처분계획수립	손실보상(정당보상)
평가의 주안점	형평성 유지	개발이익을 배제한 정당한 시가
개발이익 배제범위	개발이익을 반영하여 평가 가능	해당 공익사업으로 인한 일체의 개발이익 배제
기준시점	사업시행계획인가(변경)고시일	계약체결일(협의), 수용재결일(재결)
평가대상	토지 및 건축물 공부면적기준	토지, 지장물 일체(건물, 구축물, 공작물, 영업보상, 기타 권리 등) 현황 측량성과 기준
평가기법	토지보상법 제70조 제5항 미적용 주거용 건물 평가방법 : 원가법(집합건물은 거래사례비교법) 주거용 건축물 보상특례 미적용	토지보상법 제70조 제5항 적용 주거용 건물 평가방법 : 원가법 및 거래사례비교법(집합건물은 거래사례비교법) 주거용 건축물 보상특례 적용

04 절 재무보고평가

> **감정평가 실무기준 740 : 재무보고평가**

1 적용 및 정의

① 「주식회사의 외부감사에 관한 법률」(이하 "외감법"이라 한다) 제13조 제3항의 회계처리기준에 따른 재무보고를 목적으로 하는 공정가치의 추정을 위한 감정평가(이하 "재무보고평가"라 한다) 를 수행할 때에는 감정평가관계법규 및 한국채택국제회계기준(K-IFRS)에서 따로 정한 것을 제 외하고는 이 절에서 정하는 바에 따르고, 이 절에서 정하지 않은 사항은 [100 총칙]부터 [600 물건별 감정평가]까지의 규정을 준용한다.

② 이 절은 국가·지방자치단체·공공기관의 자산과 시설에 대한 재평가 및 회계업무 등과 관련된 감정평가를 할 때에 준용한다.

2 재무보고평가의 대상 및 확인사항

① 재무보고평가의 대상은 회사·국가·지방자치단체·공공기관의 재무제표에 계상되는 유형자 산·무형자산·유가증권 등의 자산 및 관련 부채와 재평가를 위한 시설 등의 자산으로서 의뢰 인이 감정평가를 요청한 물건으로 한다.

② 재무보고평가를 할 때에는 다음 각 호의 사항을 의뢰인과 협의하여 명확히 확인하여야 한다.

1. 의뢰인의 재무제표상의 자산분류 기준과 감정평가서에 표시될 감정평가 목록 분류의 기준 의 일치 여부
2. 대상 자산에 대한 담보설정 등 소유권에 대한 제한사항의 내용
3. 기준가치
   ① 재무보고평가는 공정가치를 기준으로 감정평가한다.
   ② 제1항의 공정가치는 한국채택국제회계기준에 따라 자산 및 부채의 가치를 추정하기 위 한 기본적 가치기준으로서 합리적인 판단력과 거래의사가 있는 독립된 당사자 사이의 거래에서 자산이 교환되거나 부채가 결제될 수 있는 금액을 말한다.

Ⅰ 재무보고평가의 중요성

현재 적용되는 한국채택국제회계기준(K-IFRS)의 특징 중 하나는 기업의 재무제표에 계상된 모든 분류의 자산 및 부채에 대하여 역사적 취득원가가 아닌 공정가치를 기준으로 금액을 측 정할 수 있다는 데에 있다. 따라서 재무제표에 계상된 자산 및 부채의 공정가치 측정과 관련하 여 기업의 감정평가 수요는 증가할 것으로 예상된다.

Ⅱ 감정평가사에 의한 유형자산 재평가가 이루어져야 하는 논리

1. 부동산의 특성 및 가격형성요인의 복잡성

부동산은 고정성, 부증성, 영속성, 개별성 등의 자연적 특성으로 일반재화와 다른 가격결정 구조를 가진다. 또한, 부동산가격은 가격형성요인이 복잡 다양하고 항상 변동의 과정에 있으며 부동산의 고정성으로 복잡한 법적 제한을 받는바, 전문가인 평가 주체에 의한 적정가격의 지적이 필요하다.

2. 일정한 기준 및 통일된 방법의 부재

부동산은 규격화된 단위와 이용방법으로만 사용되지 않으며, 경제적인 상황과 사회적인 상황 및 행정적, 법률적 조건에 따라서 다양한 이용방법과 형태를 가지고 사용되고 있으므로 일정한 기준과 통일된 방법으로 부동산의 가격을 결정하는 것은 불가능하다. 부동산의 가격은 감정평가를 통하여 객관적이고 실체적인 가격에 접근하는 것이며 사회적인 합의를 도출하기 위한 감정평가제도가 필요한 것이다.

3. 감정평가가격정보 체계의 구축

감정평가업자들은 객관적인 가격 판단 및 검증을 위하여 장기간 가격정보 체계를 구축하고 있다. 부동산의 가격산정은 주관개입 가능성이 높은바, 실거래가 외에도 다양한 가격정보를 통하여 검증하고 객관화시킬 필요가 있다. 그러므로 가격정보 체계를 가장 잘 구축하고 이를 바탕으로 감정평가사의 객관적인 가격지적이 요구된다.

4. 검토

국제회계기준에서는 유형자산의 공정가치가 독립된 평가전문가의 가치평가에 근거한 정도는 물론이고, 대상 부동산의 인근지역에서 최근 유사부동산을 평가한 경험을 요구하고 있다. 그리고 이러한 평가가 수행되지 않은 경우에는 그 사실을 공시토록 하고 있으므로 공정가치 평가 시 반드시 감정평가사에 의한 독립된 가치측정이 이루어질 수 있도록 하여야 할 것이다.

Ⅲ 재무보고평가의 기준가치

1. 공정가치의 의의

공정가치란 한국채택국제회계기준에 따라 자산 및 부채의 가치를 추정하기 위한 기본적 가치기준으로서 합리적인 판단력과 거래의사가 있는 독립된 당사자 사이의 거래에서 자산이 교환되거나 부채가 결제될 수 있는 금액을 말한다.

2. 공정가치와 시장가치의 비교

(1) 공통점

① 시장증거에 근거한 가치

공정가치는 시장증거에 근거하였는지 여부를 밝히도록 하고 있다. 시장가치도 시장분석을 통해 시장증거를 수집, 분석하여 가치가 도출된 것으로 양자 모두 시장증거에 기초한다.

② 존재가치의 성격

존재가치란 현실의 시장상황을 반영하는 가치이고, 당위가치란 현상보다 원인을 중시하는 가격개념이다. 각 가격개념은 모두 시장증거에 기초하고 이상적·당위적 시장상황을 전제하거나 규범적 가치판단이 개입되지 않는다는 점에서 존재가치의 성격을 지닌다.

③ 가치3면성의 반영

양 가치개념은 모두 시장성, 비용성, 수익성을 종합·고려하여 결정되는 점이 동일하다. 따라서, 구체적으로 감정평가 3방식이 적용되고, 도출된 시산가액을 적절히 조정하여 가치결론을 내린다.

④ 가치의 기능

부동산시장은 불완전시장이므로 시장가치와 공정가치는 균형가격의 역할을 대신하여 자원분배와 수급조정기능을 수행한다.

(2) 차이점

① 시장가치 외의 가치 여부

기업회계 관련 공정가치 평가가 항상 시장가치 외의 가치가 되는 것은 아니다. 그러나 공정가치에 시너지효과가 반영되거나 부도기업의 청산가치를 구하는 경우처럼 특정한 조건이 수반되는 경우에는 시장가치 외의 가치의 성격을 갖는 경우가 있다는 점에서 시장가치와 차이점이 있다.

② 시장의 전제 여부

기업자산의 특수성으로 인하여 공정가치가 반드시 시장을 전제로 형성되는 가치는 아닐 수 있다.

③ 적용분야

시장가치는 일반적으로 부동산의 평가 시에 적용되는 개념이나, 공정가치는 기업자산을 재무보고목적으로 평가할 때 적용되는 가치개념이다.

Ⅳ K-IFRS 부동산 공정가치 평가의 문제점과 대응방안

1. 평가와 접근방법의 차이

(1) 문제점

공정가치 개념은 불확정성이 있다. 또한 각 기관 또는 국제적인 기구의 공정가치 정의 자체가 다르다는 것도 혼란의 원인이다. 이는 해석의 문제가 발생하며, IFRS는 원칙 중심의 회계기준이기 때문에 어떤 합리적인 근거에 따라 접근할 것인가가 과제이다. 원가에 치중하는 회계와 미래 편익을 고려하는 평가의 기본 사고방식의 차이는 공정가치 측정기준을 어디에 둘 것인가 하는 논의를 제기하게 된다.

(2) 대응방안

회계분야에서 공정가치 개념과 공정가치 측정을 배타적인 영역으로 인식하고, 시장에 근거한 자료만을 중시하는 경향은 평가의 본질을 재고하게 한다. 공정가치 평가에서 다양한 가정과 조건은 시장가치와 차이가 있다. 평가이론상 가치, 가격을 재논의하여 독자적인 자산평가이론의 영역을 확고히 해야 한다.

2. 평가주체

(1) 문제점

공정가치는 역사적 원가주의보다 재무제표이용자의 의사결정에 더 유용한 측정기준이지만, 평가하는 구체적인 기준이 없기 때문에 기업이 자의적으로 이용할 여지가 있다. 목적적합성에서는 우월하지만, 신뢰성에는 문제가 있다.

(2) 대응방안

공정가치 평가는 전문성과 독립성을 갖춘 감정평가기관이 해야 하며, 또한 그 역할이 중요하다. 회계사가 해야 한다는 주장이 있으나, 회계감사 업무를 하며 동시에 그 감사대상 자산의 공정가치를 평가한다는 것은 신뢰성을 확보하기 어렵다. 따라서 전문성이 있는 감정평가사가 공정가치를 평가하는 것이 법의 목적에 부합하고 자산가치에 신뢰성을 부여하는 길이다.

3. 공정가치의 신뢰성

(1) 문제점

IFRS는 유럽의 주도하에 제정되었기 때문에 경제 및 사회환경이 유사하지 않은 국가들은 이 기준을 수용하는 것이 오히려 회계정보의 투명성과 유용성을 저하시킬 수 있다. 게다가

부동산은 자산고유의 특성으로 불완전시장에서 거래되기 쉽기 때문에 그 결과를 신뢰하고 이해하기 어려운 측면이 있다.

(2) 대응방안

한국의 IFRS 채택이 국제적으로 신뢰를 얻기 위해서는 공정가치 평가가 전문성과 합리성을 구비한 감정평가사가 하는 것이 타당함을 드러내야 한다. 이를 위해서는 AI, IVSC뿐만 아니라 다양한 국제적인 학문 및 실무분야 단체나 기구와 교류하여 신뢰를 높여야 한다.

4. 공정가치의 공시

(1) 문제점

K-IFRS 공정가치 평가의 목적은 정보의 신뢰성보다는 정보의 유용성에 있다. 따라서 회계정보 이용자가 의사결정에 유용한 정보 여부를 선별할 수 있어야 한다. 일반인이 공정가치 평가 결과를 인지하고 자료에 접근하거나 그 결과를 분별하기는 어렵다.

(2) 대응방안

공정가치 평가의 결과는 의뢰인뿐만 아니라 대상기업과 관계되는 투자자, 채권자 등 일반인에게도 그 영향을 미치며 의사결정을 위한 기준이 된다. 따라서 평가협회 차원의 공정가치 평가 결과를 분석할 수 있는 자료와 가정 및 조건에 대한 안내 등의 홍보가 필요하다.

05 절 표준지공시지가 조사 · 평가

I 과세평가의 중요성 및 특징

과세평가는 부동산의 적정가격 형성과 각종 조세 · 부담금 등의 형평성을 도모하여 국민경제의 발전에 이바지함을 목적으로 한다는 특징이 있으므로 중요성이 높다.

II 과세목적의 감정평가방법

1. 공시지가제도

구분	종류	조사자	결정공시
토지	표준지공시지가	감정평가사	국토교통부장관
	개별공시지가	시 · 군 · 구 담당 공무원	시장 · 군수 · 구청장
주택	표준주택가격	한국부동산원	국토교통부장관
	개별주택가격	시 · 군 · 구 담당 공무원	시장 · 군수 · 구청장
	공동주택가격	한국부동산원	국토교통부장관
비주거용	표준부동산	감정평가법인 · 한국부동산원	국토교통부장관
	개별부동산	시 · 군 · 구 담당 공무원	시장 · 군수 · 구청장
	집합부동산	감정평가법인 · 한국부동산원	국토교통부장관

2. 표준지공시지가

(1) 표준지공시지가의 조사 · 평가기준(적 · 실 · 나 · 공 · 개 · 일)

> **표준지공시지가 조사 · 평가기준**
>
> **제15조(적정가격 기준평가)**
> ① 표준지의 평가가격은 일반적으로 해당 토지에 대하여 통상적인 시장에서 정상적인 거래가 이루어지는 경우 성립될 가능성이 가장 높다고 인정되는 가격(이를 "적정가격"이라 한다)으로 결정하되, 시장에서 형성되는 가격자료를 충분히 조사하여 표준지의 객관적인 시장가치를 평가한다.
>
> **제16조(실제용도 기준평가)**
> 표준지의 평가는 공부상의 지목에 불구하고도 공시기준일 현재의 이용상황을 기준으로 평가하되, 일시적인 이용상황은 이를 고려하지 아니한다.
>
> **제17조(나지상정평가)**
> 표준지의 평가에 있어서 그 토지에 건물이나 그 밖의 정착물이 있거나 지상권 등 토지의 사용 · 수익을 제한하는 사법상의 권리가 설정되어 있는 경우에는 그 정착물 등이 없는 토지의 나지상태를 상정하여 평가한다.

제18조(공법상 제한상태 기준평가)

표준지의 평가에 있어서 공법상 용도지역·지구·구역 등 일반적인 계획제한사항뿐만 아니라 도시계획시설 결정 등 공익사업의 시행을 직접목적으로 하는 개별적인 계획제한사항이 있는 경우에는 그 공법상 제한을 받는 상태를 기준으로 평가한다.

제19조(개발이익 반영평가)

① 표준지의 평가에 있어서 다음 각 호의 개발이익은 이를 반영하여 평가한다. 다만, 그 개발이익이 주위환경 등의 사정으로 보아 공시기준일 현재 현실화·구체화되지 아니하였다고 인정되는 경우에는 그러하지 아니하다.
  1. 공익사업의 계획 또는 시행이 공고 또는 고시됨으로 인한 지가의 증가분
  2. 공익사업의 시행에 따른 절차로서 행하여진 토지이용계획의 설정·변경·해제 등으로 인한 지가의 증가분
  3. 그 밖에 공익사업의 착수에서 준공까지 그 시행으로 인한 지가의 증가분
② 제1항의 규정에 의하여 개발이익을 반영함에 있어서 공익사업시행지구 안에 있는 토지는 해당 공익사업의 단계별 성숙도 등을 고려하여 평가하되, 인근지역 또는 동일수급권 안의 유사지역에 있는 유사용도 토지의 지가수준과 비교하여 균형이 유지되도록 하여야 한다.

제20조(일단지의 평가)

① 용도상 불가분의 관계에 있는 2필지 이상의 일단의 토지(이하 "일단지"라 한다) 중에서 대표성이 있는 1필지가 표준지로 선정된 때에는 그 일단지를 1필지의 토지로 보고 평가한다.
② 제1항에서 "용도상 불가분의 관계"라 함은 일단지로 이용되고 있는 상황이 사회적·경제적·행정적 측면에서 합리적이고 해당 토지의 가치형성 측면에서도 타당하다고 인정되는 관계에 있는 경우를 말한다.
③ 개발사업시행예정지는 공시기준일 현재 관계 법령에 의한 해당 사업계획의 승인이나 「공익사업을 위한 토지 등의 취득 및 보상에 관한 법률」 제20조에 따른 사업인정(다른 법률에 따라 사업인정으로 보는 경우를 포함한다. 이하 같다)이 있기 전에는 이를 일단지로 보지 아니한다.
④ 2필지 이상의 토지에 하나의 건축물(부속건축물을 포함한다)이 건립되어 있거나 건축 중에 있는 토지와 공시기준일 현재 나지상태이나 건축허가 등을 받고 공사를 착수한 때에는 토지소유자가 다른 경우에도 이를 일단지로 본다.
⑤ 2필지 이상의 일단의 토지가 조경수목재배지, 조경자재제조장, 골재야적장, 간이창고, 간이체육시설용지(테니스장, 골프연습장, 야구연습장 등) 등으로 이용되고 있는 경우로서 주위환경 등의 사정으로 보아 현재의 이용이 일시적인 이용상황으로 인정되는 경우에는 이를 일단지로 보지 아니한다.
⑥ 일단으로 이용되고 있는 토지의 일부가 용도지역 등을 달리하는 등 가치가 명확히 구분되어 둘 이상의 표준지가 선정된 때에는 그 구분된 부분을 각각 일단지로 보고 평가한다.

(2) 표준지공시지가의 조사·평가방법

> **표준지공시지가 조사·평가기준**
> **제21조(평가방식의 적용)**
> ① 표준지의 평가는 거래사례비교법, 원가법 또는 수익환원법의 3방식 중에서 해당 표준지의 특성에 가장 적합한 평가방식 하나를 선택하여 행하되, 다른 평가방식에 의하여 산정한 가격과 비교하여 그 적정 여부를 검토한 후 평가가격을 결정한다. 다만, 해당 표준지의 특성 등으로 인하여 다른 평가방식을 적용하는 것이 현저히 곤란하거나 불필요한 경우에는 하나의 평가방식으로 결정할 수 있으며, 이 경우 제14조에 따른 조사·평가보고서에 그 사유를 기재하여야 한다.
> ② 일반적으로 시장성이 있는 토지는 거래사례비교법으로 평가한다. 다만, 새로이 조성 또는 매립된 토지는 원가법으로 평가할 수 있으며, 상업용지 등 수익성이 있는 토지는 수익환원법으로 평가할 수 있다.
> ③ 시장성이 없거나 토지의 용도 등이 특수하여 거래사례 등을 구하기가 현저히 곤란한 토지는 원가법에 따라 평가하거나, 해당 토지를 인근지역의 주된 용도의 토지로 보고 거래사례비교법에 따라 평가한 가격에 그 용도적 제한이나 거래제한의 상태 등을 고려한 가격으로 평가한다. 다만, 그 토지가 수익성이 있는 경우에는 수익환원법으로 평가할 수 있다.
> ④ 표준지의 평가가격을 원가법에 따라 결정할 경우에는 다음과 같이 한다. 다만, 특수한 공법을 사용하여 토지를 조성한 경우 등 해당 토지의 조성공사비가 평가가격 산출 시 적용하기에 적정하지 아니한 경우에는 인근 유사토지의 조성공사비를 참작하여 적용할 수 있다.
>   [조성 전 토지의 소지가격 + (조성공사비 및 그 부대비용 + 취득세 등 제세공과금 + 적정이윤)] ÷ 해당 토지의 면적 ≒ 평가가격

3. 표준지공시지가와 표준주택가격의 비교 ▸기출 18회

구분	표준지공시지가	표준주택가격
평가대상	토지	주택(토지 + 건물)
효력	거래지표, 지가산정, 평가기준 등	가격정보, 과세기준으로 한정
가격개념	적정가격	적정가격
상정조건	나지상정(정착물이 없는 상태)	현황평가(정착물이 있는 상태)
건부감가 여부	건부감가 미반영	건부감가 반영
가격수준 파악	정착물과 분리된 지가수준	토지, 건물 일체의 거래가격수준
평가방식	토지만의 거래사례비교법이 주방식	토지와 건물을 일체로 한 방식

부록

감정평가에 관한 규칙

부록

감정평가에 관한 규칙

[시행 2023.9.14.] [국토교통부령 제1253호, 2023.9.14, 일부개정]

» 제1조(목적)

이 규칙은 「감정평가 및 감정평가사에 관한 법률」 제3조 제3항에 따라 감정평가법인등이 감정평가를 할 때 준수해야 할 원칙과 기준을 규정함을 목적으로 한다. 〈개정 2016.8.31, 2022.1.21.〉

» 제2조(정의)

이 규칙에서 사용하는 용어의 뜻은 다음 각 호와 같다. 〈개정 2014.1.2, 2016.8.31, 2022.1.21.〉

1. "시장가치"란 감정평가의 대상이 되는 토지 등(이하 "대상물건"이라 한다)이 통상적인 시장에서 충분한 기간 동안 거래를 위하여 공개된 후 그 대상물건의 내용에 정통한 당사자 사이에 신중하고 자발적인 거래가 있을 경우 성립될 가능성이 가장 높다고 인정되는 대상물건의 가액(價額)을 말한다.
2. "기준시점"이란 대상물건의 감정평가액을 결정하는 기준이 되는 날짜를 말한다.
3. "기준가치"란 감정평가의 기준이 되는 가치를 말한다.
4. "가치형성요인"이란 대상물건의 경제적 가치에 영향을 미치는 일반요인, 지역요인 및 개별요인 등을 말한다.
5. "원가법"이란 대상물건의 재조달원가에 감가수정(減價修正)을 하여 대상물건의 가액을 산정하는 감정평가방법을 말한다.
6. "적산법(積算法)"이란 대상물건의 기초가액에 기대이율을 곱하여 산정된 기대수익에 대상물건을 계속하여 임대하는 데에 필요한 경비를 더하여 대상물건의 임대료[(賃貸料), 사용료를 포함한다. 이하 같다]를 산정하는 감정평가방법을 말한다.
7. "거래사례비교법"이란 대상물건과 가치형성요인이 같거나 비슷한 물건의 거래사례와 비교하여 대상물건의 현황에 맞게 사정보정(事情補正), 시점수정, 가치형성요인 비교 등의 과정을 거쳐 대상물건의 가액을 산정하는 감정평가방법을 말한다.
8. "임대사례비교법"이란 대상물건과 가치형성요인이 같거나 비슷한 물건의 임대사례와 비교하여 대상물건의 현황에 맞게 사정보정, 시점수정, 가치형성요인 비교 등의 과정을 거쳐 대상물건의 임대료를 산정하는 감정평가방법을 말한다.
9. "공시지가기준법"이란 「감정평가 및 감정평가사에 관한 법률」(이하 "법"이라 한다) 제3조 제1항 본문에 따라 감정평가의 대상이 된 토지(이하 "대상토지"라 한다)와 가치형성요인이 같거나 비슷하여 유사한 이용가치를 지닌다고 인정되는 표준지(이하 "비교표준지"라 한다)의 공시지가를 기준으로 대상토지의 현황에 맞게 시점수정, 지역요인 및 개별요인 비교, 그 밖의 요인의 보정(補正)을 거쳐 대상토지의 가액을 산정하는 감정평가방법을 말한다.
10. "수익환원법(收益還元法)"이란 대상물건이 장래 산출할 것으로 기대되는 순수익이나 미래의 현금흐름을 환원하거나 할인하여 대상물건의 가액을 산정하는 감정평가방법을 말한다.

11. "수익분석법"이란 일반기업 경영에 의하여 산출된 총수익을 분석하여 대상물건이 일정한 기간에 산출할 것으로 기대되는 순수익에 대상물건을 계속하여 임대하는 데에 필요한 경비를 더하여 대상물건의 임대료를 산정하는 감정평가방법을 말한다.

12. "감가수정"이란 대상물건에 대한 재조달원가를 감액하여야 할 요인이 있는 경우에 물리적 감가, 기능적 감가 또는 경제적 감가 등을 고려하여 그에 해당하는 금액을 재조달원가에서 공제하여 기준시점에 있어서의 대상물건의 가액을 적정화하는 작업을 말한다.

12의2. "적정한 실거래가"란 「부동산 거래신고 등에 관한 법률」에 따라 신고된 실제 거래가격(이하 "거래가격"이라 한다)으로서 거래 시점이 도시지역(「국토의 계획 및 이용에 관한 법률」제36조 제1항 제1호에 따른 도시지역을 말한다)은 3년 이내, 그 밖의 지역은 5년 이내인 거래가격 중에서 감정평가법인등이 인근지역의 지가수준 등을 고려하여 감정평가의 기준으로 적용하기에 적정하다고 판단하는 거래가격을 말한다.

13. "인근지역"이란 감정평가의 대상이 된 부동산(이하 "대상 부동산"이라 한다)이 속한 지역으로서 부동산의 이용이 동질적이고 가치형성요인 중 지역요인을 공유하는 지역을 말한다.

14. "유사지역"이란 대상 부동산이 속하지 아니하는 지역으로서 인근지역과 유사한 특성을 갖는 지역을 말한다.

15. "동일수급권(同一需給圈)"이란 대상 부동산과 대체·경쟁 관계가 성립하고 가치 형성에 서로 영향을 미치는 관계에 있는 다른 부동산이 존재하는 권역(圈域)을 말하며, 인근지역과 유사지역을 포함한다.

» 제3조(감정평가법인등의 의무)

감정평가법인등은 다음 각 호의 어느 하나에 해당하는 경우에는 감정평가를 해서는 안 된다. 〈개정 2022.1.21.〉

1. 자신의 능력으로 업무수행이 불가능하거나 매우 곤란한 경우
2. 이해관계 등의 이유로 자기가 감정평가하는 것이 타당하지 않다고 인정되는 경우

» 제4조(적용범위)

감정평가법인등은 다른 법령에 특별한 규정이 있는 경우를 제외하고는 이 규칙으로 정하는 바에 따라 감정평가해야 한다. 〈개정 2022.1.21.〉

» 제5조(시장가치기준 원칙)

① 대상물건에 대한 감정평가액은 시장가치를 기준으로 결정한다.

② 감정평가법인등은 제1항에도 불구하고 다음 각 호의 어느 하나에 해당하는 경우에는 대상물건의 감정평가액을 시장가치 외의 가치를 기준으로 결정할 수 있다. 〈개정 2022.1.21.〉

1. 법령에 다른 규정이 있는 경우
2. 감정평가 의뢰인(이하 "의뢰인"이라 한다)이 요청하는 경우
3. 감정평가의 목적이나 대상물건의 특성에 비추어 사회통념상 필요하다고 인정되는 경우

③ 감정평가법인등은 제2항에 따라 시장가치 외의 가치를 기준으로 감정평가할 때에는 다음 각 호의 사항을 검토해야 한다. 다만, 제2항 제1호의 경우에는 그렇지 않다. 〈개정 2022.1.21.〉

1. 해당 시장가치 외의 가치의 성격과 특징

2. 시장가치 외의 가치를 기준으로 하는 감정평가의 합리성 및 적법성

④ 감정평가법인등은 시장가치 외의 가치를 기준으로 하는 감정평가의 합리성 및 적법성이 결여(缺如)되었다고 판단할 때에는 의뢰를 거부하거나 수임(受任)을 철회할 수 있다. 〈개정 2022.1.21.〉

» 제6조(현황기준 원칙)

① 감정평가는 기준시점에서의 대상물건의 이용상황(불법적이거나 일시적인 이용은 제외한다) 및 공법상 제한을 받는 상태를 기준으로 한다.

② 감정평가법인등은 제1항에도 불구하고 다음 각 호의 어느 하나에 해당하는 경우에는 기준시점의 가치형성요인 등을 실제와 다르게 가정하거나 특수한 경우로 한정하는 조건(이하 "감정평가조건"이라 한다)을 붙여 감정평가할 수 있다. 〈개정 2022.1.21.〉

1. 법령에 다른 규정이 있는 경우

2. 의뢰인이 요청하는 경우

3. 감정평가의 목적이나 대상물건의 특성에 비추어 사회통념상 필요하다고 인정되는 경우

③ 감정평가법인등은 제2항에 따라 감정평가조건을 붙일 때에는 감정평가조건의 합리성, 적법성 및 실현가능성을 검토해야 한다. 다만, 제2항 제1호의 경우에는 그렇지 않다. 〈개정 2022.1.21.〉

④ 감정평가법인등은 감정평가조건의 합리성, 적법성이 결여되거나 사실상 실현 불가능하다고 판단할 때에는 의뢰를 거부하거나 수임을 철회할 수 있다. 〈개정 2022.1.21.〉

» 제7조(개별물건기준 원칙 등)

① 감정평가는 대상물건마다 개별로 하여야 한다.

② 둘 이상의 대상물건이 일체로 거래되거나 대상물건 상호 간에 용도상 불가분의 관계가 있는 경우에는 일괄하여 감정평가할 수 있다.

③ 하나의 대상물건이라도 가치를 달리하는 부분은 이를 구분하여 감정평가할 수 있다.

④ 일체로 이용되고 있는 대상물건의 일부분에 대하여 감정평가하여야 할 특수한 목적이나 합리적인 이유가 있는 경우에는 그 부분에 대하여 감정평가할 수 있다.

» 제8조(감정평가의 절차)

감정평가법인등은 다음 각 호의 순서에 따라 감정평가를 해야 한다. 다만, 합리적이고 능률적인 감정평가를 위하여 필요할 때에는 순서를 조정할 수 있다. 〈개정 2022.1.21.〉

1. 기본적 사항의 확정

2. 처리계획 수립

3. 대상물건 확인

4. 자료수집 및 정리

5. 자료검토 및 가치형성요인의 분석

6. 감정평가방법의 선정 및 적용

7. 감정평가액의 결정 및 표시

» 제9조(기본적 사항의 확정)

① 감정평가법인등은 감정평가를 의뢰받았을 때에는 의뢰인과 협의하여 다음 각 호의 사항을 확정해야 한다. 〈개정 2022.1.21.〉

1. 의뢰인

2. 대상물건

3. 감정평가 목적

4. 기준시점

5. 감정평가조건

6. 기준가치

7. 관련 전문가에 대한 자문 또는 용역(이하 "자문 등"이라 한다)에 관한 사항

8. 수수료 및 실비에 관한 사항

② 기준시점은 대상물건의 가격조사를 완료한 날짜로 한다. 다만, 기준시점을 미리 정하였을 때에는 그 날짜에 가격조사가 가능한 경우에만 기준시점으로 할 수 있다.

③ 감정평가법인등은 필요한 경우 관련 전문가에 대한 자문 등을 거쳐 감정평가할 수 있다. 〈개정 2022.1.21.〉

» 제10조(대상물건의 확인)

① 감정평가법인등이 감정평가를 할 때에는 실지조사를 하여 대상물건을 확인해야 한다. 〈개정 2022.1.21.〉

② 감정평가법인등은 제1항에도 불구하고 다음 각 호의 어느 하나에 해당하는 경우로서 실지조사를 하지 않고도 객관적이고 신뢰할 수 있는 자료를 충분히 확보할 수 있는 경우에는 실지조사를 하지 않을 수 있다. 〈개정 2022.1.21.〉

1. 천재지변, 전시·사변, 법령에 따른 제한 및 물리적인 접근 곤란 등으로 실지조사가 불가능하거나 매우 곤란한 경우

2. 유가증권 등 대상물건의 특성상 실지조사가 불가능하거나 불필요한 경우

» 제11조(감정평가방식)

감정평가법인등은 다음 각 호의 감정평가방식에 따라 감정평가를 한다. 〈개정 2022.1.21.〉

1. 원가방식 : 원가법 및 적산법 등 비용성의 원리에 기초한 감정평가방식

2. 비교방식 : 거래사례비교법, 임대사례비교법 등 시장성의 원리에 기초한 감정평가방식 및 공시지가기준법

3. 수익방식 : 수익환원법 및 수익분석법 등 수익성의 원리에 기초한 감정평가방식

» 제12조(감정평가방법의 적용 및 시산가액 조정)

① 감정평가법인등은 제14조부터 제26조까지의 규정에서 대상물건별로 정한 감정평가방법(이하 "주된 방법"이라 한다)을 적용하여 감정평가해야 한다. 다만, 주된 방법을 적용하는 것이 곤란하거나 부적절한 경우에는 다른 감정평가방법을 적용할 수 있다. 〈개정 2022.1.21.〉

② 감정평가법인등은 대상물건의 감정평가액을 결정하기 위하여 제1항에 따라 어느 하나의 감정평가방법을 적용하여 산정(算定)한 가액[이하 "시산가액(試算價額)"이라 한다]을 제11조 각 호의 감정평가방식 중 다른 감정평가방식에 속하는 하나 이상의 감정평가방법(이 경우 공시지가기준법과 그 밖의 비교방식에 속한 감정평가방법은 서로 다른 감정평가방식에 속한 것으로 본다)으로 산출한 시산가액과 비교하여 합리성을 검토해야 한다. 다만, 대상물건의 특성 등으로 인하여 다른 감정평가방법을 적용하는 것이 곤란하거나 불필요한 경우에는 그렇지 않다. 〈개정 2022.1.21.〉

③ 감정평가법인등은 제2항에 따른 검토 결과 제1항에 따라 산출한 시산가액의 합리성이 없다고 판단되는 경우에는 주된 방법 및 다른 감정평가방법으로 산출한 시산가액을 조정하여 감정평가액을 결정할 수 있다. 〈개정 2022.1.21.〉

» 제13조(감정평가서 작성)

① 감정평가법인등은 법 제6조에 따른 감정평가서(「전자문서 및 전자거래기본법」에 따른 전자문서로 된 감정평가서를 포함한다. 이하 같다)를 의뢰인과 이해관계자가 이해할 수 있도록 명확하고 일관성 있게 작성해야 한다. 〈개정 2016.8.31., 2022.1.21.〉

② 감정평가서에는 다음 각 호의 사항이 포함돼야 한다. 〈개정 2022.1.21.〉

1. 감정평가법인등의 명칭
2. 의뢰인의 성명 또는 명칭
3. 대상물건(소재지, 종류, 수량, 그 밖에 필요한 사항)
4. 대상물건 목록의 표시근거
5. 감정평가 목적
6. 기준시점, 조사기간 및 감정평가서 작성일
7. 실지조사를 하지 않은 경우에는 그 이유
8. 시장가치 외의 가치를 기준으로 감정평가한 경우에는 제5조 제3항 각 호의 사항. 다만, 같은 조 제2항 제1호의 경우에는 해당 법령을 적는 것으로 갈음할 수 있다.
9. 감정평가조건을 붙인 경우에는 그 이유 및 제6조 제3항의 검토사항. 다만, 같은 조 제2항 제1호의 경우에는 해당 법령을 적는 것으로 갈음할 수 있다.
10. 감정평가액
11. 감정평가액의 산출근거 및 결정 의견
12. 전문가의 자문 등을 거쳐 감정평가한 경우 그 자문 등의 내용
13. 그 밖에 이 규칙이나 다른 법령에 따른 기재사항

③ 제2항 제11호의 내용에는 다음 각 호의 사항을 포함해야 한다. 다만, 부득이한 경우에는 그 이유를 적고 일부를 포함하지 아니할 수 있다. 〈개정 2023.9.14.〉

1. 적용한 감정평가방법 및 시산가액 조정 등 감정평가액 결정 과정(제12조 제1항 단서 또는 제2항 단서에 해당하는 경우 그 이유를 포함한다)

1의2. 거래사례비교법으로 감정평가한 경우 비교 거래사례의 선정 내용, 사정보정한 경우 그 내용 및 가치형성요인을 비교한 경우 그 내용

2. 공시지가기준법으로 토지를 감정평가한 경우 비교표준지의 선정 내용, 비교표준지와 대상 토지를 비교한 내용 및 제14조 제2항 제5호에 따라 그 밖의 요인을 보정한 경우 그 내용

3. 재조달원가 산정 및 감가수정 등의 내용

4. 적산법이나 수익환원법으로 감정평가한 경우 기대이율 또는 환원율(할인율)의 산출근거

5. 제7조 제2항부터 제4항까지의 규정에 따라 일괄감정평가, 구분감정평가 또는 부분감정평가를 한 경우 그 이유

6. 감정평가액 결정에 참고한 자료가 있는 경우 그 자료의 명칭, 출처와 내용

7. 대상물건 중 일부를 감정평가에서 제외한 경우 그 이유

④ 감정평가법인등은 법 제6조에 따라 감정평가서를 발급하는 경우 그 표지에 감정평가서라는 제목을 명확하게 적어야 한다. 〈개정 2022.1.21.〉

⑤ 감정평가법인등은 감정평가서를 작성하는 경우 법 제33조 제1항에 따른 한국감정평가사협회가 정하는 감정평가서 표준 서식을 사용할 수 있다. 〈개정 2022.1.21.〉

≫ 제13조의2(전자문서로 된 감정평가서의 발급 등)

① 감정평가법인등이 법 제6조 제1항에 따라 전자문서로 된 감정평가서를 발급하는 경우 같은 조 제2항에 따른 감정평가사의 서명과 날인은 「전자서명법」에 따른 전자서명의 방법으로 해야 한다.

② 감정평가법인등은 전자문서로 된 감정평가서의 위조·변조·훼손 등을 방지하기 위하여 감정평가 정보에 대한 접근 권한자 지정, 방화벽의 설치·운영 등의 조치를 해야 한다.

③ 감정평가법인등은 의뢰인이나 이해관계자가 전자문서로 된 감정평가서의 진본성(眞本性)에 대한 확인을 요청한 경우에는 이를 확인해 줘야 한다.

④ 제2항 및 제3항에 따른 전자문서로 된 감정평가서의 위조·변조·훼손 등의 방지조치와 진본성 확인에 필요한 세부사항은 국토교통부장관이 정하여 고시한다.

[본조신설 2022.1.21.]

≫ 제14조(토지의 감정평가)

① 감정평가법인등은 법 제3조 제1항 본문에 따라 토지를 감정평가할 때에는 공시지가기준법을 적용해야 한다. 〈개정 2022.1.21.〉

② 감정평가법인등은 공시지가기준법에 따라 토지를 감정평가할 때에 다음 각 호의 순서에 따라야 한다. 〈개정 2023.9.14.〉

1. 비교표준지 선정 : 인근지역에 있는 표준지 중에서 대상토지와 용도지역·이용상황·주
   변환경 등이 같거나 비슷한 표준지를 선정할 것. 다만, 인근지역에 적절한 표준지가 없는
   경우에는 인근지역과 유사한 지역적 특성을 갖는 동일수급권 안의 유사지역에 있는 표준
   지를 선정할 수 있다.
2. 시점수정 :「부동산 거래신고 등에 관한 법률」제19조에 따라 국토교통부장관이 조사·
   발표하는 비교표준지가 있는 시·군·구의 같은 용도지역 지가변동률을 적용할 것. 다
   만, 다음 각 목의 경우에는 그러하지 아니하다.
   가. 같은 용도지역의 지가변동률을 적용하는 것이 불가능하거나 적절하지 아니하다고 판
       단되는 경우에는 공법상 제한이 같거나 비슷한 용도지역의 지가변동률, 이용상황별
       지가변동률 또는 해당 시·군·구의 평균지가변동률을 적용할 것
   나. 지가변동률을 적용하는 것이 불가능하거나 적절하지 아니한 경우에는「한국은행법」
       제86조에 따라 한국은행이 조사·발표하는 생산자물가지수에 따라 산정된 생산자물
       가상승률을 적용할 것
3. 지역요인 비교
4. 개별요인 비교
5. 그 밖의 요인 보정 : 대상토지의 인근지역 또는 동일수급권내 유사지역의 가치형성요인
   이 유사한 정상적인 거래사례 또는 평가사례 등을 고려할 것
③ 감정평가법인등은 법 제3조 제1항 단서에 따라 적정한 실거래가를 기준으로 토지를 감정평
   가할 때에는 거래사례비교법을 적용해야 한다. 〈신설 2016.8.31, 2022.1.21.〉
④ 감정평가법인등은 법 제3조 제2항에 따라 토지를 감정평가할 때에는 제1항부터 제3항까지의
   규정을 적용하되, 해당 토지의 임대료, 조성비용 등을 고려하여 감정평가할 수 있다. 〈신설
   2016.8.31, 2022.1.21.〉

» 제15조(건물의 감정평가)

① 감정평가법인등은 건물을 감정평가할 때에 원가법을 적용해야 한다. 〈개정 2022.1.21.〉
② 삭제 〈2016.8.31.〉

» 제16조(토지와 건물의 일괄감정평가)

감정평가법인등은「집합건물의 소유 및 관리에 관한 법률」에 따른 구분소유권의 대상이 되는
건물부분과 그 대지사용권을 일괄하여 감정평가하는 경우 등 제7조 제2항에 따라 토지와 건물을
일괄하여 감정평가할 때에는 거래사례비교법을 적용해야 한다. 이 경우 감정평가액은 합리적인
기준에 따라 토지가액과 건물가액으로 구분하여 표시할 수 있다. 〈개정 2022.1.21.〉

» 제17조(산림의 감정평가)

① 감정평가법인등은 산림을 감정평가할 때에 산지와 입목(立木)을 구분하여 감정평가해야 한
   다. 이 경우 입목은 거래사례비교법을 적용하되, 소경목림(小徑木林 : 지름이 작은 나무·
   숲)인 경우에는 원가법을 적용할 수 있다. 〈개정 2022.1.21.〉

② 감정평가법인등은 제7조 제2항에 따라 산지와 입목을 일괄하여 감정평가할 때에 거래사례비교법을 적용해야 한다. 〈개정 2022.1.21.〉

» 제18조(과수원의 감정평가)
감정평가법인등은 과수원을 감정평가할 때에 거래사례비교법을 적용해야 한다. 〈개정 2022.1.21.〉

» 제19조(공장재단 및 광업재단의 감정평가)
① 감정평가법인등은 공장재단을 감정평가할 때에 공장재단을 구성하는 개별 물건의 감정평가액을 합산하여 감정평가해야 한다. 다만, 계속적인 수익이 예상되는 경우 등 제7조 제2항에 따라 일괄하여 감정평가하는 경우에는 수익환원법을 적용할 수 있다. 〈개정 2022.1.21.〉
② 감정평가법인등은 광업재단을 감정평가할 때에 수익환원법을 적용해야 한다. 〈개정 2022.1.21.〉

» 제20조(자동차 등의 감정평가)
① 감정평가법인등은 자동차를 감정평가할 때에 거래사례비교법을 적용해야 한다. 〈개정 2022.1.21.〉
② 감정평가법인등은 건설기계를 감정평가할 때에 원가법을 적용해야 한다. 〈개정 2022.1.21.〉
③ 감정평가법인등은 선박을 감정평가할 때에 선체·기관·의장(艤裝)별로 구분하여 감정평가하되, 각각 원가법을 적용해야 한다. 〈개정 2022.1.21.〉
④ 감정평가법인등은 항공기를 감정평가할 때에 원가법을 적용해야 한다. 〈개정 2022.1.21.〉
⑤ 감정평가법인등은 제1항부터 제4항까지에도 불구하고 본래 용도의 효용가치가 없는 물건은 해체처분가액으로 감정평가할 수 있다. 〈개정 2022.1.21.〉

» 제21조(동산의 감정평가)
① 감정평가법인등은 동산을 감정평가할 때에는 거래사례비교법을 적용해야 한다. 다만, 본래 용도의 효용가치가 없는 물건은 해체처분가액으로 감정평가할 수 있다. 〈개정 2022.1.21, 2023.9.14.〉
② 제1항 본문에도 불구하고 기계·기구류를 감정평가할 때에는 원가법을 적용해야 한다. 〈신설 2023.9.14.〉

» 제22조(임대료의 감정평가)
감정평가법인등은 임대료를 감정평가할 때에 임대사례비교법을 적용해야 한다. 〈개정 2014.1.2, 2022.1.21.〉

» 제23조(무형자산의 감정평가)
① 감정평가법인등은 광업권을 감정평가할 때에 제19조 제2항에 따른 광업재단의 감정평가액에서 해당 광산의 현존시설 가액을 빼고 감정평가해야 한다. 이 경우 광산의 현존시설 가액은 적정 생산규모와 가행조건(稼行條件) 등을 고려하여 산정하되 과잉유휴시설을 포함하여 산정하지 않는다. 〈개정 2022.1.21.〉
② 감정평가법인등은 어업권을 감정평가할 때에 어장 전체를 수익환원법에 따라 감정평가한 가액에서 해당 어장의 현존시설 가액을 빼고 감정평가해야 한다. 이 경우 어장의 현존시설 가

액은 적정 생산규모와 어업권 존속기간 등을 고려하여 산정하되 과잉유휴시설을 포함하여 산정하지 않는다. 〈개정 2022.1.21.〉

③ 감정평가법인등은 영업권, 특허권, 실용신안권, 디자인권, 상표권, 저작권, 전용측선이용권(專用側線利用權), 그 밖의 무형자산을 감정평가할 때에 수익환원법을 적용해야 한다. 〈개정 2022.1.21.〉

≫ 제24조(유가증권 등의 감정평가)

① 감정평가법인등은 주식을 감정평가할 때에 다음 각 호의 구분에 따라야 한다. 〈개정 2014.1.2, 2022.1.21.〉

1. 상장주식[「자본시장과 금융투자업에 관한 법률」 제373조의2에 따라 허가를 받은 거래소(이하 "거래소"라 한다)에서 거래가 이루어지는 등 시세가 형성된 주식으로 한정한다] : 거래사례비교법을 적용할 것

2. 비상장주식(상장주식으로서 거래소에서 거래가 이루어지지 아니하는 등 형성된 시세가 없는 주식을 포함한다) : 해당 회사의 자산·부채 및 자본 항목을 평가하여 수정재무상태표를 작성한 후 기업체의 유·무형의 자산가치(이하 "기업가치"라 한다)에서 부채의 가치를 빼고 산정한 자기자본의 가치를 발행주식 수로 나눌 것

② 감정평가법인등은 채권을 감정평가할 때에 다음 각 호의 구분에 따라야 한다. 〈개정 2014.1.2, 2022.1.21.〉

1. 상장채권(거래소에서 거래가 이루어지는 등 시세가 형성된 채권을 말한다) : 거래사례비교법을 적용할 것

2. 비상장채권(거래소에서 거래가 이루어지지 아니하는 등 형성된 시세가 없는 채권을 말한다) : 수익환원법을 적용할 것

③ 감정평가법인등은 기업가치를 감정평가할 때에 수익환원법을 적용해야 한다. 〈개정 2022.1.21.〉

≫ 제25조(소음 등으로 인한 대상물건의 가치하락분에 대한 감정평가)

감정평가법인등은 소음·진동·일조침해 또는 환경오염 등(이하 "소음 등"이라 한다)으로 대상물건에 직접적 또는 간접적인 피해가 발생하여 대상물건의 가치가 하락한 경우 그 가치하락분을 감정평가할 때에 소음 등이 발생하기 전의 대상물건의 가액 및 원상회복비용 등을 고려해야 한다. 〈개정 2022.1.21.〉

≫ 제26조(그 밖의 물건의 감정평가)

감정평가법인등은 제14조부터 제25조까지에서 규정되지 아니한 대상물건을 감정평가할 때에 이와 비슷한 물건이나 권리 등의 경우에 준하여 감정평가해야 한다. 〈개정 2022.1.21.〉

≫ 제27조(조언·정보 등의 제공)

감정평가법인등이 법 제10조 제7호에 따른 토지 등의 이용 및 개발 등에 대한 조언이나 정보 등의 제공에 관한 업무를 수행할 때에 이와 관련한 모든 분석은 합리적이어야 하며 객관적인 자료에 근거해야 한다. 〈개정 2016.8.31, 2022.1.21.〉

» 제28조(그 밖의 감정평가 기준)

이 규칙에서 규정하는 사항 외에 감정평가법인등이 감정평가를 할 때 지켜야 할 세부적인 기준은 국토교통부장관이 정하여 고시한다. 〈개정 2013.3.23, 2022.1.21.〉

» 제29조(규제의 재검토)

국토교통부장관은 제13조에 따른 감정평가서의 작성에 대하여 2024년 1월 1일을 기준으로 3년마다(매 3년이 되는 해의 기준일과 같은 날 전까지를 말한다) 그 타당성을 검토하여 개선 등의 조치를 해야 한다.

[본조신설 2023.9.14.]

» 부 칙 〈국토교통부령 제1253호, 2023.9.14.〉

제1조(시행일)

이 규칙은 공포한 날부터 시행한다.

제2조(감정평가서의 작성에 관한 적용례)

제13조 제3항 제1호의2의 개정규정은 이 규칙 시행 이후 감정평가를 의뢰받은 경우부터 적용한다.

박문각
감정평가사

이충길 · 이동현
S+ 감정평가이론 각론

2차 | 기본서

제3판 인쇄 2024. 4. 25. | **제3판 발행** 2024. 4. 30. | **편저자** 이충길·이동현

발행인 박 용 | **발행처** (주)박문각출판 | **등록** 2015년 4월 29일 제2015-000104호

주소 06654 서울시 서초구 효령로 283 서경 B/D 4층 | **팩스** (02)584-2927

전화 교재 문의 (02)6466-7202

저자와의
협의하에
인지생략

정가 24,000원
ISBN 979-11-6987-748-0

MEMO

MEMO

MEMO

MEMO